# 用课堂观察数据评析小学科学课

潘翠君 ◎ 编著

深圳出版社

**图书在版编目（CIP）数据**

用课堂观察数据评析小学科学课 / 潘翠君编著.
深圳：深圳出版社，2025. 3. -- ISBN 978-7-5507
-4180-5

Ⅰ．G623.62

中国国家版本馆CIP数据核字第2025KN8740号

# 用课堂观察数据评析小学科学课
YONG KETANG GUANCHA SHUJU PINGXI XIAOXUE KEXUE KE

| | |
|---|---|
| 责任编辑 | 侯天伦 |
| 责任技编 | 陈洁霞 |
| 封面设计 | 龙瀚文化 |

| | |
|---|---|
| 出版发行 | 深圳出版社 |
| 地　　址 | 深圳市彩田南路海天综合大厦（518033） |
| 网　　址 | www.htph.com.cn |
| 订购电话 | 0755-83460239（邮购、团购） |
| 设计制作 | 深圳市龙瀚文化传播有限公司 0755-33133493 |
| 印　　刷 | 深圳市希望印务有限公司 |
| 开　　本 | 787mm×1092mm 1/16 |
| 印　　张 | 18 |
| 字　　数 | 300千 |
| 版　　次 | 2025年3月第1版 |
| 印　　次 | 2025年3月第1次 |
| 定　　价 | 59.00元 |

# 《用课堂观察数据评析小学科学课》
## 编 委 会

主编：潘翠君

编写人员（按姓氏笔画排序）：

王 倩　王美慧　邓斯琦　汤智勇　张艾妮

陈 佳　陈 蓓　陈文浩　范莒媛　林倩如

郑 仪　胡志杰　柳成峰　姜 琳　秦小青

郭曼曼　彭杨康　程 彦　曾 桃　潘翠君

# 自　序

开篇先说说为什么要写这本书。

作为一名从教多年的小学科学老师，我经常参加课堂教学观摩研讨活动，深感我国小学科学教育发展之快。在每次研讨活动中，无论是专家点评还是同行交流，都有值得汲取的教学智慧。不过，所见到的评课以定性评价居多，很少有用数据来进行"定量"评析的。一次偶然的机会，我见识了首都师范大学王陆教授带领的"靠谱COP"团队展示的"用数据说话"的评课，顿时眼前一亮。他们从多个维度观察课堂、采集数据，然后对数据进行分析，与常模数据比对，对课堂进行诊断并提出改进建议。我觉得这样的评课很有说服力：通过对课堂教学进行专项观察和数据分析，既为教师提供了一面客观反映自身教学状况的"镜子"，也为优化教师的教学行为提供了有力的论据与方法。

因此，当我被深圳市教育局认定为名师工作室主持人之后，希望能借鉴"靠谱COP"团队的"数据评课"方法，带领工作室成员在小学科学这一学科进行相关的研究和探索，促进工作室成员的专业成长，发挥工作室的辐射和引领作用。于是，我在2021年申报了市级课题"基于课堂观察大数据的小学科学课堂教学行为改进研究"并获立项。随后的三年多，我带领工作室的二十多位科学老师进行了扎实的学习和研究。通过阅读文献资料、聘请专家培训，成员们知晓了一些课堂观察的方法；通过小组练习与讨论交流，成员们掌握了对课堂观察数据进行采集与分析的技能；通过两轮课例的对比研究，成员们能有针对性地提出改进课堂教学行为的建议，而且这些改进收到了立竿见影的效果……虽然探索的过程充满了困难和挑战，但我们依靠各方面的支持，依靠团队的力量，一步步努力前行，不断成长进步。

我们将研究的成果在教研活动中推出，采取"用数据说话"的形式进行评课，得到了有关专家和同行们的赞许，我也先后应邀为龙华区、龙岗区、大鹏新区的科学老师做了"基于课堂观察数据评析科学课"的相关讲座。

为了让更多的小学科学老师了解和掌握用课堂观察数据评析科学课的方法，我们把相关研究成果整理成书，以期抛砖引玉，引发更多的研讨。

本书共分五章。第一章：从一节区级小学科学教研展示课说起，呈现传统的定性评价和基于多维度观察数据的定量评价两种不同方式，引出本书的重点内容——如何用课堂观察数据来评析科学课。第二章：重点介绍课堂观察的基本方法，包括S-T观察、"四何"问题观察、教师的有效性提问与回应分析、对话深度分析等；这些内容偏"理论"层面，为了方便读者理解，对应列举了科学课上的应用实例。第三章：介绍了我们在研究过程中为了提高课堂观察技能而采用的一些练习方法及案例。第四章：记录了检验研究成果的评课展示活动和我们的"实战"经验。第五章：介绍了研究过程中开展的两轮课例诊断实例，包括教学设计、上课实录、数据分析等。另外，在书尾设置了附录，收集了工作室成员的9篇相关的研究论文。相信这些来自教学一线的实践成果能带给大家启迪和思考。

对新事物的探索，往往不会一蹴而就；加之时间仓促、水平有限，错误之处在所难免，恳请大家批评指正。

# 目　录
## CONTENTS

# 第一章 一节研讨课的两种评课方式

参加教学研讨活动是教师专业成长的重要途径。教研活动一般包含课例展示及评课研讨等环节。"课例展示"通常是大家都关注的"重头戏",授课教师及其备课团队会提前做足准备、课上进行精彩的呈现;而"评课研讨"则有不同的方式和做法,达成的效果也各不相同。概括来说,评课的方式大体有两种:一种是基于整体观课之后的定性评价,另一种是基于观察数据的定量评价。

下面以一节区级研讨课为例来呈现这两种评课方式。

## 第一节 研讨课《当环境改变了》教学设计及实录

在一次区级教研活动中,我们工作室的一位年轻教师承担了课例展示的任务,执教的课题是教科版《科学》五年级下册的第一单元的第 5 课《当环境改变了》。当时 2017 版教材才刚刚启用,这是新增的一课,没有先例可供参考,但授课教师和备课团队一起创新教学设计,取得了不错的教学效果,当然也存在一些待改进的问题。以下是本课的教学设计及实录。

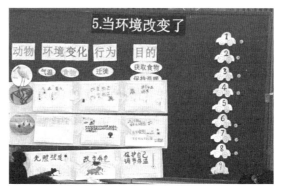

图 1-1-1 研讨课《当环境改变了》现场板书

## 一、背景分析

### （一）教材分析

本课是教科版《科学》五年级下册《生物与环境》单元的第 5 课。在前 4 课的学习过程中，学生发现了动物、植物的生存都需要一定的条件，且外界环境的变化都会影响生物的生存。本节课将以此为基础，引领学生进一步分析环境因素发生变化对植物尤其是对动物的影响，以及动物为了适应环境的变化而发生的改变，让学生认识到自然界中的生物都有适应环境的本领。

本课内容由四部分组成。

第一部分"聚焦"。教材开篇从提问（"春天田野中能否看到青蛙"）引入，借助不同层次的提问，引领学生分析青蛙在不同季节的不同行为。

第二部分"探索"，包括两方面内容：一是以青蛙为对象，分析青蛙在一年四季中适应环境变化的行为；二是以资料阅读的形式，分析丹顶鹤适应环境变化的行为。

第三部分"研讨"，围绕三个核心问题开展研讨，使学生认识到在自然界中，每一种动物都有适应环境变化的行为，以求得自身生存和物种延续。

第四部分"拓展"，主要内容是布置一项课后实践任务（如何保护冬眠中的动物，或在迁徙过程中"掉队"的小动物，如大雁），让学生利用本课所学的知识和技能解决现实问题（学会分析动物生存所需条件，并设计保护它们的方案）。

### （二）学情分析

学生在学习本课之前，对于动植物生存需要一定的条件以及环境对动植物生存的影响已有一定的认识，但对于环境变化时动植物如何适应环境（尤其是动物适应环境的行为改变）的认识较少。因此，本课教学将通过分析研讨的形式，帮助学生提高认识，建构新概念。

## 二、设计思路

在小学科学教学中，"探究"和"分析研讨"是两个非常重要的方面。

"探究—分析研讨"教学模式以发展学生科学素养为核心，引导学生通过对自然事物的观察、描述、相互交流感受和解释，找出纷繁复杂的现象之间的关系和联系，加深对"自然界是有秩序的"概念的理解。

本节课教学活动旨在让学生努力做到：适应以"分析研讨"为主的学习形式；分析动物在环境改变后的行为；研究动物是怎样适应新环境的；从碎片化的资料中整理出清晰的线索，将一条条相关联的线索汇聚成证据链。

本课教学设计以"动物生存技能大比拼活动"为教学主线，探索"当环境改变时，不同的动物会怎样适应环境变化？为了适应环境做出了什么行为改变"，并以此来统领教学。

教学流程包括下列环节：

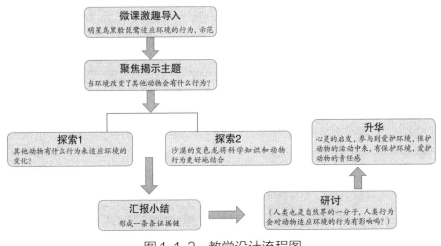

图 1-1-2　教学设计流程图

## 三、教学目标

### （一）科学概念目标

当环境改变的时候，动物会努力适应新环境；为适应环境的变化，动物会有一些特殊行为。

### （二）科学探究目标

能够通过分析动物在环境改变后的行为，研究动物是怎样适应新环境的。

### （三）态度目标

1. 在探究活动中，能依据事实独立思考，并乐于和他人交流分享。
2. 表现出进一步探究动物与其生活环境联系的兴趣。

### （四）科学、技术、社会与环境目标

意识到动物要依赖环境而生存，保护环境就是保护动物。

## 四、教学重难点

不同的动物是怎样适应变化了的新环境的。

## 五、教学过程

### （一）微视频激趣导入

视频演示，出示动物城图片＋音频，创设动物城"生存高手大比拼"活动现场。

图 1-1-3　视频演示截图

### （二）聚焦探究主题

参赛的动物们都有什么样的生存妙招呢？用"特邀嘉宾"——深圳湾的明星鸟黑脸琵鹭做示范，让学生知道当环境改变了动物会有不同的行为（揭示课题《当环境改变了》），引导学生从环境因素的变化、动物出现的行为以及该行为产生的目的等方面，研讨动物的生存技能及适应环境变化的本领。

图1-1-4　出示课题《当环境改变了》

【教学实录】

师：深圳湾的明星鸟受到了什么因素的影响？（课件演示）

生：气温、食物。

师：它产生的行为是什么？目的是什么？

生：迁徙，为了找到可以生存的环境（比如温暖、有食物）。

师：你的回答很棒，除了保持温暖还想到了获取相应的食物（板书：迁徙；躲避寒冷、获取食物）

（三）探索1

提出问题：当环境改变时，其他动物有什么行为来适应环境的变化？（学生阅读，组内交流，同时完成两项任务。）

选取四种具有代表性的动物分配给不同小组进行研究。采用抽签的方式决定哪种动物分配到哪一个小组，避免因学生选择自己熟悉或喜爱的动物而导致分配不均衡，目的是让每一种动物的行为都能得到分析。（课件演示抽签结果）

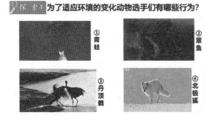

图1-1-5　抽签选择研究的动物

【教学实录】

师：今天我们请来了四种动物"选手"参加比赛，它们为了适应环境又会有哪些行为呢？现在让我们请出参赛选手！

师：今天你们要完成动物选手的比赛推荐卡，并为自己的动物选手代言，它们能不能晋级就看你们了。

师：为了公平地让四位动物选手都有代言人，我们采取数字抽签的方式。你们说一个数字，我们看看这个数字对应哪位动物选手。

生：我们选5。

……

师：我们已经将四位动物选手分给各个小组了。请同学们思考：当环境中什么因素改变，会导致动物出现什么行为，其行为的目的是什么？

接下来我们看看各小组具体要完成的任务。首先仔细阅读动物身份信息卡，完成信息登记表。

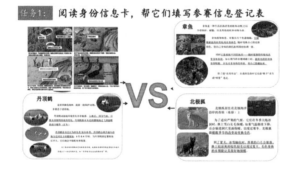

图 1-1-6　动物身份信息卡

（学生完成个人任务）

师：同学们已经登记完参赛选手的基本信息，现在请小组合作，通过分析、交流、讨论的形式，合力完成动物推荐卡。具体怎么操作，请同学们来看一个小组的示范。（师播放视频）

师：从刚才的视频中，同学们是否看明白了，每个小组有几个任务需要完成？

生：两个。

师：你们看得真仔细，接下来请组长领取材料，开始小组活动。完成后将推荐代言卡贴在黑板上。

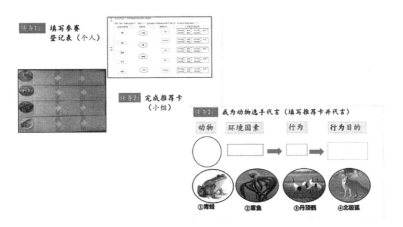

图 1-1-7　小组要完成的推荐卡

（学生小组活动）

师：现在，各小组都已完成了。首先请第一张推荐代言卡的代表进行推荐。

生1：我们推荐的是丹顶鹤。丹顶鹤受到日照、气候、食物的影响会发生迁徙行为，到温暖的地方越冬。

生2：迁徙的目的是避寒和获取食物。

师：好的，请回位。现在请下一个小组进行推荐。你们推荐的是青蛙，希望你们的推荐能让没有抽到青蛙的同学都能了解青蛙。（大屏幕展示资料卡）。

生3：青蛙受到了气候、食物、温度等环境因素的影响，产生的行为是冬眠。

生4：青蛙冬眠是为了调节体温，生存下来，繁殖后代。

师：这组同学的发言不错，只是讲得稍微简单了一点。哪一组能讲解得让大家印象深刻？觉得能做到的请举手。（选择第三组同学）

生5：北极狐因为气温的变化导致要换毛。在冬天的时候它们披上很长很厚的白色的毛，是为了避寒，因为它们的毛很长很厚，保暖性好；如果太冷，它们还会躲进洞里避寒。当夏天的时候，由于天气变热，它们换上棕色的短毛，是为了活动时不会太热。

生6：北极狐的换毛行为的目的是：冬天换上又长又厚的毛来保暖；夏天换上棕色短毛有利于降温。

师：我认为第三组推荐得特别好，掌声在哪里？（学生全体鼓掌）他们非常清晰地为我们介绍了北极狐在面对环境改变时产生的行为，以及行为的目的。我相信因为他们的推荐，北极狐一定能晋级。

（四）探索2

提出问题：沙漠中的变色龙有什么特殊技能？

【教学实录】

师：同学们推荐的每一种动物都身怀独门绝技，每一位动物选手都很有本领，老师想推荐一位来自沙漠的选手，它有什么技能呢？（展示变色龙图片）

生：它能变色，它在不同的时间会变成不同的颜色。师：是的。老师今天也将"变色龙"请到了我们的课堂，（出示模拟实验材料）请同学们利用这份实验材料来观察一下，变色龙在一天中不同时刻是如何改变身体颜色的？再想一想它变色的目的是什么？

（学生领取材料，分组进行模拟实验）

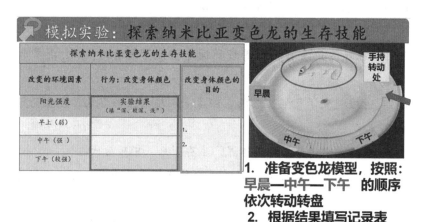

图1-1-8　变色龙生存技能模拟实验

师：通过刚才的模拟实验，请同学们说说，变色龙在早上身体的颜色是什么样的，中午是什么样的，下午是什么样的？

生：是从深到浅再到较深。

师：它在一天中的不同时段为什么要改变颜色？

生：早上的时候比较冷，深色的皮肤容易吸热；而中午气温升高了，它就换成浅色的皮肤，这样不会太热。所以变色龙是根据气温来变色的。

师：那它变换皮肤的颜色是什么目的？

生：是为了更好地生存。

师：回答得很准确。它变色的目的是调节体温，以适应环境，更好地生存。

### （五）汇总分析

将课堂上分析的所有动物，按照"改变的环境因素→影响动物产生的行为→该行为发生的目的"的顺序，用板书的形式呈现并汇报。从板书能看出本课的每一条线索，形成一条条证据链。每一种动物都用一条证据链说明：环境发生变化对动物会有影响；为了适应新环境，动物会改变自己的行为，这些行为改变的最终目的，都指向"生存和繁衍"。所以，全部选手都能晋级。至此，动物城生存高手比拼活动告一段落，并表明：动物们都很有本领，不分胜负。

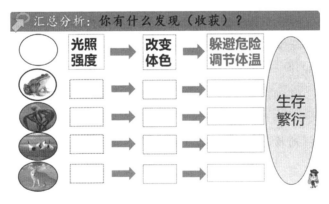

图 1-1-9　汇总分析

### （六）研讨

**【教学实录】**

师：人类也是自然界的一分子，人类行为对动物适应环境的行为有影响吗？（指屏幕上的图）同学们请看，下列的人类行为合理吗？理由是什么？哪位同学来说说？

研讨：下列人类的行为合理吗？说出理由

A
帮助蚕蛾快速飞出来，用剪刀剪开蚕茧

B
用面包投喂野生鸟类

C
叫醒正在冬眠的小松鼠

D
参观红树林生态公园科普展览馆，了解更多保护环境的知识

图 1-1-10　人类的行为

生1：A 不合理，这样有可能伤害蚕蛾。

生2：A 不合理，这样蚕蛾就不能正常羽化，影响后期的生存。

师：说得真具体，很赞哟。B 呢？

生3：B 不合理，面包可能不适合野生动物吃。

师：有没有补充？

生4：有，投喂面包会让野生鸟类丧失觅食的本领。

师：回答得太完美了，这也告诉我们千万不能好心做了坏事，应该遵循动物们的生存规律。

（关于图 C、D 的讨论略）

师：今天我们知道了当环境改变的时候，动物会努力适应新环境；为适应环境的变化，动物会有一些特殊的行为。

## （七）升华

【教学实录】

师：今天是 4 月 22 日，是世界地球日（出示图 1-1-11），通过今天的学习，同学们觉得应该怎样做呢？

生1：我们要爱护环境、保护地球。

生2：保护动植物，不破坏它们的生存环境。

师：很好！相信同学们能做到"敬畏自然、爱护生命"。

（下课）

图 1-1-11 "世界地球日"海报

## 第二节　评课方式之一 ——定性评价

从教材内容来看，《当环境改变了》是一节没有多少探究实验可做的非典型科学课，作为公开课来进行展示，其实是有很大难度的。执教老师对教材内容进行了灵活恰当的处理，增加了符合深圳本地实际的学习资源，所以整节课的教学效果还是很不错的。观课的一线教师和教研专家也给予了较高的评价，并提出了一些改进建议。

### 一、听课老师的定性评价

#### （一）一线老师的评课

在评课研讨环节，一位一线科学老师做了如下发言 ——

这节课是比较精彩的，主要体现在以下几个方面：

（1）以具有深圳本地特色的黑脸琵鹭进行导入，教学情景的设计贴合实际，引人入胜。（2）出示资料，学生以小组为单位对资料中的信息进行分析和整合，寻找动物为应对环境变化而进行的改变，这就体现了学生的主体地位，有利于培养学生的阅读能力、信息处理能力、小组合作能力。（3）整节课做到了由现象到本质的探索，逻辑合理，启发了学生思维。

接着，这位老师话锋一转，又说 ——

这节课还有一些可以进一步提升的地方：（1）环节之间过渡和衔接还不够自然，还需要进一步组织好语言。（2）在"生存高手大比拼"这个环节中，当学生推荐完代表的动物之后，老师并没有组织学生按照之前的规则选出晋级的动物，有虎头蛇尾之嫌。（3）在学生进行小组汇报时，建议老师要利用投影呈现他们小组的报告，让全班学生都能看见，这样能使汇报的效果更好。同时还建议老师在学生汇报的过程中，要与学生有更多的互动；在学生回答完问题之后，教师要进行点评或适当追问。（4）在课的结尾，在分析人类行为对动物的影响的时候，应留给学生稍多一点的思考时间，可以让学生讨论后再回答。

### （二）教研专家的评课

参加此次活动的一位教研专家针对本次研讨活动的主题"科学教学中的关键问题"，结合课例《当环境改变了》进行了如下点评：

#### 1. 要理解教材的编写意图

组织教学时应围绕单元核心概念，活动、记录单、拓展等所有内容都应以教材编写意图为共同的出发点来设计。以 2017 年新版的《科学》教材（教科版）五年级上册《生物与环境》单元为例，参照目录，分析本单元的大概念就是"生物与环境的关系"，具体包括：生物与外界无机环境的关系、生物与周围的生物环境之间的关系。执教老师能很好地抓住教材的关键信息，洞悉教材的编写意图，设计出基于单元核心概念的课堂教学活动。

#### 2. 要有结构化的教学组织

"结构化教学"是指教师有组织、有系统地利用视觉提示开展教学活动，具体包括：精选的活动材料、合理明确的记录单、层次分明的板书等。如本次教研活动中，执教老师精心选择并整理了阅读资料卡，设计了明确引导学生行为又能充分发挥学生小组合作能力、整合资源并有创造性的记录单，让学生充分思考，进行科学思维的同时，呈现井然有序的课堂秩序。

#### 3. 要充分利用课堂资源

课堂是即时生成的，妥善地利用课堂上学生的言论能让课堂更出彩。当学生说出自己的结论或论述时，不妨暂时摆脱教学设计的束缚，让学生解释其说出的内容，顺着新思路展开教学活动；若有调皮的学生提出了稀奇古怪的问题，不妨把解答权交给他的同伴，或鼓励他自己课下寻找答案。当老师学会"踢皮球"的时候，就是学生开始思考的时候。在刚才的课堂中，执教老师给每个小组的资料卡是不同的，当不同小组进行汇报时，其他同学会非常认真地倾听，提出疑惑或者进行补充，这样就将研讨汇总的环节交给学生来进行，让学生真正地动脑思考。

## 二、对定性评课的优缺点分析

上述一线老师和教研专家的评课，都属于定性的分析和点评。这种评课方式具有明显的优点，但也有其局限性，简析如下：

### （一）优点

#### 1. 关注面广，利于整体评价

在对科学课进行定性评课时，评课者通常会关注"教学目标是否达成、教学活动是否有序、教学方式是否得当、实验材料是否创新、课堂气氛是否活跃、学生兴趣是否浓厚"等方方面面的情况，从而对这堂课的教学效果做出一个整体的评价。

#### 2. 能抓住关键、发现亮点

定性评课时，课堂中的关键事件、一些明显的创新点或是不足之处，一般都会被捕捉到、会被评课者复述或再现。这有利于发扬优点、改掉缺点。无论是授课教师还是听课教师，都可以从中受益。

#### 3. 有利于宏观引领、促进理念更新

每次的教研活动通常都有学科领域的专家参与，他们的评课发言可谓高屋建瓴，能为老师们的教学研究指明方向。例如在此次研讨活动中教研专家提到的"围绕单元核心概念""结构化地组织教学""利用课堂上的生成性资源"等观点，无一不是对老师们的教学实践具有引领和启发作用的。

### （二）缺点

定性评课也存在着弊端，主要有：

#### 1. 主观性强，跟着感觉走

评课者往往依据自己的主观感受来评价一节课，有时会出现"仁者见仁、智者见智"的情形。比如对于一节公开课中的某个教学环节或某种教

学方法，有些人认为很好，另一些人却认为不好。就如同多人共读一本书，一千个读者心中会有一千个哈姆雷特，每个人对书中的人物、情节、结局等都有不同的见解。定性评课也会存在类似的问题。

2. 缺乏数据的支撑，说服力不够

由于定性评课往往只是凭个人的主观感觉和经验做出评判，不一定能得到上课教师的认同；即使得到认同了，但上课教师不知道该从哪里着手进行改进。比如评课者说"你这节课讲得太多了"，上课老师会认为"真的多吗？多到什么程度？依据何在"？再比如，评课者说"要关注学生的思维发展"，上课老师就在想："我也知道啊，但到底该怎样去发展学生的思维、具体该从哪些方面改进呢"……由此可见，老师们在听完这样的评课之后依然是存在困惑的。

联想到观看体育比赛时，解说员通常都会介绍一系列技术统计的数据，借助这些数据能够客观公正地评价场上运动员的发挥情况。那么，我们科学课的评课是否也可以增加一些数据统计的方法呢？

## 第三节　评课方式之二——基于课堂观察数据的定量评价

进入大数据时代，各行各业都打上了"数据"的烙印，教育研究也不例外。我们工作室了解到首都师范大学王陆教授带领的"靠谱COP"团队一直在进行课堂教学行为大数据的研究，便决定与他们合作，请他们进行指导，由此开启了我们工作室的"定量评课"实践研究之旅。首先，我们将《当环境改变了》这节研讨课的上课视频及教学设计等资料提供给"靠谱COP"团队，请他们进行定量的观察和分析。不久后，我们收到了这节课的诊断报告，并由专业导师对报告进行了解读。

# 一、基于课堂观察大数据的课例诊断报告[①]

## （一）课例基本信息

| 课题名称 | 当环境改变了 | 授课年级 | 小学五年级 | 综合评定等级 | B |
|---|---|---|---|---|---|
| 学科 | 科学 | 授课教师 | 略 | | |

## （二）课堂教学行为数据概览

表1-3-1 课堂教学行为数据统计表

| 项目 | | | 本节课数据 | 与全国常模数据相比 |
|---|---|---|---|---|
| 教学模式 | | 师生行为转换率 | 23% | 低于 |
| | | 教师行为占有率 | 36% | 低于 |
| | | 学生行为占有率 | 64% | 高于 |
| 有效性提问 | 问题类型 | 常规管理性问题 | 0 | 低于 |
| | | 记忆性问题 | 7.69% | 低于 |
| | | 推理性问题 | 76.92% | 高于 |
| | | 创造性问题 | 7.69% | 低于 |
| | | 批判性问题 | 7.69% | 低于 |
| | 挑选回答方式 | 点名提问 | 0 | 低于 |
| | | 让学生齐答 | 33.33% | 高于 |
| | | 叫举手者答 | 66.67% | 高于 |
| | | 叫未举手者答 | 0 | 低于 |
| | | 鼓励学生提出问题 | 0 | 低于 |
| | 学生回答方式 | 集体齐答 | 23.81% | 高于 |
| | | 讨论后汇报 | 14.29% | 高于 |
| 教学模式 | | 师生行为转换率 | 23% | 低于 |
| | | 教师行为占有率 | 36% | 低于 |
| | | 学生行为占有率 | 64% | 高于 |

---

① 本报告内容由COP团队的张薇、赵炜、张冬梅、郭之骄、曹丽娜等人撰写，此处引用时有删节。

续表

| 项目 | | | 本节课数据 | 与全国常模数据相比 |
|---|---|---|---|---|
| 有效性提问 | 常规管理性问题 | 问题类型 | 0 | 低于 |
| | | 记忆性问题 | 7.69% | 低于 |
| | | 推理性问题 | 76.92% | 高于 |
| | | 创造性问题 | 7.69% | 低于 |
| | | 批判性问题 | 7.69% | 低于 |
| | 挑选回答方式 | 点名提问 | 0 | 低于 |
| | | 让学生齐答 | 33.33% | 高于 |
| | | 叫举手者答 | 66.67% | 高于 |
| | | 叫未举手者答 | 0 | 低于 |
| | | 鼓励学生提出问题 | 0 | 低于 |
| | 学生回答方式 | 集体齐答 | 23.81% | 高于 |
| | | 讨论后汇报 | 14.29% | 高于 |
| | | 个别回答 | 57.14% | 低于 |
| | | 自由答 | 4.76% | 低于 |
| | 学生回答类型 | 无回答 | 0 | 低于 |
| | | 机械判断是否 | 0 | 低于 |
| | | 认知记忆性回答 | 4.55% | 低于 |
| | | 推理性回答 | 63.64% | 高于 |
| | | 创造评价性回答 | 31.82% | 低于 |
| 教师回应 | 回应方式 | 言语回应 | 90.91% | 高于 |
| | | 非言语回应 | 9.09% | 低于 |
| | 回应态度 | 简单肯定 | 25% | 低于 |
| | | 重复肯定 | 45% | 高于 |
| | | 提升肯定 | 10% | 高于 |
| | | 简单否定 | 0 | 低于 |
| | | 纠正（解释）否定 | 5% | 高于 |
| | | 引导否定 | 0 | 低于 |
| | | 无回应 | 0 | 低于 |
| | | 打断学生回答或代答 | 0 | 低于 |
| | | 追问 | 15% | 高于 |
| "四何"问题 | | "是何"问题 | 91.67% | 高于 |
| | | "为何"问题 | 8.33% | 低于 |
| | | "如何"问题 | 0 | 低于 |
| | | "若何"问题 | 0 | 低于 |
| 对话深度 | | 深度一 | 81.25% | 高于 |
| | | 深度二 | 6.25% | 低于 |
| | | 深度三 | 12.5% | 高于 |
| | | 深度四 | 0 | 低于 |

（三）教学模式分析

1. 师生活动曲线

师生活动曲线图反映的是课堂中学生行为（S行为）、教师行为（T行为）随时间的变化。在教学过程中，每隔30秒进行采样，界定是T行为还是S行为，记录，并从T行为和S行为两个维度的编码，经过数据处理形成S-T曲线图，可反映课堂的教学模式。

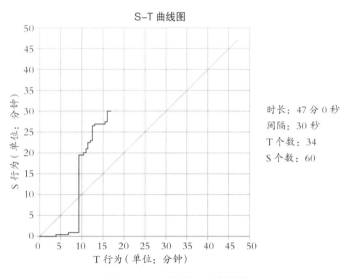

图1-3-1  师生活动曲线

2. 教学模式

利用教学模式图可以直观地区分四种典型的教学类型。在教学模式图中，不同教学模式的Rt值和Ch值确定了相应的教学类型所在的位置。这里的Rt值表示T行为占有率，即T行为在教学过程中所占的比例；Ch值表示师生行为转换率，即T行为与S行为间的转换次数与总的行为采样数之比。

由图1-3-2可看出，该节课为混合型的教学模式，其中师生行为转换率为23%（低于全国常模数据）；教师行为占有率36%（低于全国常模数据）；学生行为占有率64%（高于全国常模数据）。

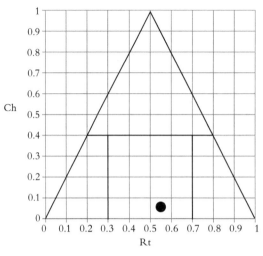

转换率Ch: 23%
T占有率Rt: 36%
S占有率Rs: 64%
教学模式: 混合型

图 1-3-2    教学模式图

### （四）有效性提问分析

#### 1. 问题类型方面

本节课的"问题类型"评分等级为 A，得分超过全国 81% 的同类型课程得分。本节课中常规管理性问题（用于课堂管理的、提醒式的提问）为 0，低于全国常模数据；记忆性问题（教师梳理出的、与本节课的新知识学习密切相关的学生已有知识、生活经验方面的问题）为 7.69%，低于全国常模数据；推理性问题（能引导学生依据一个或几个已有的知识或经验，经过思维的加工，推导出带有学习者个性化特征的概念、判断或推理的问题）为 76.92%，高于全国常模数据；创造性问题（围绕学生创造力的开发而设计的问题，要求学生致力于原创性和评价性思考，主要表现为要求学生能做出预测，解决生活中的问题）为 7.69%，低于全国常模数据；批判性问题（需要学生变换问题角度做深层次思考或反思的问题）为 7.69%，低于全国常模数据。

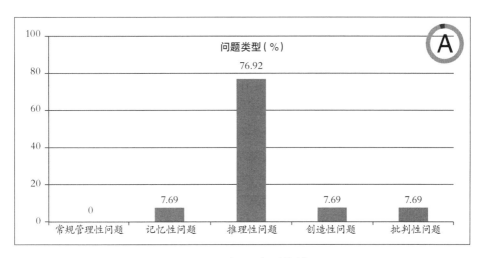

图 1-3-3　问题类型统计图

### 2. 挑选回答方式方面

本课的"挑选回答方式"评分等级为 A, 得分超过全国 87% 的同类型课程得分。本节课采集到的"点名提问"为 0, 低于全国常模数据;"让学生齐答"为 33.33%, 高于全国常模数据;"叫举手者答"为 66.67%, 高于全国常模数据;"叫未举手者答"为 0, 低于全国常模数据;"鼓励学生提出问题"为 0, 低于全国常模数据。

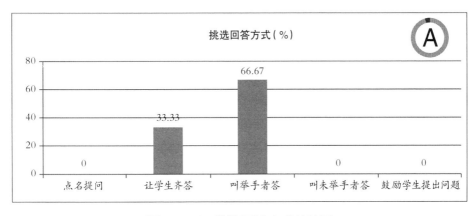

图 1-3-4　挑选回答方式统计图

### 3. 学生回答方式方面

本节课的"学生回答方式"评分等级为 A, 得分超过全国 92% 的同类型课程得分。本节课采集到的"集体齐答"为 23.81%, 高于全国常模数据;

"讨论后汇报"为 14.29%，高于全国常模数据；"个别回答"为 57.14%，低于全国常模数据；"自由答"为 4.76%，低于全国常模数据。

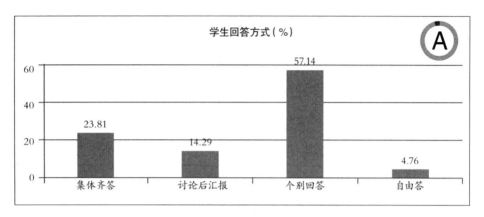

图 1-3-5　学生回答方式统计图

### 4. 学生回答类型方面

学生回答类型是与教师提出的问题类型相对应。本节课的"学生回答类型"评分等级为 A，得分超过全国 96% 的同类型课程得分。本节课采集到的"无回答"为 0，低于全国常模数据；"机械判断是否"为 0，低于全国常模数据；"认知记忆性回答"为 4.55%，低于全国常模数据；"推理性回答"为 63.64%，高于全国常模数据；"创造评价性回答"为 31.82%，低于全国常模数据。

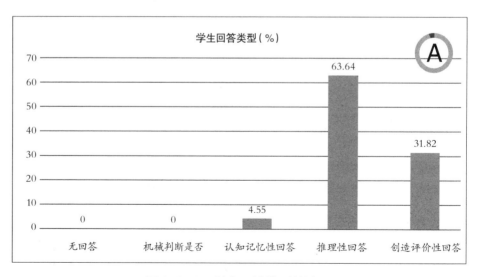

图 1-3-6　学生回答类型统计图

### （五）教师回应分析

#### 1. 回应方式方面

本节课的"教师回应方式"评分等级为 B，得分超过全国 51% 的同类型课程得分。本节课中"言语回应"为 90.91%，高于全国常模数据；"非言语回应"为 9.09%，低于全国常模数据。

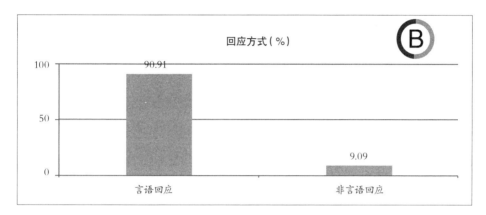

图 1-3-7　教师回应方式统计图

#### 2. 回应态度方面

本节课的"教师回应态度"评分等级为 C，得分超过全国 39% 的同类型课程得分。"简单肯定"为 25%，低于全国常模数据；"重复肯定"为 45%，高于全国常模数据；"提升肯定"为 10%，高于全国常模数据；简单否定为 0，低于全国常模数据；纠正（解释）否定为 5%，高于全国常模数据；"引导否定"为 0，低于全国常模数据；"无回应"为 0，低于全国常模数据；"打断学生回答或代答"为 0，低于全国常模数据；"追问"为 15%，高于全国常模数据。

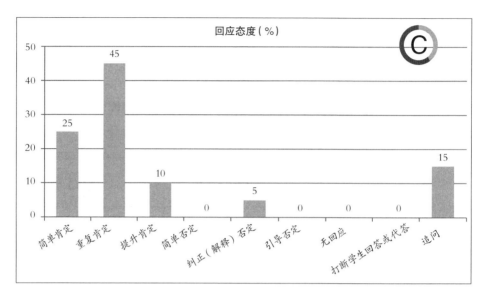

图 1-3-8　教师回应态度统计图

## （六）"四何"问题分析

从"四何"问题来看，本节课的"'四何'问题"评分等级为 D，得分超过全国 6% 的同类型课程得分。本节课中采集到的"是何"问题（指向事实性问题，如定义性问题等，该类问题的解决意味着学习者事实性知识的获取）为 91.67%，高于全国常模数据；"为何"问题（指向原理、法则、逻辑等问题，如推理性问题等，该类问题的解决意味着原理性知识的获取）为 8.33%，低于全国常模数据；"如何"问题（指向表示方法、途径与状态，如技能与流程性问题等，该类问题的解决意味着策略性知识的获取）为 0，低于全国常模数据；"若何"问题（条件发生变化可能产生新结果的问题，如假设性问题等，该类问题的解决意味着创造性知识的获取）为 0，低于全国常模数据。"'四何'问题"在采集的时候要求问题中有明确的引导词。

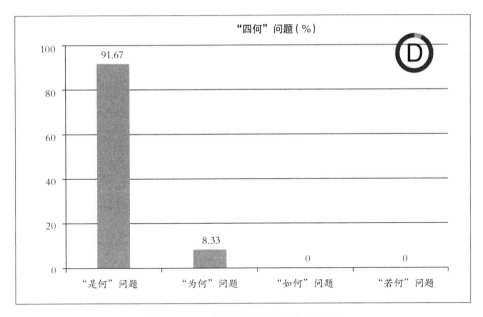

图 1-3-9 "'四何'问题"统计图

## （七）对话深度分析

对话深度反映的是教师提出问题的难度与学生认知程度的匹配度，关注的是问题之间的逻辑关系和师生之间互动交流的深度，体现的是教师追问的能力。本节课"对话深度"评分等级为 C，得分超过全国 30% 的同类型课程得分。本节课的"深度一"所占比例为 81.25%，高于全国常模数据；"深度二"所占比例为 6.25%，低于全国常模数据；"深度三"所占比例为 12.5%，高于全国常模数据；"深度四"所占比例为 0，低于全国常模数据；"深度五"所占比例为 0，低于全国常模数据。

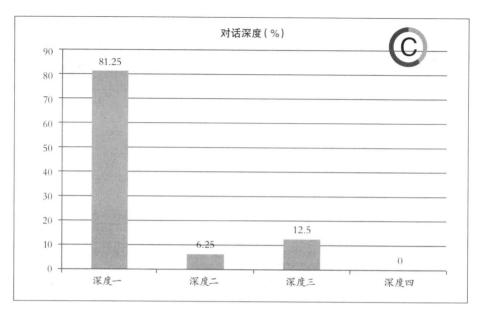

图 1-3-10    对话深度统计图

小结：本节课有效性提问中，问题类型评分等级为 A，挑选回答方式评分等级为 A，学生回答方式评分等级为 A，学生回答类型评分等级为 A；教师回应中，回应方式评分等级为 B，回应态度评分等级为 C；"四何"问题评分等级为 D；对话深度评分等级为 C。

综合上述课堂观察各维度的评分等级，本节课的综合评分等级为 B，得分超过全国 73% 的同类型课程得分。

图 1-3-11    课堂观察各维度评分等级图

本节课的亮点为：问题类型、挑选回答方式、学生回答方式、学生回答类型。建议执教老师结合本节课的课堂行为数据，在今后的课堂中着重关注如下几个方面问题的改进：回应态度、"四何"问题、对话深度。

## 二、课例诊断报告解读[①]

总体来看，《当环境改变了》这节课比较好地体现了核心素养要求下的重视学科育人价值的学生意识、科学探究的实践意识，以及问题情境设计的开放意识。以下从两个方面来进行分析。

### （一）学生主体性的体现程度

基于核心素养的课程改革强调学生的主体性和主动性，并且要促进学生的均衡发展。与之相关的证据链，首先要体现学生的主体性，也就是说，教师在课堂上应当给予学生自主学习、探究性学习的时间和空间。

S-T 分析就能反映老师有没有在教育理念上凸显学生的主体地位。

从本节课的 S-T 曲线图（参见图 1-3-1），可以看到两段偏向于学生活动的长时间的线段，尤其是第一段，出现了 15 分钟到 20 分钟的学生维度的断层，这时学生在进行小组合作探究。

本节课的教学模式为混合型偏练习型（参见图 1-3-2），师生行为转化率为 23%，教师行为占有率为 36%，而学生行为占有率达到 60%。从 S-T 维度的数据看，老师给予了学生很充分的合作探究的时间和空间。

那么，学生是怎样参与到课堂当中的？

这节课的"教师挑选回答的方式"，是以"叫举手者答"和"让学生齐答"为主（参见图 1-3-4），这说明了学生集体和个体主动参与课堂的积极性都是比较高的；而学生的回答方式以"个别回答"为主（参见图 1-3-5），另外"讨论后汇报"的数据高于全国常模数据。

这组数据的证据链说明：第一，学生参与课堂的形式还是比较多样的，老师从课堂气氛的调节和活动的创设等方面，都促进了学生思维的发展。在师生活动的时间和空间维度，老师能够放手让学生通过合作探究去进行主动

---

[①] 上面呈现的课例诊断报告因专业性很强，不易看懂。为此，我们邀请"靠谱COP"团队的赵炜老师对诊断报告进行了分析解读。本部分内容据赵炜老师讲课时的音频整理。

知识建构。第二，对核心问题，能够通过情境中的探究式学习、小组合作和同侪互助等方式来开展学习活动，在教师的引导下去解决问题。这两点是本节课突出的优点。

　　**存在的问题及改进的建议：**第一，在"教师挑选回答方式"当中，没有采集到"叫未举手者答"的数据。改进的建议是：在学生回答问题比较积极的情况下，也要关注到没有举手的同学，这些特定的学生群体，可能更需要老师在课上给予更多的关注。第二，没有采集到"鼓励学生提出问题"这个维度的数据。我们常说，在课堂上要注重培养学生的科学思维，其中的一个关键点就是要鼓励学生提出问题。课标明确要求五、六年级的学生要基于所学的知识，从事物的结构功能变化以及相互关系等角度提出可探究的科学问题。具体到本课，动物对于环境的适应这一内容，可以在导入环节先让学生提出问题，在此基础上确定本节课的核心问题。

### （二）学生探究活动的深度

　　如何评价学生探究的深度？可以从问题的类型、问题的结构、老师的引导和理答的充分程度等方面来进行分析。

#### 1. 问题的设计

　　从采集到的数据可以发现：在这节课的问题类型当中，老师提出的问题以推理性的问题为主（参见图1-3-3），创造性的问题和批判性的问题虽有采集到，但是比例均低于全国常模数据。

　　从问题结构的维度看，是以"是何"类问题为主，"为何"类问题低于全国常模数据，没有采集到"如何"类问题和"若何"类问题（参见图1-3-9）。

　　**改进的建议：**可以从本节课的内容目标、学生的现有认知水平、构建的问题情境等方面考虑，进一步优化问题的设计。其中的关键点是合理确定本节课的核心问题。综观全课，老师提出的核心问题有两个：一是第一次合作学习时老师提出的问题"当环境改变时，其他动物有什么行为来适应环境的变化"；二是"人类的行为会对动物有影响吗？哪些是可以做的，哪些是不能做的"。这两个问题其实都是信息提取和事实判断类的问题，都属于推理性的问题。如果能够优化探究的深度和探究的开放度，设计批判性问题或创造性问题，就能使问题的类型更丰富。

## 2. 理答方式

当问题提出之后，教师是不是给了学生相应的思考时间，以及在鼓励学生思考和引导学生深度思考方面，教师做得怎么样？

从这节课的"学生回答方式"维度的数据来看，"讨论后汇报"的数据高于全国常模数据（参见图1-3-5）。从上课视频中也看到了，提出两个核心问题后，都是让学生以合作探究的形式去解决问题的，这样的设计非常棒。

再来看看促进思考的情况（即对话深度）。这节课的对话深度达到了三级（参见图1-3-10），也就是说，对于学生的回答，上课老师进行了一步一步的追问，帮助学生进行由浅入深的思考。

例如：

师：变色龙在早上身体的颜色是什么样的，中午是什么样的，下午是什么样的？

生：是从深到浅再到较深。

师（进一步追问）：它在一天中的不同时段为什么要改变颜色？

生：早上的时候比较冷，深色的皮肤容易吸热；而中午气温升高了，它就换成浅色的皮肤，这样不会太热。所以变色龙是根据气温来变色的。

师（又进一步追问）：那它变换皮肤的颜色可以达到什么目的？

生（经过思考）：是为了更好地生存。

这个问题从表面看只涉及变色龙早上、中午和下午体表颜色的变化，通过老师的追问，学生逐步认识到"变色是出于生存的目的"，这就达到了由浅入深地思考的效果。

老师还能从问题的设计方面去帮助学生进行变换角度的思考。例如，当老师提出"人类的行为对动物适应环境的行为有哪些影响？哪些能做哪些不能做？"这一问题之后，学生从不同角度表达了自己的看法和理由，此时老师会追问其他的学生："你同意吗？"这就可以帮助学生对这个观点进行评价和判断。

当学生的回答有偏差的时候，老师通过"纠正否定"的回应方式对学生进行帮助。比如，在课的开始环节，当学生说"丹顶鹤来深圳湾过冬……"，此时老师就进行纠正："这个是黑脸琵鹭，不是丹顶鹤。"而当学生回答正确的时候，老师会以"提升肯定"的方式去对这个结果进行总结和提炼。

　　这节课采集到的最多的回应方式是"重复肯定"，就是当学生回答对了，老师对学生的回答进行重复，以表示肯定。虽然重复肯定能起到强调的作用，但是教师理答的作用不是仅针对这一个学生，还要考虑对其他学生的影响。因此，教师在课上的理答方式还应该多样一些。在这节课中，当第三小组汇报之后，老师说："我觉得第三组的推荐非常棒。"同时给予了一个"非言语回应"——让全班同学给他们鼓掌，然后进一步提升："他们非常清晰地为我们呈现了北极狐在面对环境改变时产生的行为，以及行为的目的。"像这样的"提升肯定"，让学生知道刚才的回答为什么好、好在哪里，这对提高学生的思维和表达能力是很有帮助的。

## 三、对定量评课的优缺点分析

　　这种定量评课方式最大的优点是"用数据说话"，具有相对的客观性；而且，不同维度的课堂观察数据能够帮助授课教师清楚地知道自己的课堂教学中哪些地方做得好、哪些地方还需要改进。我们工作室的学员在看了这份充满着数据和图表的诊断报告，以及听了专业导师的解读之后，都觉得这样的评课很有新意，对改进教学很有帮助。这里摘录两位学员写的心得体会：

　　看到这份基于数据的评价报告，我的第一感觉是惊奇，原来课堂教学也是可以用具体的数据和统计图表来进行评价的，这让我想起了曾在实验室做科研的经历，有一种久违的亲切感和熟悉感……尤其是对于"四何"问题的分析，我认为很有意义，因为问题的设计是课堂教学中非常重要的一环，好的问题设计对于启发学生思维非常有帮助。通过对"四何"问题的统计和分析，能够非常直观地帮助我们反思教学设计中存在的问题。不过，我很想知道这个统计结果是如何产生的，希望潘老师能给我们提供学习这些方法的机会。

——工作室学员　陈蓓

　　经过对此节课例分析的学习，我深深感受到运用数据分析课堂的重要性，在回应态度、"四何"问题、对话深度等方面有了新的认识，期待将来在潘老师名师工作室学习到更多运用数据分析来指导课堂教学提升的工具和方法。

——工作室学员　陈文浩

从学员写的心得体会中不难发现，这种定量评课的方式虽然有其科学性和新颖性，但也有其明显的"弊端"：其一，专业性很强，必须经过培训学习才能掌握其方法；其二，需要借助一定的工具和软件来进行数据的统计分析。

很显然，在教研活动的评课研讨环节，如果能够将定性的整体评价与定量的观察诊断结合起来，将有利于发挥两种评课方式的优点而又能弥补各自的"不足"。这样的教研活动必将能促进教师的教学行为改进。希望我们工作室的教研活动能以这样的方式来开展。

那么，当务之急便是聘请专家培训，让老师们学习掌握定量观察的方法。

# 第二章　初识"定量"观察的基本方法 [①]

## 第一节　S-T 分析法

### 一、概述

　　S-T 分析法是通过对教学中的教师行为（T 行为）和学生行为（S 行为）进行两个维度的编码，根据图像与数据描述课堂的基本特征。此项观察的数据能够比较客观地反映课堂上的师生活动情况，能够看出学生在课堂上是否有足够的自主学习的时间和空间。

表 2-1-1

| 类别 | 定义 | 举例 |
| --- | --- | --- |
| T行为 | 教师的信息传递行为 | 老师的解说、示范、板书，利用多媒体进行展示，提问与点名、评价与反馈等 |
| S行为 | 除T行为以外的其他行为 | 学生的发言、思考、计算、记笔记、做实验、写作业、课堂上的沉默或混乱等 |

### 二、数据采集方法

　　S-T 分析法采用定时采样法记录教学过程中的 T 行为和 S 行为，即：以一定的时间间隔，对观察的内容进行采样，并根据样本点的行为类别，以相应的符号 S 或 T 计入事先制作好的表格中（如表 2-1-2），由此构成 S-T 数据序列（简称"S-T 数据"）。

---

[①]　为了学习和掌握课堂观察中的定量评价方法，我们特地邀请了赵炜老师、张薇老师、路征老师为工作室的学员进行专题培训。本章内容由工作室学员根据授课老师的讲座课件整理和转写，也参考了王陆教授主编的《基于课堂教学行为大数据的课堂观察方法与技术》一书，引用的例子均来自本工作室老师上课后整理的课堂实录。

表 2-1-2 S-T 课堂观察记录表

| 时间进程（分钟） | 课堂行为（S/T） | | 时间进程（分钟） | 课堂行为（S/T） | |
|---|---|---|---|---|---|
| | 30S | 60S | | 30S | 60S |
| 1 | T | T | 23 | S | S |
| 2 | T | T | 24 | T | T |
| 3 | S | S | 25 | T | T |
| 4 | T | T | 26 | S | T |
| 5 | S | S | 27 | T | T |
| 6 | T | S | 28 | S | S |
| 7 | T | T | 29 | S | S |
| 8 | T | S | 30 | S | S |
| 9 | S | S | 31 | S | S |
| 10 | T | S | 32 | S | S |
| 11 | S | S | 33 | S | S |
| 12 | T | T | 34 | S | S |
| 13 | T | S | 35 | S | S |
| 14 | T | T | 36 | T | T |
| 15 | S | S | 37 | S | T |
| 16 | S | S | 38 | T | T |
| 17 | T | S | 39 | T | T |
| 18 | S | T | 40 | S | T |
| 19 | S | S | 41 | T | |
| 20 | T | S | 42 | | |
| 21 | S | T | 43 | | |
| 22 | T | S | 44 | | |

在进行此项观察时，要做定时采样，即采样间隔为一定值，且是在时间点采样，不是在时间段采样。例如：在 1 分 30 秒采样，在此时间点之前都是老师在讲话，但到了该采样的时间节点时恰好是学生在发言，此时应记作 S 行为（学生行为）。

采样的数据应该包括采样的时间和行为的类别（如表 2-1-2），采样的间隔时间要根据上课的时长调整（如表 2-1-3）。

表 2-1-3

| 教学片段长度 | 40~45分钟 | 15分钟 | 少于15分钟 |
|---|---|---|---|
| 采样间隔 | 30秒 | 10秒 | 5秒 |

在进行 S-T 数据采集时，有时会遇到这样的情况：在某一时段明显存在有师生对话，但是却连续采集到 T 行为。其原因可能是：学生只进行了简短的认知记忆性回答、机械判断是否、简短齐答，或者是学生的回答被打断，由教师代答。这样的情形看起来学生参与度较高，但其实参与的浅表性、被动性特征显著。针对这种情况，可以考虑减小采样时间间隔。

## 三、信度检验

在进行数据统计分析之前，先要检测数据的信度系数。通常来说，信度系数越大，表明测量的可信程度越大。在进行 S-T 分析时，如果信度系数在 0.70 以上，表示数据可以接受；如果信度系数低于 0.70，则需要几位观察者讨论协商（或者重新看课例视频确认），直到信度系数达到 0.70 以上。

信度系数可运用 SPSS 软件计算。在没有 SPSS 软件或信度要求不高的情况下，也可以简化计算一致性系数进行信度检验。

一致性系数的计算方法：不同研究者相同的编码数除以编码总数。例如：3 个人共同分析一节课，都获得了 210 个数据，其中有 180 个数据完全相同，则他们获得的三份数据的一致性系数为：180/210=0.857，一致性系数大于 0.70，可以进一步进行数据分析。

## 四、数据处理

### （一）生成 S-T 曲线图

将表 2-1-2 中记录的数据录入特定的软件中，即可得到需要的数据和 S-T 曲线图（如图 2-1-1）。当然，如果没有软件工具，在专用的坐标纸上绘图，也可以得到 S-T 曲线图。S-T 曲线图的纵轴为 S，横轴为 T，分别表示 S 行为和 T 行为发生的时间，原点为教学开始时间。

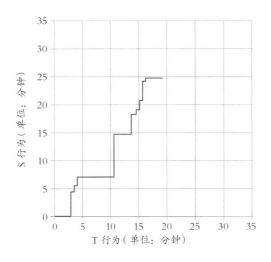

图 2-1-1　S-T 曲线

## （二）图形解读

S-T 曲线靠近 T 轴，判定为：是以教师行为为主的课堂。

S-T 曲线靠近 S 轴，判定为：是以学生行为为主的课堂。

S-T 曲线接近 45 度，判定为：教师行为、学生行为均衡的课堂。

S 轴方向出现长直线段 / 断层，判定为：课堂出现连续的学生活动时段。

T 轴方向出现长直线段 / 断层，判定为：课堂出现教师的连续讲授或播放课件等行为。

例如，课例《蚕幼虫身上的秘密》的 S-T 曲线图如图 2-1-2。

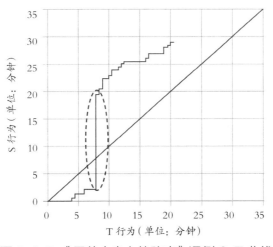

图 2-1-2　《蚕幼虫身上的秘密》课例 S-T 曲线

从图形可知，曲线整体偏向 S 轴，说明这节课是以学生活动为主的；上课的前 4 分钟，T 轴方向有一条长直线，这是教师的连续讲授行为；中间时段在 S 轴方向有一条较长直线（时长约 17 分钟），这时学生在进行小组实验探究活动（如观察蚕的外形和蚕的运动、填写学习记录单等），在这个过程中，老师只在各组之间巡视指导，没有打断学生。

### （三）利用 S-T 采样的相关数据判断课型

利用 S-T 采样的相关数据判断课型，需要先计算两个比率数据 ——T 行为占有率（Rt）和师生行为转换率（Ch）。

#### 1.T 行为占有率（Rt）

Rt 是采集到的 T 行为的个数除以 T 行为和 S 行为的总数所得的值（以小数表示），它代表了师生活动时间的分配情况。

$$Rt=N_T/N$$

N：行为采样总数；$N_T$：T 行为数。

#### 2.师生行为转换率（Ch）

Ch 是 T 行为与 S 行为间的转换次数与总的行为采样数之比。

$$Ch=（g-1）/N$$

g："连"数[①]。

#### 3.计算举例

若采样得到的行为总数 N 为 10，样本序列为：

T T T S S T S T T T

在计算 Ch 值时，首先画出"连"，共有 5 个 g：

T T T S S T S T T T
① ② ③ ④ ⑤

Ch=（5-1）/10=0.4

依据 Rt-Ch 图来判断课型

由 Rt 的取值范围 $0 \leqslant Rt \leqslant 1$ 和 Ch 的取值范围 $0 < Ch < 1$ 可以得出 Rt-Ch 图（如图 2-1-3）：

---

① 采样的数据中若相同的行为连续出现,计为1个"连"；若中间只有单个的行为也计为1个"连"。

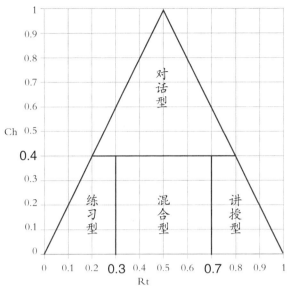

图 2-1-3

（1）当 Ch ≥ 0.4 时，说明本节课师生互动交流较多，教师能积极调动学生参与课堂活动，这类课型判定为对话型。

（2）当 Ch < 0.4 时，则要根据 Rt 值的大小，分为三种情况：

①若 Rt ≤ 0.3，判定为练习型课。全课以学生行为为主，比如做练习或者学生进行主动探究。

②若 0.3 < Rt < 0.7，判定为混合型课。说明教师、学生两者都出现了明显的连续活动时间。课上既有教师的持续讲授或演示性引导，学生也获得了较长而且连续的学习时间。师生的行为分布较为合理，教师的指导性和学生的主动性都得到发挥。

③ Rt ≥ 0.7：判定为讲授型课，全课以教师行为为主，类似于传统教学中的"满堂灌"。目前此类课型已很少见到。

概括来说，四种教学模式的划分依据是：

对话型：Ch ≥ 0.4

练习型：Ch < 0.4 且 Rt ≤ 0.3。

混合型：Ch < 0.4 且 0.3 < Rt < 0.7

讲授型：Ch < 0.4 且 Rt ≥ 0.7。

## 五、S-T观察的优缺点分析

### （一）优点

易于学习和利用，在一定的时间间隔内记录一次教师或学生的行为，研究的信度较高；另外，由于只有两种编码，大大减少了编码的模糊性，提高了研究的客观性和可靠性，研究的效度也较高。

### （二）缺点

容易忽略课堂中的关键事件，因此往往需要与其他方法配合使用。

### （三）未来发展

应用数字化技术，进一步从案例分析扩展到大型课堂教学录像数据库的研究与管理，是课堂教学录像研究发展的新方向。

## 第二节　"四何"问题分析法

# 一、何谓"四何"问题

西南大学教育学部部长朱德全教授在《教育测量与评价》一书中写道："教学是由问题构成的，教学的一切都可以说成是问题的衍生物，学生学习能力的形成就在于问题解决能力的形成。"由此可见，"问题"是教学的逻辑起点。课堂教学中的问题是可以设计的，并非都是随机的，而教学问题的设计能够为学习者预先构筑聚焦教学思考的框架，使教学进程朝预先设计的方向发展，培养学习者的思维技能。由此可见，对课堂教学中的"问题"进行观察，具有重大意义。

麦卡锡（McCarthy，1996）在4MAT模型中将问题分为四种类型，即"是何"问题、"为何"问题、"如何"问题、"若何"问题，简称"四何"问题。

"四何"问题分析是对课堂中教师所提问题的结构进行记录与分析的一种课堂观察方法，该项分析可以反映出老师的问题设计能力，体现教师的教育信念和策略性知识。

"是何"问题（What）

这类问题指向事实性的内容，询问基本的信息，如定义性问题等。这类问题的解决意味着学习者事实性知识的获取。

比如，在教科版《科学》二年级《观察月相》一课中，老师在引入环节提出了这样的问题："中秋节刚刚过去，谁还记得那天晚上的月亮是什么形状的？"在这里，"是什么形状的"就是一个典型的"是何"问题。

"为何"问题（Why）

这类问题指向原理、法则、逻辑等涉及原因、理由、目的等方面的问题，往往属于逻辑推理和因果分析，该类问题的解决意味着原理性知识的获取。

例如，在《观察月相》这课中，当一个同学在黑板上画了月相之后，老师说："谁来评价一下他的画法，看看有没有需要修改的地方，还要说说你为什么要这样改？"这里的"为什么要这样改"就是一个典型的"为何"问题。

"如何"问题（How）

这类问题指向方法、途径与状态，探讨事情是如何发生的，或者某人是如何完成某事的，如技能与流程性问题。该类问题的解决意味着策略性知识的获取。

例如，在《点亮小灯泡》一课中，老师出示了实验材料：一节干电池、一个小灯泡以及一根导线，问："利用这些材料，怎样点亮这个小灯泡？"这里的"怎样点亮小灯泡"就是一个典型的"如何"问题。

"若何"问题（What…if…）

是指当条件发生变化，可能产生新结果的问题，如假设性和条件性问题。该类问题的解决意味着创造性知识的获取。

例如，在《模拟安装照明电路》一课中，当同学们完成了用一个电源、两个开关分别控制一个灯泡的电路之后，老师又提出了这样的问题："最近天气热了，如果我们在这个房间内再加装一台小风扇的话，应该怎样设计电路呢？"这里的"如果……怎样"就是一个典型的"若何"问题。

## 二、为何要观察"四何"问题

在教育学和认知发展的范畴内，不同维度的问题设计扮演着不同的角色，它们不仅构成了知识探索的基础框架，还可促进学生不同层次的思维能力的发展。

"是何"问题，作为最基本的事实性探询，旨在直接提取文本或学习材料中的具体信息和细节，要求学生准确记忆并复述这些基本信息，这是构建知识大厦的基石。这类问题的提出，直接指向对客观事实的记忆和确认，帮助学生积累必要的信息基础。

"为何"问题则深入一层，鼓励学生超越表面信息，探索背后的逻辑、原因和原理，从而获取原理性知识。对这类问题的思考，可以促使学生运用逻辑推理，深化对科学原理的理解。

"如何"问题关注的是过程、策略和方法，它要求学生掌握解决特定问题的步骤与技巧。这类问题对应策略性知识的获取，旨在让学生知道如何在实践中灵活运用策略。

"若何"问题则属于假设性思维训练，鼓励学生设想不同的条件或情境，预测可能的结果或解决方案，这对于培养创新思维和问题解决能力至关重要。这类问题要求学生超越现状，探索多种可能性，从而获取创造性知识。因此，教师在课堂中设计这样的问题，能激发学生的想象力，提高他们在面对不确定性问题时的适应能力和创新能力。

如上所述，我们在进行课堂观察时，通过对"四何"问题的分析，可以了解课堂内容的结构是否合理，即教师在设计教学问题时是否关注了学生科学思维的发展，是否指向对学生核心素养的培养。

例如，在教科版《科学》五年级《四季变化》一课中，教师先提出"是什么导致了季节的变化"这一"是何"问题，引导学生了解基本概念；然后提出"为什么地球公转到不同的位置会经历四季变化"这一"为何"问题，促使学生探索背后的科学原理；之后又提出"我们怎样通过实验模拟地球的公转来理解季节变化"这一"如何"问题来鼓励学生思考实验方案并动手实践；最后教师又提出"如果地球的倾斜角度改变，季节变化会有怎样的不同"这一"若何"问题，来激发学生的想象力和批判性思维能力。通过这样的问题序列来展开教学活动，学生不是被动地接收信息，而是主动参与知识的建构过程。因此，这样的课堂是有利于促进学生的思维发展的。

## 三、"四何"问题观察的操作方法

对"四何"问题进行观察和采样，可以使用记号体系分析法，具体的做法是：

（1）事先设计制作观察量表，如图 2-2-1。

（2）观课时，将老师提出的问题一一记录，并依据引导语进行归类。

（3）进行问题类别的统计。

| 观察员：＿＿＿＿＿＿；时间：＿＿年＿＿月＿＿日 |||||||
|---|---|---|---|---|---|---|
| 一、课例基本信息 |||||||
| 课题 || 年级 || 册 || 执教者 |
| 二、观察记录 |||||||

| 序号 | 问题（简记） | 问题类别 ||||
|---|---|---|---|---|---|
| | | 是何 | 为何 | 如何 | 若何 |
| 1 | | | | | |
| 2 | | | | | |
| 3 | | | | | |

图 2-2-1　"四何"问题观察量表（局部截图）

## 四、"四何"问题采样的策略

像"四何"问题这类的定量课堂观察强调"低推理、少判断"，即在记录时，观察者利用相同的标准对课堂行为和事件进行判断和归类，只要标准明确，记录正确，得到的观察结果就不受观察者个人偏好的影响。也就是说观察技术是客观的，不同观察者之间较容易达到较高的一致性，从而使采集到的数据更具真实性和可靠性。

进行"四何"问题采样时，应遵循以下四个主要的判断依据：

## （一）要有明确的引导词

老师们在听课时一定会发现，上课老师说出的疑问句真的不少，但并不全都属于"四何"问题，判断的依据是看该问句是否具有明确的引导词。例如，"是何"问题的引导词是"什么、是谁、是什么地方、是什么时间"，"为何"问题的引导词是"为什么"，"如何"问题的引导词是"如何做，怎么做"，"若何"问题的引导词是"假如……如何做"。

下面以《四季变化》课堂实录中的问句为例，进行对比说明。

表 2-2-1

| 序号 | 问句实录 | 特定引导词 | "四何"问题的判定 |
|---|---|---|---|
| 1 | 四个季节对人体而言最显著的差异是什么？ | 是什么 | 属于是何 |
| 2 | 为什么有些地方冬天是热的、夏天却是冷的？ | 为什么 | 属于为何 |
| 3 | 我们要研究光照的变化，若是看整个地球的光，是很难去分辨的。请同学们想想，可以怎么做呢？ | 怎么做 | 属于如何 |
| 4 | 如果地球不公转，只自转的话，会不会有四季变化呢？ | 如果……会不会…… | 属于若何 |
| 5 | 同学们看懂了吗？ | / | 不属于 |
| 6 | 30米和这一小步相比，距离变化大吗？ | / | 不属于 |

表 2-2-1 的问句实录中，第 1～4 句有特定的引导词，可记入"四何"问题；而第 5 和第 6 句则不属于"四何"问题。

## （二）问题的内容要与教学内容联系紧密

在上课时，老师提出的问题不一定都是与教学内容相关的，有时是为了进行教学组织或是为了吸引学生的注意，那么，这一类问题不能计入"四何"问题。例如：在《温度不同的物体相互接触》一课的导入环节，老师说："最近我们班同学在喝牛奶的时候遇到一个问题，想不想知道是什么问题？"这句话中，看似有特定引导词"是什么"，但此句的重点在"想不想知道"，老师的意图在于激发学生的好奇心和探究欲，与教学内容本身没有紧密联系，因此不计入"四何"问题。

与教学内容紧密联系的问题，才应该被记录为"四何"问题，现以《我们是怎样听到声音的》一课的教学实录（片段）为例来说明。

【教学实录片段】

师：如果我们在很近的地方发出非常强烈的声音，鼓膜的振动会怎么样呢？（"若何"问题）

生：非常剧烈！甚至有可能会破裂。

师：刚刚在实验过程中，有个小组的实验装置就出现了这样的问题，不管用多大的音量对着它喊，上面的小球一动也不动。（展示该损坏装置）

师：你觉得为什么会这样呢？（"为何"问题）

生：它里面的"鼓膜"可能破了，声音漏了出去，所以小球跳不动了。

师：你的分析很对。经过老师仔细检查，的确在模拟的鼓膜上发现了一个小洞。可见，鼓膜破裂后就不能很好地震动了，这对我们的听力会有什么影响呢？（"是何"问题）

生：听力下降，甚至有可能变成聋子了，听不见了。

师：那我们平时应该怎么保护好我们的耳朵呢？（"如何"问题）

生：不要近距离地大喊大叫。

生：远离有噪声的地方。

在上述片段中，教师设置的"四何"问题可引导学生利用科学模型去分析问题，让学生学会爱护身体器官，保护听力，并渗透了健康教育思想。像这样的围绕教学目标和教学内容而设计的问题，在"四何"问题采集时才是应该记录下来的。

## （三）避免重复记录

在采集"四何"问题时，经常遇到这样的情形：老师提出了一个问题之后，会向不同的学生询问，得到不同的答案。此时应遵循"同一问题、多种问法、多个学生回答仅记录一次"的原则。试举一例：

在《温度不同的物体相互接触》一课中，学生需要用温度计来测量热水和冷水的温度。在使用温度计进行测量操作之前，师生有一段这样的对话：

【教学实录】

师：请问，使用温度计的注意事项有哪些？

生：温度计要悬空，不能触碰容器的底和壁。

师：很对。其他同学还有补充吗？

生：读数时温度计的液泡不能离开那些水。

师：谢谢你的补充。还有一个重要的注意事项是什么？哪位同学想起来了？

生：读数时视线要与温度计的液面相平。

上面这段对话共有三问三答，但实质是围绕一个问题而展开的，那么在进行"四何"问题采集时，只需在"是何"问题类别那里记录一次即可。

### （四）记录言语表达的问题，排除非言语信息

"四何"问题采样时只记录基于言语的信息，即只有通过口头或书面形式明确表达出来的内容才会被纳入分析范畴。虽然非言语信息如肢体语言、面部表情等也是沟通的重要组成部分，但在本方法中，为了保证数据的客观性和准确性，选择专注于可记录、可量化的言语表达。这样做能够使分析过程更加标准化，便于后续的量化统计和深度解读。当然，这并不意味着忽视非言语信息在教育实践中的价值，而是在特定的数据采集方面做出的取舍。

综上所述，"四何"问题采样作为教学评估的一种手段，其有效实施依赖于明确的引导语设定、与教学内容的高度贴合、对重复性问题的精简处理以及对言语表达的侧重记录。

## 第三节　教师的有效性提问与回应分析

### 一、有效性提问分析

近年来，随着课程改革的发展，对教学问题的关注逐渐聚焦于真实的课堂，对课堂提问的研究越来越多。如何提问，不仅可以从侧面反映教师的教学观念、教学技能、教学智慧，还可以通过问题设计培养学生的高阶思维能力。

此外，很多教师并没有意识到自己在课堂中的提问可能陷入一种固定的模式。例如，当学生在课堂上走神时，教师会选择通过提问吸引学生的注意力，此时教师提出的问题大多是简单的问题，这些问题对促进学生的有效学习帮助并不大，仅是为了调控和管理课堂。因此，教师需要对提问的类型、提问发生的情境、提问的语言、提问对后来的学习或其他相关课堂活动的影响进行反思，以提高提问的有效性。

有效性提问分析是对课堂中教师提出的问题和采用的提问策略进行记录

与分析的一种课堂观察方法。通常从提出问题的类型、教师挑选回答问题的方式、学生回答方式和学生回答类型四个方面来观察。

## （一）有效性提问的问题类型

前文所述的"四何"问题分析指的是对问题结构的分析，即老师提出的问题指向什么知识结构。进行"四何"问题采集时要依据特定的引导词，老师在课上提出的很多问题，常常不会被列入"四何"问题，但可以计入有效性提问的问题类型之中。

有效性提问的问题类型、各类型的基本特征及数据的意义分述如下：

### 1.常规管理性问题

课堂上有时会出现部分学生或学习群体的学习动力、学习状态或课堂纪律不佳的情况，此时，教师会通过有针对性的提醒式提问，引起学生的自我警醒，达到使课堂恢复到良好学习状态的目的。像这一类问题，可划分为常规管理性问题。如前文提及的例子："最近我们班同学在喝牛奶的时候遇到一个问题，想不想知道是什么问题？"这个问题就属于常规管理性问题。

这类问题一般与教学的内容无直接关系，与学生的学习习惯、班级学习文化、教师的教学风格和能力等因素相关。从评课数据来看，一般不期望这类问题的比例偏高，有经验的教师会通过教学内容、教学活动等调控学生的课堂学习状态。

### 2.认知记忆性问题

认知记忆性问题是指教师在进行教学设计时，梳理出的与新学习知识密切相关的学生已有知识、生活经验方面的问题。这类问题不需要学生做出意志努力或复杂的思维活动就能够做出回忆，在新知识学习中起到基础性作用。认知记忆性问题一般是一节课中比例最高的问题类型，是促进学生将已经学习的知识转化为元认知知识的关键环节，也可以将以前所学的内容与今天新学的知识联系起来。

例如，在《四季变化》一课中，"地球自转一周是多久""8月份我们北半球是什么季节"这两个问题就是属于认知记忆性问题，所对应的认知层次是"识记"。

### 3.推理性问题

推理性问题指的是能引起学生根据元认知或已有的经验，经过思维加工，推导出带有学习者个性化特征的概念、判断或推理的问题，用来支持学生逻辑思维能力的培养。

此类问题所占的比例一般较高，是促使学生通过主动思维学会新知识的关键。如果此类问题的比例过低，一般能诊断出新知识的学习是通过讲授—接受式方式获得的；但若这类问题的比例过高，则有课堂学习脱离学生已有知识和经验的嫌疑。

从老师们的课堂实录中发现，这类问题的确很常见。例如，《产生气体的变化》一课：

师：现在我们来猜测一下这个无色透明液体是什么？（推理性问题、"是何"问题）

生1：雪碧。

生2：白醋。

生3：水

……

师：刚才同学们已经把一些白色固体也说出来了，比如盐、小苏打、面粉、淀粉等物质。那么今天来研究一下产生刚才实验现象的到底是哪两种物质。大家猜测一下，可能是哪两种物质混合后产生了新物质？或者是哪两种物质混合不可能产生新物质，请说明你的理由。（推理性问题）

### 4. 创造性问题

这类问题是教师围绕学生的创造力开发而设计的问题，要求学生基于原创性和评价性的思考，做出预测，解决生活中的问题；基于内在和外在的标准，判断各种想法、信息等。这类问题一般与新知识的灵活运用有关，需要学生有丰富的知识和经验的积累，有一定的推理、想象、联想、直觉等思维能力，能培养学生思维、活动和见解的个性化、探索性和求新性的习惯和能力。由于这类问题对学生来说具有一定的挑战性，因此在数据统计时所占比例一般较小。例如：

师：今天，老师这里有一个气球，根据你平常的生活经验，你有什么办法可以让这个气球变得无限大？（《产生气体的变化》）

这是一个针对学生解决问题的策略性和灵活性而提出的创造性问题，学生要从不同的角度去想办法来解决这个问题。

师：空气有质量。你在生活中能找到证据吗？哪个同学来说说？（《空

气有质量吗》）

这是一个能激发学生兴趣、引导学生学会收集和分析证据的创造性问题。

师：燃烧少不了打火机和蜡烛，现在老师已为你们准备了这些材料，你们能不能设计一个实验方案来验证一下你们的猜想呢？（《厨房里的物质和变化》）

这是一个典型的创造性问题，引导学生进行实验方案的设计。

### 5. 批判性问题

是指需要学生对相关内容进行批判性思考的问题。其核心是：解释、分析、评价、推论、说明和自我调节，对应的是高阶思维能力的培养。这类问题需要学生进行深层次思考或反思，分析原因、寻找支撑观点的证据，从而得出结论。

从数据统计的结果来看，这类问题所占比例较低，一般与方法的优劣、观点的赞同与反对、价值的判断、信念的选择与抛弃、行为的利与弊等有关。因此，这类问题提出的时机，一般宜在学习有了结果之后。例如：

师：我们在地球上可以用指南针辨别方向，那如果我们到了其他的星球，指南针还能够帮助我们辨别方向吗？（《磁极与方向》）

师：开水养金鱼，你觉得这是真的吗？大家觉得合理吗？（《热在水中的传递》）

师：刚才他说用最古老的岩石来检测，大家同意吗？（《岩石的故事》）

以上所举的三个例子，都是引导学生从不同的视角来思考问题，训练了学生的批判性思维。

关于上述的问题类型，可从以下方面进行比较：

表 2-3-1

| 问题类型 | 是否有唯一正确答案 | 答案来源 | 思维特点 |
|---|---|---|---|
| 认知记忆性问题 | 通常有 | 通常是教材或之前所学 | 聚合性思维 |
| 推理性问题 | 通常有 | 教材+一定的分析 | 聚合性思维 |
| 创造性问题 | 不一定有 | 教材+综合分析 | 运用发散性思维提出多样的解决方案 |
| 批判性问题 | 否 | 教材+质疑 | 批判性思维 |

## （二）有效性提问的教师挑选回答方式

课堂上当老师提出问题之后，必定是要找学生来回答的。从平常的听课中发现，多数教师（尤其是新手教师）最常用到的方式无外乎两种：让学生齐答或叫举手者答。其实，教师挑选回答的方式还有其他几种可供选择（详见表 2-3-2），只有全面了解这些方式的优缺点，才能在课上灵活应用，提升课堂教学的效果。

表 2-3-2

| 方式 | 优点 | 缺点 | 常模数据的特征 |
| --- | --- | --- | --- |
| 提问前先点名 | 在个别学生学习不专注且教师以为学生能应付这个指向他（她）的问题时，采用此方式，可以起到唤回、调节、激发学生学习状态的作用，对有能力参与但参与愿望不强的学生，也可以采用此种方法，提升学生的课堂参与率。 | 会增加学生的焦虑水平，甚至抑制学生的思维，进而可能影响学生的学习状态和学习自信心，对内向、胆怯和表达能力不强的学生要慎用。 | 一般在5%左右，不希望此项占比过高，如果教师配合严肃的表情和语音，有时也可以起到替代常规管理性问题的作用。 |
| 提问后让学生齐答 | 有利于学生对于难度不大、已有生活经验的回顾；有利于提升课堂效率和学生的参与率；有利于形成良好的课堂学习氛围和调动学生的学习情绪。 | 面对较重要的问题或较难的问题时，不利于准确甄别学生的个体学习状态和掌握情况，不能形成学习者之间的信息流通。 | 一般在20%～40%。多数认知记忆性问题比较适合此类问答方式，在难度较低或活动课中，可适当增加比例，但在一般课程中，此项比例适宜控制在一定范围内。 |
| 提问后叫举手者回答 | 有利于控制学生的焦虑水平；有利于学习者展示风采、锻炼并提升表达能力，提高自信心；有利于控制课堂的进程和甄别学生个体的学习状态，有利于提升课堂互动质量。 | 不利于甄别学生的整体掌握情况；发言者能将信息传递给班级其他人，但一般没有信息回流。 | 常模数据差异较大，一般在30%～70%，从小学到中学随着学段的提升，比例逐渐减小，成因极其复杂，但此项数据比例不宜过低。 |
| 提问后叫未举手者回答 | 有利于提升学生的课堂参与率、帮助学生克服注意力不集中的问题；有利于对特定学生的认知状况甄别；有时也有利于教师捕捉到需要的观点；如果学生的回答令老师和同学满意，并得到鼓励，也会提升学生的参与与信心。 | 可能会增加学生的焦虑水平，抑制学生的思维，对不知道如何回答的学生，会影响其学习状态，甚至影响其自信心。 | 一般为0～30%。随着学段的提升，此项比例逐渐增大，与"叫举手者答"的趋势相反。但此项数据比例不宜过高，因此如何调动高年级学生的参与热情值得关注。 |
| 鼓励学生提出问题 | 有利于教师捕捉学生的观点，引领或推进课堂的进程；有利于学生养成质疑的习惯；有利于提升学生课堂参与的质量；有利于学生主体能动性的发挥。 | 可能会引起课堂效率的降低、学习方向的偏离，也不利于课堂预期进程的发展，需要教师有强大的情境知识、策略知识和追问能力等。 | 目前较低，0～15%。由于该指标能体现新课程理念，倡导教师应提升本项数据的比例。 |

## （三）有效性提问的学生回答方式

在课堂上，学生回答教师提问的方式主要有以下几种（详见表 2-3-3），每种方式各有优缺点，可以根据具体情况灵活使用。

表 2-3-3

| 方式 | 优点 | 缺点 | 常模数据的特征 |
|---|---|---|---|
| 集体齐答 | 能甄别学生对问题的整体掌握情况。有利于教学的连贯、流畅，有利于节省课堂时间，提升课堂效率，能有效地降低课堂焦虑水平，有利于大幅度提升课堂参与率和参与兴趣与信心。 | 不利于甄别学生的个性化学习状态，不利于有针对性地解决学生个性化的学习问题。 | 常模数据差异较大，一般为20%～40%。当学生的参与热情不高、信心不足时，可适当运用此方式调节课堂气氛。 |
| 讨论后汇报 | 学习者之间的信息交流充分，观点或结论中包含多个学生的智慧，因此能充分体现学习者之间的相互依赖、相互启发、相互支持与促进；有利于学生形成良好的倾听、分享、质疑和求助等合作能力；有利于学生的学习责任心的培养等。 | 容易导致学习效率低下；由于缺少教师的参与，学生得出的结论容易出现偏差；小组观点需要进一步聚合。 | 常模数据一般为5%～15%。需要教师有集体建构的学习观，以及小组合作学习各任务设置和组织的技巧。鼓励此项数据提高。 |
| 个别回答 | 有利于教师诊断学习者个体在学习上的问题；有利于通过追问或多轮对话推进认知深度的发展，促进学生的个性化学习；有利于认知方法和思维过程的示范；有利于教师对学生观点的针对性捕捉与利用，等等。 | 新手教师难以有效利用学生的个别回答；此方式还会降低学生的参与率。 | 常模数据在一般为50%～75%，是课堂中主要的学生回答方式。 |
| 自由答 | 能有效降低课堂焦虑水平；有利于调节课堂的学习气氛，能彰显个体在知识或生活经验方面的优势；有利于保持小步骤快节奏的课堂推进的顺畅与学生思维的连续性，等等。 | 可能会导致学困生难以跟上学习进程，不利于学生深思熟虑，不易捕捉到性格内向者的独到见解。 | 适用于自由答的问题一般是较难或有争议的问题，通过回答展示出的信息对学生有启发。此项数据的占比一般较低，为0～20%。 |

## （四）有效性提问的学生回答类型

### 1. 无回答

若教师提出的问题无人回答，可能是教师提出的问题太难，或者是教师提问后给学生预留的时间太短。这种情况可能在新手教师的课堂上出现，建议教师将问题分解成由浅入深的小问题，降低难度。常模数据为 0 ～ 1%。

### 2. 机械判断是否

指学生仅用"是、不是""对的、错的""有、没有""好、不好""明白、不明白"等简单词语去回答教师的提问。此类回答可以帮助学生将已有知识或生活经验在头脑中进行重现，作为后续学习的素材或基础。一节课中，此类回答的比例不宜过高，一般在 5% ～ 10%。

### 3. 认知记忆性回答

指学生面对事实性或已学过的问题时，将信息检索、加工的过程隐藏在头脑内部，对教师的提问不做证据展示等表述，只是陈述结果或看法的回答方式。一般会与认知记忆性提问的比例相当。值得关注的是此类回答的价值是支持学生将已掌握的知识转化成元认知知识的良好机遇。在常模数据中，此类回答的比例一般也是最高的，为 20% ～ 50%。

### 4. 推理性回答

指学生借助教师提供的资料或已有知识，寻找支持证据并能将证据逻辑化组织起来，清晰地表达出所得结论的回答方式。从常模数据看，此类回答的占比一般会与推理性提问的比例相当，为 20% ～ 50%。但若低于推理性提问的比例，基本可以诊断出学生不擅长或不习惯于进行逻辑化表达，因此教师就要有意识地在课堂中培养学生这方面的能力，经常进行"说说原因"或"说说你的理由"等形式的追问。

### 5. 创造评价性回答

指学生独特、新颖，且带有自己个性化特征的见解或个性化观点的评价回答方式。常模数据为 10% ～ 20%，此类回答的占比一般会与创造性问题和批判性问题的比例之和相当。此种回答类型对学生的创造性思维能力和批判性思维能力的依赖程度较高，教师要在平时鼓励学生对自己的观点要爱护、珍视、守卫、发展，即使学生的观点比较幼稚、偏颇，教师也不要轻易否定或压制。

## 二、"教师回应"分析

在课堂上，当学生回答了教师提出的问题之后，教师必定要以一定的方式和态度去回应学生。

### （一）教师回应的方式

#### 1. 言语回应

通过教师的口头语言来回应学生的答案。

有效的言语回应能够激发学生的思考，促进他们的认知发展；肯定和鼓励性的言语回应，能够增强学生的自信心和学习兴趣。大数据统计发现，这种回应方式占比很高。教师在使用这种方式时，要注意语言的准确性、针对性和情感性，且回应要及时。

2. 非言语回应

通过肢体动作，如手势、微笑、鼓掌、记分、奖励等来回应。对小学生来说，教师的非言语回应不仅能够补充和强化言语回应，还能发挥一些独特的作用，如情感传递、注意力引导、信息强化、氛围营造、个性化关注等。由于这种回应方式具有及时性、多样性等优势，教师（尤其是新手教师）要善于使用一些肢体语言来辅助言语回应的方式，从而达到更好的教学效果。

（二）教师回应的态度

教师回应的态度可分为肯定回应、否定回应、打断学生或代答、追问等（详见表 2-3-4）。

表 2-3-4

| 类别 | | 简介 |
|---|---|---|
| 肯定回应 | 简单肯定 | 老师只说"对""正确"，并没有说出对在哪里。虽然能对回答问题的学生起到鼓励和激励的作用，但对于其他学生来说，并没有什么影响。 |
| | 重复肯定 | 老师重复学生的答案以表肯定，既鼓励了回答问题的学生，也对答案内容起了强调作用，能引起其他学生的注意。 |
| | 提升肯定 | 老师有意识地去捕捉学生回答中的闪光点并进行提炼和升华，给其他学生起到示范和引领的作用。即，老师不仅要肯定那个发言学生的答案是对的，还要说出为什么对，对在哪里，这样就能让其他学生知道应该怎样去回答这类问题。 |
| 否定回应 | 简单否定 | 老师只说学生的答案错了，并没有说明错在哪里、为什么错。 |
| | 纠正（解释）否定 | 老师直接告诉学生答案错了，并告知正确答案或解释为什么错了。 |
| | 引导否定 | 当学生在回答问题时出现错误或困难时，教师不是直接否定学生的答案，而是通过提问、提供线索或建议等方式，引导学生自己发现问题所在，并尝试给出更准确的回答。 |
| 无回应 | | 教师对学生的回答没有给予反馈，就请下一个同学回答或者进入后面的教学内容。 |
| 打断学生回答或自己代答 | | 教师发现学生的回答不正确时，未等学生说完，就让学生停止回答，再找别的同学回答或者是教师自己说出答案。 |
| 追问 | | 当学生对某个问题进行初步回答后，教师为了引导学生进一步思考或探索而提出有针对性的、逐步深入的问题。 |

　　在上述回应方式当中，"提升肯定"和"引导否定"是较有难度的回应方式，试举例说明。

　　在第一章《当环境改变了》课例中，当第三小组汇报之后，老师说："我认为第三组推荐得特别好，他们非常清晰地为我们呈现了北极狐在面对环境改变时产生的行为，以及行为的目的。"在这里，老师不仅肯定了学生的回答，还说出了该回答好在哪些地方。像这样的回应方式就是"提升肯定"。

　　再来看关于否定回应的例子。

　　师：蚕身体上两边的黑点一共是多少对？

　　生：8对。

　　很显然，这是一个错误的答案。那么，此时教师会怎么回应呢？下面列举了三种不同的否定回应方式：

　　师回应1：不对，你数错了。——简单否定

　　师回应2：不对，数少了，应该是9对。——纠正否定

　　师回应3：从头到尾都数全了吗？——引导否定

　　当然，"教师的回应"具有多样性，各有其适应的场景。教师应该关注这一问题，在课上根据学生的个性特点和问题的难易程度，选用恰当的回应方式和回应态度，以提高教学效果。

## 第四节　对话深度分析

### 一、概述

　　对话深度分析方法是在课堂观察中聚焦于师生的课堂对话行为并加以分析的方法，它用记号记录各级别对话的频次，在此基础上分别计算出各级别对话在全部课堂对话次数中所占比例，然后对其加以分析，从而对师生的课堂对话质量加以评价，最终给出改进课堂教学的建议。

　　深度对话教学以促进学生高级思维能力发展为根本目标，通过师生间民主、平等的对话活动，帮助学生实现从浅层的知识表征深入到问题内部的逻辑思考，从低级思维能力的运用到创造性思维、批判性思维及问题解决等高

级思维能力的发展。

深度对话的缺失会在很大程度上压缩学生的思考空间，抑制学生的思维活动，将教学引向枯燥的机械记忆。

师生对话深度可以用级数来表示。一级深度是指教师与学生之间的一问一答，二级深度是指师生之间的两问两答，以此类推，N级深度是指教师与学生之间的N问N答。例如《厨房里的物质变化》课例中的二级深度对话：

师：我刚才看到有一个小组做了苏打水，我想请你们来分享一下你们的发现。

生：我们看到白醋和小苏打混合有大量气泡产生。这个气泡是原来食材中没有的，我觉得这种变化和刚才小组的"切黄瓜"是不同的。

师：你觉得气泡可能是什么气体呢？

生：二氧化碳。

师：怎么证明你们的观点？

生：我们可以用小苏打和白醋混合，让点燃的蜡烛靠近，如果蜡烛熄灭，就能证明我们的想法。

《磁极与方向》课例中的三级深度对话：

师：同学们认识这个是什么吗？

生：指南针。

师：指南针的作用是什么？

生：帮助我们辨别东西南北。

师：很好，谢谢你。在指南针的结构当中，辨认方向的关键结构是什么？

生：它中间的那个指针。

## 二、数据采集

在进行对话深度的数据采集时，一问一答为同一思维过程，当教师提出问题、学生给予有效回答后便视为一次对话。如果是有效对话，且教师没有继续追问，则对话级别为一级，记录频次时应在一级对话中记录为一次；如果教师加以追问，并得到学生的第二次有效回答，那么由于后一个问题是前一个问题的深化，二者具有紧密的内在联系，因此这两次问答就共同构成了一个二级深度的对话，记录频次时应在二级对话中记录为一次；如果追问继续进行，则有三级、四级乃至更高级别的对话。全部课堂对话以此类推完成记录。

在进行"对话深度"的数据采集时应注意以下问题：

（1）明确有效对话。

课堂上教师与学生之间的对话，有些是与课堂组织有关、有与教学内容无关的，这样的对话不算作"有效对话"，不采集数据。有效对话是指课堂上出于推进教学进程的目的而提出的涉及教学内容的问题，并且得到一个或多个学生公开回答的对话。有效对话才计入对话次数。

需要注意的是，出于课堂管理的目的所进行的对话，即使涉及教学内容也不能视作有效对话。例如：

师：这道题哪个同学还没做完？

生：我。

像这样的一问一答即为非有效对话。针对目标学生的非投入行为就某个知识点进行公开提问亦为非有效对话。凡属于个别辅导的对话亦为非有效对话。

（2）判断同级对话。

同级对话是指同一级别的师生对话，即教师所连续提出的问题分属于不同的问题域，彼此之间并无紧密的内在联系，此时即可视为同一级别的对话；反之，则为非同级对话。例如，在上"测量摩擦力的大小"这一内容时，有这样一段对话：

师问1：三段视频中，摩擦力大小和什么有关呢？

生1：和材质有关。

师问2：还有别的想法吗？

生2：跟重量有关。

师问3：还有补充吗？

生3：跟接触面大小有关。

上述的对话虽然有师生之间的三问三答，但师问2和师问3均是师问1的重复，因此，数据采集时应在"一级对话"中记录为1次。

（3）找准深度对话。

深度对话是包含追问的对话，即一个深度对话应该包括两个或两个以上的有效回答。深度对话的辨析可以从问和答两个维度着眼分析。

若从提问的内容来看，当教师连续提问时前后问题的预设之间具有因果关系或引申关系或递进关系，且每次提问均得到学生的有效回答时，则相关对话为深度对话。

若从回答的内容来看，当教师对前一个答案中的内容继续加以追问，引导学生继续就已有答案予以深入思考并再度回答，则相关对话亦为深度对话，此时前后两次提问的预设间有可能并无内在联系。

例如，第一章《当环境改变了》课例中，有这样的一段三级深度的对话：

①师：变色龙在早上身体的颜色是什么样的，中午是什么样的，下午是什么样的？

生：是从深到浅再到较深。

②师：它在一天中的不同时段为什么要改变颜色？

生：早上的时候比较冷，深色的皮肤容易吸热；而中午气温升高了，它就换成浅色的皮肤，这样不会太热。所以变色龙是根据气温来变色的。

③师：那它变换皮肤的颜色是什么目的？

生：为了更好地生存。

（4）及时记录频次。

若是有效对话，且教师没有继续追问，则记录为一级对话，在"深度一"加1；但如果教师加以追问，且得到第二次有效回答，并与前一个问题有紧密的内在联系，则构成二级对话，记录时只在"深度二"加1。

## 三、结果分析

当我们对一节课进行了"对话深度"的观察及数据采集之后，如何对数据结果进行解读分析呢？可以从以下几方面着手：

（1）描述此维度数据的意义，概述数据的整体特点，及与常模数据的对比情况。

（2）可以举例说明，一般列举深度最高的对话。

（3）给出亮点或建议，可从教师教学目标是否注重培养学生高阶思维，是否给学生充分自主思考、自主表达的机会，是否设计有效的问题链，或抓住课堂生成等关键点来进行说明。

## 四、对话深度分析与"四何"问题分析的比较

对话深度分析与"四何"问题分析的区别在于，前者是以分析追问级别之比例对学生知识理解程度、思维活动过程的影响为主，后者是以分析问题的不同结构类型之比例对培养学生问题解决的能力及思维企及高度的影响为主。

二者的联系在于，均以问题为观察点，以问题为教学设计的中心，预先构置教学思考的框架，使教学进程朝着预先设计的方向发展；同时二者均以在教学中培养和发展学生的高级思维能力为要务。

## 五、改善对话深度的方法

通过对教学内容进行问题链设计，可以帮助学生在应答教师提问的过程中去追寻问答背后的意义。学生可以通过推理、联想、批判进一步深化对问题的认识。恰当的追问可以有效激活学生的思维，从而拓展思维空间。

# 第三章  "定量"观课练习

在听了"靠谱COP"团队几位老师的培训讲座之后,工作室学员对于定量的课堂观察方法有了一定的了解,大家希望能够用上这些方法观察和诊断自己的或是同伴的课,以改进教学行为,提升教学效果。但是"定量"观课的方法和技能并不是听一次讲座就能领会和掌握的,需要在实践中不断摸索以深化理解、积累经验。于是,工作室主持人潘翠君老师制订了相应的研修计划,带领大家利用网上的课例和工作室学员已录制的课例进行"定量"观课的练习。

## 第一节  分项练习

### 一、挑选课例

我们从网络上公开的课例中挑选了17节与当时的教科版小学科学新教材配套的优质课例并编号(见表3-1-1),作为进行课堂观察分项练习的课例。

表3-1-1  用于课堂观察分项练习的课例一览表

| 编号 | 年级 | 课题 |
|------|------|------|
| A1 |  | 在观察中比较 |
| A2 | 一 | 在观察中比较 |
| A3 |  | 用手来测量 |
| A4 |  | 用手来测量 |

续表

| 编号 | 年级 | 课题 |
|------|------|------|
| B1 | 二 | 地球家园中有什么 |
| B2 | | 土壤——动植物的乐园 |
| B3 | | 神奇的纸 |
| B4 | | 神奇的纸 |
| B5 | | 磁铁能吸什么 |
| C1 | 三 | 运动和位置 |
| C2 | | 动物的繁殖 |
| C3 | | 仰望星空 |
| C4 | | 月相变化的规律 |
| D1 | 四 | 各种各样的运动 |
| D2 | | 感受我们的呼吸 |
| D3 | | 声音是怎样传播的 |
| D4 | | 声音是怎样传播的 |
| D5 | | 运动的小车 |

注：本表所列课例除D5选自微信公众号"宝安区小学科学教研"之外，其余均选自微信公众号"教科版科学"。执教者未列入，相同课题的课例为不同教师执教。

选好课例之后，工作室又做了以下安排：

（1）小组划分：根据工作室的人员情况，划分为四个小组，每组4名组员，指定组长，平时的学习和研讨活动以小组为单位，由组长负责召集，通过线上或线下的方式进行。

（2）练习的内容与时间安排：每隔2～3周，工作室统一发布作业任务，确定一个观察项目（主要包括S-T观察、课堂对话方式分析、对话深度分析、课堂提问类型分析等），每人要完成一份观察报告。

## 二、分项目课堂观察作业展示

### 展示1　S–T课堂观察分析报告

观察员：潘翠君；时间：202×年×月×日

#### 1. 课例基本信息

| 课例编号 | D5 | 课题 | 运动的小车 | 年级 | 四年级 |
|---|---|---|---|---|---|

#### 2.S－T数据的记录（注：从老师喊"上课"开始计时）

| 时间进程（分钟） | 课堂行为（S/T） | | 时间进程（分钟） | 课堂行为（S/T） | |
|---|---|---|---|---|---|
| | 第30S | 第60S | | 第30S | 第60S |
| 1 | T | T | 23 | S | S |
| 2 | T | T | 24 | T | T |
| 3 | S | S | 25 | T | T |
| 4 | T | T | 26 | S | T |
| 5 | S | S | 27 | T | T |
| 6 | T | S | 28 | S | S |
| 7 | T | T | 29 | S | S |
| 8 | T | S | 30 | S | S |
| 9 | S | S | 31 | S | S |
| 10 | T | S | 32 | S | S |
| 11 | S | S | 33 | S | S |
| 12 | T | T | 34 | S | S |
| 13 | T | S | 35 | S | S |
| 14 | T | T | 36 | T | T |
| 15 | S | S | 37 | S | T |
| 16 | S | S | 38 | T | T |
| 17 | S | S | 39 | T | T |
| 18 | S | T | 40 | S | T |
| 19 | S | S | 41 | T | |
| 20 | T | S | 42 | | |
| 21 | S | T | 43 | | |
| 22 | T | S | 44 | | |

## 3.计算及绘制图表

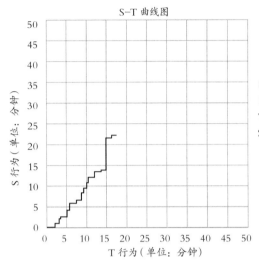

时长：40.5 分
间隔：30 秒
T 行为个数：36
S 行为个数：45

图 3-1-1　S-T 曲线图

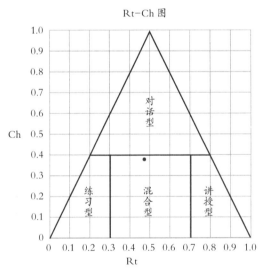

采样行为总数：81
师生行为转换率（Ch）：0.37
T 行为占有率（Rt）：0.44
S 行为占有率（Rs）：0.56
教学模式：混合型

图 3-1-2　Rt-Ch 图

## 4.评析

（1）本课是否突出了学生的主体性？判断依据是什么？

根据"S-T"观察的数据，本课师生行为转换率（Ch）为 0.37，T 行为（教师行为）占有率（Rt）为 0.44，S 行为（学生行为）占有率（Rs）为

0.56，教学模式为混合型，课堂中的师生互动较多，S-T曲线偏向S轴。这些数据都能较好地反映本课突出了学生的主体性。

（2）本课其他方面突出的优点还有哪些？

①注重学生的参与和体验，不仅增加了模拟高空抛物的实验，而且还给学生试操作的机会，以便学生在"试错"中发现问题，从而能设计出科学合理的对比实验方法，促进学生思维的发展。

②班级汇总表的设计形象直观，使用方便。

③能够利用课堂上的生成性资源（如班级汇总表中的"异常数据"）对学生进行科学态度和科学精神的培养。

（3）本课的改进建议有哪些？

对比实验的设计还应更加严谨。

## 展示2 课堂对话方式观察分析报告

观察员：潘翠君；时间：202×年×月×日

### 1. 课例基本信息

| 课例编号 | D2 | 课题 | 感受我们的呼吸 | 年级 | 四年级 |
|---|---|---|---|---|---|
| 课例简介 | | | | | |
| 本课为教科版《科学》四上第二单元《呼吸与消化》的起始课，老师在课前对学生进行了前概念调查，本课从呈现学生的问题入手，在老师的引导下，学生对人的呼吸器官的组成、呼吸活动的概况有了初步的感知。课堂中老师安排了三次小组探究活动，借助图片、模型等材料，通过组内及全班的讨论交流，加深了学生对人的呼吸运动的了解。在课的结尾阶段，老师鼓励学生提出更多的问题，写在"前测"本上，希望学生通过后面几课的学习找到这些问题的答案。 | | | | | |

### 2. 观察记录的数据

| 观察维度 | | 频次 | 百分比 | 与全国常模数据比较 |
|---|---|---|---|---|
| 教师挑选回答问题的方式 | 提问前先点名 | 6 | 10% | 高于 |
| | 让学生齐答或自由答 | 13 | 21.7% | 低于 |
| | 叫举手者答 | 37 | 61.7% | 略高 |
| | 叫未举手者答 | 0 | 0 | 低于 |
| | 鼓励学生提出问题 | 4 | 6.7% | 高于 |
| 学生回答的方式 | 集体齐答 | 8 | 13.3% | 低于 |
| | 讨论后汇报 | 0 | 0 | 低于 |
| | 个别回答 | 47 | 78.3% | 高于 |
| | 自由答 | 5 | 8.3% | 低于 |

续表

| 观察维度 | | 频次 | 百分比 | 与全国常模数据比较 |
|---|---|---|---|---|
| 教师回应的态度 | 肯定回应 | 56 | 93.3% | 高于 |
| | 否定回应 | 2 | 3.3% | 低于 |
| | 无回应 | 0 | 0 | 低于 |
| | 打断回答或教师代答 | 0 | 0 | 低于 |
| | 追问 | 2 | 3.3% | 低于 |
| 教师回应的方式 | 言语回应 | 56 | 93.3% | 高于 |
| | 非言语回应 | 4 | 3.7% | 低于 |

3.课堂师生对话实录摘选（挑选 3 次对话，最好能体现本项观察维度中的不同方式，标注"四何"问题类型、挑选回答方式、学生回答方式、教师回应态度、教师回应方式等观察维度）

| 序号 | 课堂师生对话（摘选）及观察维度 |
|---|---|
| 1 | 师：(手拿着呼吸模拟器)刚才大家说到了，气球模拟的是肺,那么其他部分模拟什么呢？(点一举手的同学回答)【"是何"问题、叫举手者答】<br>生1：那个管子模拟支气管。【个别回答】<br>师：(微笑点头，再叫另一位举手的同学)【肯定回应、非言语回应、叫举手者答】<br>生2：那个瓶子模拟身体的外轮廓。【个别回答】<br>师：嗯，身体的外轮廓。(再叫另一举手同学的名字)【肯定回应、言语回应、叫举手者答】<br>生3：上面那个管子模拟气体进去的地方。【个别回答】<br>师：哦，气体的进口，对不对？(再叫一个举手的同学)你还有补充？【肯定回应、言语回应、叫举手者答】<br>生4：气体从气管进去以后，还会经过一些细胞。【个别回答】<br>师：哦，我们人体是由很多细胞组成的，对吧。【肯定回应、言语回应】<br>师：如果让你用这个模型来模拟肺的呼吸，你有什么办法让这个气球一鼓一瘪呢？(叫举手者答)【"若何"问题、叫举手者答】<br>生：向管子里面吹气或者吸气。【个别回答】<br>师：嗯，吹和吸。【肯定回应、言语回应】 |
| 2 | 师：请同学上来展示一下，借助你身上的图片，跟大家说说，呼吸是怎么一回事？(叫一举手者)【"如何"问题、叫举手者答】<br>生1：……膈肌……【个别回答】<br>师：你大概知道了膈肌的位置在这里。(在黑板上的图片旁边贴出"膈肌"两字)(叫第二个举手者)【肯定回应、言语回应、叫举手者答】<br>生2：……膈肌到了这里了……【个别回答】<br>师：你还是想说膈肌的位置。有没有同学能对照身上的图片说说呼吸是怎么回事？(叫另一举手者)【否定回应、言语回应、叫举手者答】<br>生3：吸气时，膈肌会向下，让气体进入肺里；呼气时，膈肌会向上，让气体出去。【个别回答】<br>师：(赞许地笑)她说得好不好啊！掌声送给她。【肯定回应、非言语回应】 |
| 3 | 师：学了今天这节课，你有没有产生其他的问题呢？(叫举手者答)【鼓励学生提出问题、叫举手者答】<br>生1：呼吸时我们的两个鼻孔都是同时吸或呼吗？【个别回答、学生提出问题】<br>师：这个，你自己能感受到的吧。(叫另一举手者)【肯定回应、言语回应】<br>生2：我们把手放在两个鼻孔这里，能感受到同时出气或同时吸入气体。【个别回答】<br>师：好的……【肯定回应、言语回应】 |

### 4.评析

(1)针对本节课的观察数据,我的评价及建议是:

本节课在"鼓励学生提出问题""肯定回应"等方面的数据高于全国常模数据,说明老师在课堂上能引导学生进行开放性思考,并能鼓励学生表达自己的观点,这是值得提倡的;但本节课中未采集到"叫未举手者答""讨论后汇报"等数据,"追问"也较少,这是需要改进的。

(2)课标中指出,"科学教学要面向全体学生",如果满分是10分,我对本节课在"面向全体学生"这一项的评分是9分,我的给分依据是:①安排了三次小组探究活动,学生的参与面比较广泛。②课堂上学生举手发言很积极。③观察数据中,"叫未举手者答"这一项的数据为"0",说明对学困生或不爱举手的学生关注度还不够。

## 展示3 对话深度、问题类型观察报告

观察员:王倩;时间:202×年×月×日

### 1．课例基本信息

| 课例编号 | A2 | 课题 | 在观察中比较 | 年级 | 一年级 |
|---|---|---|---|---|---|

### 2．课堂对话实录（将课堂中的所有对话按顺序、以次数为单位记录下来,标注问题结构、问题类型、学生回答类型）

| 序号 | 师生对话实录及观察维度 | 对话深度 |
|---|---|---|
| 1 | 师:有哪位同学能够分享一下,你看了什么让你这么兴奋?【"是何"问题、记忆性问题】<br>生:我看到了××龙。【认知记忆性回答】<br>师:还有其他分享吗?你回答问题真响亮。<br>生:我看到了××龙。<br>师:回答问题很响亮,还有其他的吗?<br>生:××龙和××龙。 | 一级 |
| 2 | 师:仔细观察这些恐龙,它们有哪些不同?看谁观察得最仔细。【"是何"问题、推理性问题】<br>生:大小不同。【推理性回答】<br>师:回答问题声音真响亮,你来说!<br>生:身体不同。<br>师:你来说。<br>生:花纹不同。<br>师:花纹不同,真仔细!你来说。<br>生:长短、身高和体重都不同。<br>师:你来说。<br>生:背部斑纹不同。<br>师:你说。<br>生:它们的食物不同<br>师:你们观察得真仔细,今天我们要学习《在观察中比较》。 | 一级 |

续表

| 序号 | 师生对话实录及观察维度 | 对话深度 |
|---|---|---|
| 3 | 师:首先看一下这几张图片。看一看,比一比,哪一只恐龙最大?你的理由是什么?【推理性问题】<br>生:蜿龙最大。【推理性回答】<br>师:理由是什么呢?<br>生:它的脖子很长,显得很大。<br>师:你根据高矮来判断,觉得蜿龙很大。还有吗?<br>生:我觉得三角龙大。<br>师:为什么?<br>生:三角龙很胖、很宽、很大,吃得很多。<br>师:这位同学真会观察。根据胖瘦比较。还有其他理由吗?<br>生:蜿龙大,因为它脖子很长、身体很长。<br>师:归纳得很准确,是通过长短判断的。还有其他理由吗?<br>生:我觉得三角龙最大。<br>师:有什么不同的理由吗?<br>生:三角龙肚子大,看起来很胖;蜿龙肚子瘦。<br>师:对了,肚子大,很胖。同学们归纳出来了,还可以从轻重来进行比较。 | 二级 |
| 4 | 师:如何比画出一只恐龙的身体长度?【"如何"问题、创造性问题】<br>生:用手(动作)。【创造性回答】<br>师:如果比较多只恐龙的长度怎么比呢?【"若何"问题、创造性问题】<br>生:像这样(动作)。【创造性回答】 | 二级 |
| 5 | 师:刚才这位同学在比较的时候做的第一个动作是把恐龙的头都怎样了?【"如何"问题、记忆性问题】<br>生:摆齐。【认知记忆性回答】<br>师:为什么呀?这样是为了保证对比的时候……【"为何"问题、推理性问题】<br>生:公平。【推理性回答】<br>师:对!第七组的同学回答得真准确,把头对齐了才公平。 | 二级 |
| 6 | 师:还有同学没回答出来。现在我们来做个比高游戏。(师请甲、乙同学上台,并把较矮的甲同学抱起来)现在看,他们俩谁高?【推理性问题】<br>生:(齐)甲高。【推理性回答】<br>生:这样比不公平。<br>师:为什么?【"为何"问题、推理性问题】<br>生:甲同学的脚不在地面上,这样比不公平。【推理性回答】 | 二级 |
| 7 | 师:同学们都明白了什么是公平,现在来看看其他班同学是如何比较的。<br>生:看视频。<br>师:谁能总结一下视频里的步骤?【认知记忆性问题】<br>生:第一步先对齐。【认知记忆性回答】<br>师:从盒子中拿出来的时候恐龙没站稳,所以第一步应该是……【"是何"问题、认知记忆性问题】<br>生:先站稳,然后排成一排。【认知记忆性回答】<br>师:你把第二步也说出来了,第三步做了什么?<br>生:用手量一量。<br>师:看来你观察得很认真,另外一位同学在干什么?<br>生:(齐)记录。 | 一级★3 |

续表

| 序号 | 师生对话实录及观察维度 | 对话深度 |
|---|---|---|
| 8 | 师：你们组比较的结果从长到短是什么啊，最长的是……【"是何"问题、认知记忆性问题】<br>生：1号。【认知记忆性回答】<br>师：第二长的是……<br>生：2号。<br>师：好，继续。<br>生：第三长的是3号。<br>师：最短的是……<br>生：4号。 | 一级 |
| 9 | 师：比较长短的时候借助盒子把什么对齐了？【"是何"问题、认知记忆性问题】<br>生：头。【认知记忆性回答】<br>师：刚才它们比较高矮的时候，脚都放在哪？【"是何"问题、认知记忆性问题】<br>生：（齐答）桌面上【认知记忆性回答】<br>师：所以它们的脚是对齐的。可真棒，看一下脚在同一水平线的，所以他们组的比较公不公平？【推理性问题】<br>生（齐）：公平。【推理性回答】 | 一级 |
| 10 | 师：你们能不能设计一个实验，来公平地比较恐龙的胖瘦呢？【创造性问题】<br>生：我觉得先把恐龙摆好，看哪只恐龙的肚子离桌子最近。【创造性回答】<br>师：你提出了一种新的方法，很好。 | 一级 |
| 11 | 师：刚才，我们借助盒子把恐龙的头对齐；借助桌子把恐龙脚对齐；那我们能不能借助工具来比它们的身体长度呢？【创造性问题】<br>生：要用尺子，不过现在没有，但是我们可以用盒子来比。【创造性回答】<br>师：真棒！那要怎么比较呢？【"如何"问题、创造性问题、追问】<br>生：借助盒子把恐龙摆成一排，左边对齐，观察。【创造性回答】<br>师：你真是小小科学家。<br>师：（对另一举手的同学）再请你来说。<br>生：还可以用纸对齐。<br>师：你更换了工具。也很棒！<br>请大家用自己的方法进行比较。 | 二级 |
| 12 | 师：同学们来说说，这节课有哪些收获？【记忆性问题】<br>生1：我们知道了怎样比较恐龙的高矮、大小、轻重、长短等。【记忆性回答】<br>生2：我们要分组合作，要互相帮助。<br>师：很好！生活中处处都有比较，能用到的方法也不是一成不变的。<br>希望同学们能灵活应用。 | 一级 |

续表

| 序号 | 师生对话实录及观察维度 | 对话深度 |
|---|---|---|
| 13 | 师：生活中还有哪些东西可以进行比较?【创造性问题】<br>生：报纸。【创造性回答】<br>师：怎么比?【"如何"问题、创造性问题、追问】<br>生：比长短【创造性回答】<br>师：还有呢?<br>生：铅笔。<br>师：怎么比较?<br>生：从高到矮。<br>师：还有呢?<br>生：书本。<br>师：比较什么呢?<br>生：高矮、大小、轻重。<br>师：还有呢?<br>生：牙刷。<br>师：比什么?<br>生：长短。 | 二级 |
| 14 | 师：老师想问大家有没有好朋友?【记忆性问题】<br>生：有。【机械判断"是否"】<br>师：你的好朋友是谁?【"是何"问题、记忆性问题】<br>生：×××【记忆性回答】<br>师：你们可以比较什么?【创造性问题】<br>生：我们可以比较高矮【创造性回答】<br>师：还可以比什么呀?<br>生：胖瘦。<br>师：对,你可以比较的有很多,比如衣服的颜色等,课后可以继续进行比较。 | 二级 |

### 3. 几种观察维度的数据统计

| 观察维度 | | 频数（次） | 百分比（%） | 与全国常模数据相比 |
|---|---|---|---|---|
| 对话深度 | 一级深度 | 9 | 56.25% | 低于 |
| | 二级深度 | 7 | 43.75% | 高于 |
| | 三级深度 | 0 | 0 | 低于 |
| | 四级深度 | 0 | 0 | 低于 |
| | 五级深度 | 0 | 0 | 低于 |
| 问题类型 | 常规管理性问题 | 0 | 0 | 低于 |
| | 记忆性问题 | 9 | 39.13% | 高于 |
| | 推理性问题 | 6 | 26.09% | 低于 |
| | 创造性问题 | 8 | 34.78% | 高于 |
| | 批判性问题 | 0 | 0 | 低于 |

续表

| 观察维度 | | 频数（次） | 百分比（%） | 与全国常模数据相比 |
|---|---|---|---|---|
| 学生回答的类型 | 无人回答 | 0 | 0 | 低于 |
| | 机械判断是否 | 1 | 4.17% | 低于 |
| | 认知记忆性回答 | 9 | 37.50% | 高于 |
| | 推理性回答 | 6 | 25.00% | 低于 |
| | 创造评价性回答 | 8 | 33.33% | 高于 |
| 问题结构 | "是何"问题 | 7 | 53.85% | 低于 |
| | "为何"问题 | 2 | 15.38% | 高于 |
| | "如何"问题 | 3 | 23.08% | 高于 |
| | "若何"问题 | 1 | 7.69% | 高于 |

### 4．评析

针对本节课的观察数据，我的评价及建议是：

从问题类型来看，记忆性问题和创造性问题的比例高于全国常模数据，推理性问题的比例低于全国常模数据，批判性问题未采集到，建议教师在问题设计方面增加批判性问题，引导学生开展生生互评，敢于质疑。

问题结构方面："为何"问题、"如何"问题、"若何"问题的比例高于全国常模数据，"是何"问题的比例略低于全国常模数据。说明本节课中教师对问题结构的设计是很不错的。

对话深度方面：整堂课对话深度集中在1级深度和2级深度，没有出现3级及以上深度的对话。但由于学生只是一年级的，这样的对话深度也是符合学情的。

## 展示4　对话深度、问题类型分析报告

观察员：曾桃；时间：202×年×月××日

### 1．课例基本信息

| 课例编号 | A1 | 课题 | 在观察中比较 | 年级 | 一年级 |
|---|---|---|---|---|---|

2．课堂对话实录（将课堂中的所有对话按顺序、以次数为单位记录下来；标注"四何"问题、问题类型及对话深度等）

| 序号 | 师生对话 | 对话深度 |
|---|---|---|
| 1 | 师：今天我们来看一段视频（播放视频）。<br>请找一找在视频中有没有你认识的恐龙? 谁来说一说?【记忆性问题】<br>生1(举手者)：甲龙和剑龙。<br>师：还有没有同学想说?<br>生2(举手者)：我看见了双子龙、雷龙、沱江龙。<br>师：你认识这么多种恐龙,记得真清楚。还有没有呢?<br>生3(举手者)：甲龙。<br>师：还有没有别人没说过的?<br>生4(举手者)：梁龙、三角龙。<br>师：你们真棒。这段视频里有这么多种恐龙,我们今天就和恐龙一起学习。 | 一级 |
| 2 | 师：我们一起来看一下,图片中一共有几只恐龙?【记忆性问题、"是何"问题】<br>生5(举手者)：四只恐龙。<br>师：有四只恐龙。我们看一看它们都在哪儿呢?【记忆性问题】<br>(师指)生(齐)：一只、两只、三只、四只。 | 一级 |
| 3 | 师：现在我们来比一比这些恐龙哪只大哪只小。我们先给它们编个号,以方便记录。谁能告诉我,①、②、③、④号恐龙哪只大哪只小?【推理性问题】<br>生6(举手者)：我觉得③号恐龙最小。<br>师：为什么呢? 能说说你的理由吗?【推理性问题、"为何"问题】<br>生6：因为它看上去小。<br>师：它看上去就是小的。还有吗?<br>生7(举手者)：①号是最大的。<br>师：为什么?【推理性问题、"为何"问题】<br>生7：它看起来很大。 | 二级 |
| 4 | 师：还有没有?<br>生8(举手者)：④号恐龙比②号恐龙大一点点。<br>师：为什么?【推理性问题、"为何"问题】<br>生8：因为④号在①号后面一点点,②号在更后面。<br>师：这是你的发现,对此你是怎么想的呢?【推理性问题】<br>生8：④号在②号前面一些,所以看起来大一些。 | 二级 |
| 5 | 师：所以你认为哪个离我们最近?【推理性问题】<br>生8：①号。<br>师：你认为①号离我们最近。 | 一级 |
| 6 | 师：还有吗?<br>生9(举手者答)：②号比③号和④号大一些。<br>师：为什么呢?【推理性问题、"为何"问题】<br>生9：因为②号在远处,看着都比④号大,如果离我们近一点,会更大一些。<br>师：②号怎么摆会更大呢?【创造性问题、"如何"问题】<br>生：(边摆恐龙边回答)②号放在这,④号放在这。 | 三级 |
| 7 | 师：如果我们要想比较①、②、③、④号恐龙的大小,最正确的方法应该怎么做呢?<br>【推理性问题、"若何"问题】<br>生：(自由答)放到同一个地方进行比较。 | 一级 |

续表

| 序号 | 师生对话 | 对话深度 |
|---|---|---|
| 8 | 师:真棒!要把它们放到同一个地方,这样比才公平。这节课我们来学习《在观察中比较》。<br>师:刚才我们说,要想知道这四只恐龙哪只大哪只小,需要把它们全部都放到一起比,这样做是为了?【记忆性问题】<br>生(齐):公平。 | 一级 |
| 9 | 师:接下来老师给大家带来四位恐龙朋友。你们家里是不是也有这些恐龙模型?它们的名字分别是什么?【记忆性问题、"是何"问题】<br>生(齐):霸王龙、三角龙、雷龙、剑龙。 | 一级 |
| 10 | 师:我们已给这四只恐龙编了号,现在我们把这四只恐龙比一比、排排队吧。谁想到前面来按照你的方式给恐龙排队呢?(点学生甲上前)<br>师:你想怎么排?【创造性问题】<br>生甲:像这样摆(操作)。<br>师:我们猜猜他是怎么排的?【推理性问题】<br>生乙(未举手):从大到小。<br>师:(对学生甲)请你说说你是怎么排的?<br>生甲:按照长短。<br>师:这位同学不是按照大小,而是按照……【记忆性问题】<br>生(齐):长短。<br>师(对生甲):请你再给大家说说你是怎么摆的?<br>生甲:按照长短摆的。<br>师:哪一个最长?<br>生:梁龙。<br>师:梁龙是①号龙,我们现在直接叫编号。<br>生:①号龙最长,尾巴最长。②号龙第二长。④号龙第三长。③号龙最短,排后。<br>师:那按照你的方法比较的结果是:①号龙最长,③号龙最短。 | 二级 |
| 11 | 师:她这样比较,你们觉得可以吗?【批判性问题】<br>师:她这样摆(展示),有不同意的吗?谁能给她提提意见,老师觉得不是特别公平。<br>生(举手者):因为霸王龙是恐龙世界的霸主。<br>师:刚才她比较的方法是什么?【记忆性问题】<br>生:(齐)长度。<br>师:我刚刚说的是,她的方法是从长到短,我让你给她提意见,不是让你重新比较。听懂了吗?好,你能帮帮她吗?<br>师:(请刚才的那个学生重新操作)<br>师:(看操作解说)从长到短。 | 一级 |
| 12 | 师:这一次她做了一个动作,她把两个恐龙……【"如何"问题】<br>生:(自由答)弄到一块。<br>师:这样做就显得……【评价性问题】<br>生:(自由答)公平。<br>师:你们是不是同意她这样比较的结果?【批判性问题】<br>生:(自由答)不同意。<br>师:你来说说。<br>生:因为恐龙是不同种类的,有的身高特别长,有的身高特别短。 | 二级 |

续表

| 序号 | 师生对话 | 对话深度 |
|---|---|---|
| 13 | 师：你的想法真棒。一会我们各个小组用自己想到的方法来给这四只恐龙排队。这个记录单怎么填写，你们知道吗？<br>师：(代答)我来给大家讲讲。拿到记录单后组长负责记录，先把是哪个班、第几组、观察记录日期写上。这一列记录比较的方法，比如从大到小；或者刚刚那位同学的……【记忆性问题】<br>生齐答：长到短。<br>师：真棒。那么这列(指记录表的另一列)就需要我们记录一下比较的……<br>生：(自由答)办法。<br>师：是结果，比如刚刚的从大到小，比较长的是①号龙，然后……<br>生：(齐答)②号龙。<br>师(出示恐龙图片)：然后……<br>生：(齐答)④号。<br>师：(出示恐龙图片)然后……<br>生：(齐答)③号。<br>师：那我们就像这样把编号记在表格的这一列中。看哪一个组想的办法多，要把这些办法和结果记录下来。现在请各小组开始吧。 | 一级 |
| 14 | 师：小恐龙朋友一会就要被你们的声音吓到了。我们要静悄悄地，好吗？【常规管理性问题】<br>生：(齐)好。<br>师：每个组前进一步好不好？【常规管理性问题】<br>生：(齐)好。<br>(开始实验) | (非有效对话，不统计对话深度) |
| 15 | 师：实验结束，现在我们要开始汇报了。请坐好。看看，我们第二组表现得真棒，我应该让第二组的小动物前进一步。好，你们想到了几种办法？谁来给大家说说？<br>生(举手者)：我们组的方法有三种。<br>师：说说你们都想到了哪些方法呢？【创造性问题】<br>师：认真听，我看看哪一个组表现得最棒。好嘞，来我们认真听。<br>生：……<br>师：你选的方法是，从轻到重，请你说一说，你比较的结果是什么呢？【记忆性问题、"是何"问题】<br>生：嗯……<br>师：忘了，可以看记录单。最后再给大家两分钟时间，请你们一定要想到更多的方法。有一个同学说，可不可以选择恐龙头的大小来比？【批判性问题】<br>生：可以。 | 二级 |
| 16 | 师：哪个组愿意来前面分享一下你们的结果呢？谁来说说？请第一组来说说。<br>生：……<br>师：我们要这样说，"我选择比较方法是从长到短，我比较的结果是，①号龙比③号龙长，③号龙比②号龙长，②号龙比④号龙长"。<br>师：你是按什么来分的呀？【"是何"问题】<br>生齐答：长短。<br>师：①号龙比③号龙要……【批判性问题】<br>生：(自由答)长。 | 一级 |

续表

| 序号 | 师生对话 | 对话深度 |
|------|---------|---------|
| 17 | 师: 你学会了吗? 你把下面的内容接着说一下。<br>生: 我选择的是霸主, 结果是③号比②号强, ②号比①号强, ①号比④号强。<br>师: 霸主是指什么?【记忆性问题、"是何"问题】<br>生: 谁在恐龙世界最强, 谁排第一。<br>师: (对全班同学)那他的排序方法是按什么?【推理性问题、"是何"问题】<br>生: (齐)从强到弱。<br>师: 你的结果是什么?【"是何"问题】<br>生: ③、②、①、④。<br>师: 继续。<br>生: 我选择的是数字; ①、②、③、④。<br>师: 他是按照我们给恐龙的编号顺序。这也是一种方法。<br>生: 我选择的是头大到头小。<br>师: 头大到头小。<br>生: 我的结果是②、③、①、④。<br>师: 你忘了在汇报第一个方法时老师教你们怎么说的吗? 你能想起来吗? 再试试。【记忆性问题】<br>生: 我选择的是头大到头小, ②号龙的头比③号龙的大。<br>师: (点头)真棒, 我们给他掌声好不好? | 一级 |
| 18 | 师: 还有哪个组来展示? 你们来吧, 拿着你们的记录单; 我看哪个组倾听最好, 小动物要前进了。<br>师: 你选的是……【"是何"问题】<br>生: 轻重。<br>师: 还有吗? 你写的第三个是什么? 胖瘦是吗?【"是何"问题】<br>生: 强弱。<br>师: 强弱。你跟他们组的结果一样吗? 第一组的"强弱"是③、②、①、④; 你们组的"强弱"是……【批判性问题】<br>生: ③、④、②、①。<br>师: 你们为什么要这样排强弱?【推理性问题、"为何"问题】<br>生: (手指恐龙的牙齿)我们是按这个。<br>师: 他是按照牙齿的尖锐程度来排序的, 非常棒!<br>师: 你们组的强弱排序是怎么来的?【推理性问题、"是何"问题】<br>生: 这是霸王龙; 力量最强。<br>师: 你们按照力量排, 非常棒。同样都是从……【推理性问题】<br>生: 强到弱。<br>师: 第一组小朋友选择的是力量, ③比①、②、④都要……【记忆性问题】<br>生: (齐)强。<br>师: 第二组也是从强到弱, 他们选择的是……【记忆性问题】<br>生: (自由答)牙齿尖不尖。<br>师: 他选择的是牙齿的尖锐程度。他认为③号龙的牙齿比①、②、④号龙的都要……【记忆性问题】<br>生: (齐)尖。<br>师: 你觉得这两个结果哪个对?【批判性问题】 | 四级 |

续表

| 序号 | 师生对话 | 对话深度 |
|---|---|---|
| | 生(举手者):我感觉两个都对。一个是力量大小,一个是牙齿尖不尖。<br>师:你认为这两个都对,因为他们选择了不同的……【记忆性问题】<br>生:比较的标准。 | |
| 19 | 师:还有什么不同?【批判性问题】<br>生(举手者):条纹。<br>师:你是说有的条纹多,有的条纹少。是这个意思吗?【记忆性问题】<br>生:有纹路和无纹路。<br>师:你是想说从纹路多到没有纹路来排序吗?<br>生:他说的是这个片。<br>师:它的片最多,排第一?<br>生:背上的片。<br>师:请你告诉我们,你比较的结果是什么?【推理性问题】<br>生:④号比①号多,①号比③号多,③号比②号多。<br>师:非常棒。你想的方法真棒。 | 一级 |
| 20 | 师:还有什么?<br>生(举手答):角的多少。<br>师:你说的是头上的角吗?你跟我们说说怎么排序吧。【创造性问题】<br>生(举手答):④号最多。④号比②号多,②号比①号多,①号比③号多。<br>师:④号最多。特别棒! | 一级 |
| 21 | 师:今天我们通过给恐龙排队,把它们进行了……【记忆性问题】<br>生:(齐)比较。<br>师:进行比较时,我们可以选择很多种……<br>生:(自由答)方法。<br>师:通过比较,我们发现不同的比较方法会产生不同的……【记忆性问题】<br>生:(自由答)过程和结果。<br>师:不管选择怎样的方法,我们在比较时都要做到什么?【记忆性问题】<br>生:(齐)公平。 | 三级 |

## 3.几种观察维度的数据统计

| 观察项目 | | 频次 | 百分比 | 与全国常模数据相比 |
|---|---|---|---|---|
| 对话深度 | 一级深度 | 12 | 60.00% | 低于 |
| | 二级深度 | 5 | 25.00% | 高于 |
| | 三级深度 | 2 | 10.00% | 高于 |
| | 四级深度 | 1 | 5.00% | 高于 |
| | 五级深度 | 0 | 0.00% | 低于 |
| 问题类型 | 常规管理性问题 | 3 | 4.55% | 高于 |
| | 记忆性问题 | 31 | 46.97% | 高于 |
| | 推理性问题 | 16 | 24.24% | 低于 |
| | 创造性问题 | 5 | 7.58% | 低于 |
| | 批判性问题 | 11 | 16.67% | 高于 |

续表

| 观察项目 | | 频次 | 百分比 | 与全国常模数据相比 |
|---|---|---|---|---|
| 学生回答的类型 | 无人回答 | 0 | 0.00% | 低于 |
| | 机械判断是否 | 10 | 16.39% | 高于 |
| | 认知记忆性回答 | 18 | 29.51% | 高于 |
| | 推理性回答 | 20 | 32.79% | 高于 |
| | 创造评价性回答 | 13 | 21.31% | 低于 |
| "四何"问题 | "是何"问题 | 17 | 71.43% | 高于 |
| | "为何"问题 | 5 | 17.86% | 高于 |
| | "如何"问题 | 3 | 10.71% | 低于 |
| | "若何"问题 | 0 | 0.00% | 低于 |

### 4. 评析

针对本节课的观察数据，我的评价及建议是：

从"对话深度"来看，本节课一级深度占60.00%，低于全国常模数据；二级深度占25.00%，三级深度占10.00%，四级深度占5.00%，都高于全国常模数据。对于一年级的学生来说，这样的对话深度数据表明执教老师善于引导学生说出自己的观点，并通过追问，让学生继续就已有的答案予以深入思考并再度回答。

从"问题类型"来看，本节课的常规管理性问题占4.55%，高于全国常模数据；记忆性问题占46.97%，高于全国常模数据；推理性问题占24.24%，低于全国常模数据；创造性问题占7.58%，低于全国常模数据；批判性问题占16.67%，高于全国常模数据。说明执教老师善于利用记忆性问题促进一年级学生将学习的知识或生活经验转化为认知知识；设置批判性问题，让一年级的学生评价别人的分类方法是否合适，这些都是可取的做法。

## 三、在"定量"观课的练习过程中遇到的问题及解决方案

从听老师讲座到自己学会"操作"，这里其实隔着"很远的距离"。我们工作室学员在对网上的课例进行"定量"观察时，遇到了不少的困难，最终依靠团队的力量和敢于挑战的勇气，找到了解决问题的办法。

### （一）绘制S-T曲线图

在本书第二章第一节中提到，利用S-T观察法所得到的数据和图像能客观反映课堂上学生的主体地位是否得到体现，尤其对于小学科学课来说，只要看一下这节课的S-T曲线图，就能推断出课堂上学生是否拥有足够的时间进行自主探究或小组合作学习。因此，在进行S-T观察时，当采集了全课的S行为、T行为数据之后，就需要绘出S-T曲线图。由于我们工作室没有购

买"靠谱COP"平台的使用权,无法利用平台上的资源快速生成相应的S-T曲线图。如何解决这一难题呢?我们工作室团队在尝试的过程中,摸索出了两种方法:

(1)手动描点连线法。

这是我们最初采用的方法。首先在PPT上做出一张空白的S-T坐标图(见图3-1-3),然后将记录在S行为、T行为数据采集表格中的S行为、T行为数据按顺序依次描点,最后用线段连起来,且连线后不要显示"点"的痕迹。

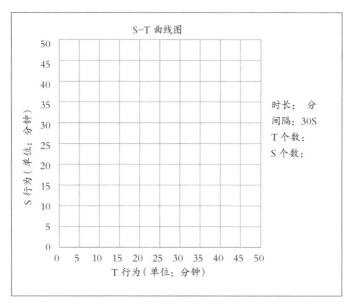

图3-1-3　S-T曲线图的空白模板(手绘用)

用这种方法虽然能画出S-T曲线,但是非常费时且不精确,于是我们又想办法寻求突破。

(2)利用Excel编制函数公式,自动绘图。

在我们工作室团队成员中有一位"数学高手",他认真钻研了很久,终于利用Excel软件成功设置了相关函数,只要在设定的Excel表格中输入采集的S行为、T行为数据,就能自动生成S-T曲线图(见图3-1-4)。此外,他还把各项需要计算的数据全都设置对应的函数,只要在设定的位置输入采集的数据,就能自动得到计算结果,不用一一人工计算了。有了这样的技术支持,我们在做课堂观察时数据处理及绘图的效率大大提高了。

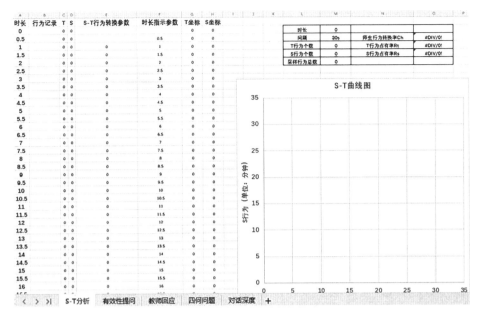

图 3-1-4 利用 Excel 软件生成 S-T 曲线图的截图

## （二）"四何"问题分析与有效性提问分析中的问题类型如何区分

在课堂观察的不同项目中，有两项是初学者容易弄混的：一项是"四何"（是何、为何、如何、若何）问题，另一项是有效性提问中的问题类型（认知记忆性问题、推理性问题、批判性问题、创造性问题）。这两种观察维度（项目）似乎都涉及问题的"分类"，在进行定量观察的数据采集时如何进行区分呢？

"四何"问题分析是对课堂中老师所提问题的结构进行分析，指向的是知识结构。"是何"问题指向的事实性的知识，学生需要运用事实来解答这一类的问题；"为何"问题指向的是原理性的知识，它需要学生去思考背后的原因，把这个原因提出来去解答问题；"如何"问题指向的是方法和策略性的知识，学生需要去表达自己的证明方法和策略是什么，才能解答这一类问题；而"若何"问题指向的是迁移能力和问题解决能力，即当条件或情境改变时如何去解决问题，所以"若何"问题具有开放性和综合性。在进行课堂观察的数据采集时，只有具有特定引导词（如"是什么""为什么""怎样做""假如……怎样"）的问句才记录为"四何"问题中的某一类，否则不能算作"四何"问题。

而有效性提问分析中的问题类型，一般与学生的思维过程紧密相连，认知记忆性问题和推理性问题往往对应的是聚合性思维，而创造性问题和批判性问题对应的则是发散性思维和批判性思维。

但，这两个维度也有一定的联系。根据一些学者的观点，"四何"问题中的"如何"问题和"若何"问题以及问题类型中的创造性问题和批判性问题都属于高阶问题，这些问题的解决，有利于培养学生的高阶思维。

## 第二节　分析录像课例

工作室团队成员通过一段时间的分项练习，提高了数据采集和诊断分析的能力，大家开始了对自己所上课例进行观察和诊断的尝试。具体做法是：仍然设置小组，以小组为单位，每组先确定一个录像课例作为观察研究的样本，小组成员分工合作，分别从不同的维度进行定量观察，然后整合出一份课例诊断报告。

这是一个具有挑战性的任务。在组长的带领下，小组成员利用周末时间聚在一起认真观看录像，分别从 S-T 观察、"四何"问题观察、教师的有效性提问与回应分析、对话深度分析等维度进行定量分析，遇到有争议的问题时，大家一起协商讨论，最后形成单个项目的观察报告及整体的课例诊断报告。本节展示一个小组的个人作业（单个项目的观察报告）及小组整合后的整体的课例诊断报告。

### 一、《用橡皮筋作动力》课例实录

#### （一）导入

师：（幻灯片展示不同时期不同类型的车：马车、火车、汽车等）请同学们思考，图片中不同类型的车分别是怎样动起来的？

（生分享回答）

## (二)聚焦

师:(展示一辆小车和一根橡皮筋)请同学们思考:用图中的材料怎样才能让小车运动起来?

生:橡皮筋一端固定在车架,另一端缠绕在车轴上。

师:哦,你用的是书上的方式,把橡皮筋一端固定在车架,另一端缠绕在车轴上,在车轴上多绕几圈,松手后车轴就转动了。我们一起来看一下视频,看看这样操作后小车能不能动起来。

——播放视频——

师:从视频中,你发现了什么?

生:轮子动了。

师:轮子动了说明橡皮筋能够驱动小车前进,这里使车轮动起来的力来自哪里?

生:橡皮筋的弹力。

师:是的,让车轮动起来的力来自橡皮筋的弹力。那我们说的弹力就是像弹簧或橡皮筋这样的物体受到外力后,形状发生改变而产生的想恢复到原来形状的力。

## (三)探究

### 活动一:用橡皮筋让小车动起来

师:在这里,转动车轮有两种方法,一个是向前转动车轮,另一个是向后转动车轮。车轮转动方向和小车前进方向有没有关系?为什么是这种关系?

生:有关系,橡皮筋缠绕方向和小车的运动方向是相反的。

师:让我们一起通过视频看看吧。

——播放视频——

师:视频中的结果和大家的猜想相同吗?

生:相同。

师:如果我们想让小车往前走,应该向前还是向后转动车轮?

生:向后。

## 活动二：如何让橡皮筋小车行走得更远？

师：老师很贪心，不仅想让小车动起来，还想让小车运动得更远。应该怎么办呢？

生1：增加橡皮筋缠绕在车轴上的圈数。

生2：增加车轮转动的圈数，小车就会更快。

生3：把轮子变大。

生4：多增加几根橡皮筋。

师：刚才同学们提出了很多方案，但是今天材料有限，就让我们来验证一下橡皮筋缠绕圈数和小车行驶距离的关系吧！我们应该如何验证它们之间的关系？

生：利用对比试验。

师：好的，实验之前我们可以提出一个问题：皮筋缠绕圈数和小车行驶距离有什么关系？针对这一问题，我们应该如何设计这个实验？

生：先把橡皮筋小车组装好，少缠绕几圈，看一下小车行驶的距离，把它记录下来。皮筋缠绕的圈数比原来的多一点，再重复上述实验。

师：在这个实验中改变的条件是什么？

生：橡皮筋缠绕的圈数。

师：对比实验能改变几个条件？

生：只能改变一个条件。

师：有没有其他同学补充一下，我们不改变的条件有哪些？

生1：接触面的光滑程度。

生2：车子的大小。

生3：小车的质量。

师：刚才同学们提到了许多不能改变的条件，让我们通过实验指导视频了解具体操作。

——播放实验指导视频——

师：同学们，让我们一起回顾本实验有哪些需要注意的事项。请问：木板怎么放？

生：横放在桌面。

师：好的，视频中还提到"为了避免橡皮筋圈数减少，实验过程中需要将小车轻轻地放在起点上"。请问：小车停止后要测量行驶距离，如何确定小车行驶的距离？

生1：量出起跑线到车头的距离。

师：起跑线到车头。为什么不是起跑线到车尾呢？

生1：需要测出小车离起跑线最远的距离。

师：你是这样认为的。还有吗？

生2：最开始车头在起跑线上，车尾在起跑线后，所以应该测量起跑线到车头的距离，否则不准确。

师：好的。实验结束后我们需要将数据进行记录，请同学们看表格中橡皮筋的圈数这一列，请问：实验中我们应该如何确定橡皮筋的圈数？圈数最少应该有多少？

生：一圈以上。

师：给你个提示，我们在做"垫圈小车"实验时，是一个一个地挂垫圈，直到小车发生什么变化？

生：开始动起来。

师：对的，橡皮筋最少缠绕的圈数，应保证小车能够动起来。最多能缠绕的橡皮筋圈数应该如何确定呢？

生：缠绕的最大圈数不能让橡皮筋断裂。

师：很好，如果缠绕圈数太多橡皮筋会断，影响实验进程。为了实验顺利进行，今天我们统一规定：橡皮筋的缠绕圈数分别是2圈、4圈、6圈，记录小车相应的运动距离，求出平均数，完成统计图。

——完成实验——

## 活动三：交流讨论

师：（邀请小组展示）你们小组，通过实验能得出什么结论？

生：缠2圈的时候，小车行进距离是25厘米；缠4圈的时候是45厘米；缠6圈的时候是62厘米。分析数据我们发现：橡皮筋缠绕的圈数越多，小车的行驶距离越远。

师：其他小组有不同的结论吗？

生：我们缠2圈的时候行驶距离是17.4厘米。缠4圈的时候是38.4厘米，缠 6 圈的时候是 72 厘米。

师：为什么你们组会出现这种情况呢？为什么都在同一个教室做实验，缠绕同样的圈数，有些同学的小车会行驶得稍微远一点，而有些同学的小车行驶得会稍微近一点呢。

生 1：有些人缠绕的圈数有点多。

师：哦，有可能是，有些小组的一圈和其他小组的一圈有点不一样。还有其他的可能性吗？

生 2：可能是起点不一样。

师：可能是放置小车的时候放得歪斜了，车身没有摆正。

生 3：橡皮筋的弹性有可能不同。

师：哦，虽然老师从同一个商家购买的橡皮筋，但有可能它们弹性不同。我们发现，有许多可能性会让小组之间的数据不太一致。但是，我们发现所有小组都能够得到近乎相同的结论。找同学来表述一下是一种怎样的结论？

生 1：橡皮筋缠绕圈数越多，小车行驶的距离越远。

生 2：我还发现橡皮筋缠绕的圈数越多，橡皮筋产生的弹力就越大。

师：你观察得真仔细！老师还想问一下同学们，小车为什么会停下来？

生：因为弹力消失了。

师：是的，橡皮筋恢复到原来的形状时弹力消失了，小车就停止了。接下来，让我们用今天所学知识，来看一下这个图有什么特点，这三根橡皮筋有什么相同点，有什么不同点？

生 1：这三根橡皮筋挂的东西轻重不一样。

师：还有吗？

生 2：三根橡皮筋的弹力不一样。

生 3：橡皮筋的长度是不一样的。

师：我们发现同一根橡皮筋形状变化越大，受到的弹力就越大。如果让你用弹力来解释生活中的现象，你准备怎么讲？

（生根据所学知识，解释用到弹力的生活物品，如：腰带、皮筋、圆珠笔的弹簧等。）

## 二、观察课例，写出诊断报告

### （一）个人作业举例

表 3-2-1 "四何"问题分析

课题：用橡皮筋作动力；观察者姓名：王倩

| 序号 | 问题简述 | 问题判断 | | | |
|---|---|---|---|---|---|
| | | 是何 | 为何 | 如何 | 若何 |
| 1 | 幻灯片展示不同时期不同类型的车，请同学们思考不同类型的车分别是怎样起来的？ | | | √ | |
| 2 | 图片展示小车和橡皮筋，请同学们思考如何利用图中的材料让小车运动起来？ | | | √ | |
| 3 | 看完视频，你发现了什么？ | √ | | | |
| 4 | 这里轮子动了说明橡皮筋能够驱动小车前进。使车轮动起来的力来自哪里？ | √ | | | |
| 5 | 在这里，转动车轮有两种方法，一种是向前转动车轮，另一种是向后转动车轮，那车轮转动方向和前进方向有没有关系？为什么会有这种关系？ | | √ | | |
| 6 | 如果想让小车往前走，应该向什么方向转动车轮？ | | | | √ |
| 7 | 如果不仅想让小车动起来，还想让小车运动得更远，应该怎么办呢？ | | | √ | |
| 8 | 应该如何验证你的办法和小车运动之间的关系？ | | | √ | |
| 9 | 要用实验验证橡皮筋缠绕圈数和小车行驶距离的关系，应该如何设计这个实验？ | | | √ | |
| 10 | 在这个实验中改变的条件是什么？ | √ | | | |
| 11 | 对比实验能改变几个条件？ | √ | | | |
| 12 | 不改变的条件有哪些？ | √ | | | |
| 13 | 视频播放结束，一起看看有哪些注意事项。第一个木板应该怎么放？ | | | √ | |
| 14 | 如何确定小车行驶的距离？ | | | √ | |
| 15 | 小车行驶的距离是"起跑线到车头"，为什么不是起跑线到车尾呢？ | | √ | | |
| 16 | 实验中我们应该如何确定橡皮筋的缠绕圈数？ | | | √ | |
| 17 | 最少的圈数应该如何确定？ | | | √ | |
| 18 | 我们在做"垫圈小车"实验时，一个一个地挂垫圈，直到小车发生什么变化？ | √ | | | |
| 19 | 橡皮筋最多能缠绕的圈数应该如何确定呢？ | | | √ | |
| 20 | 通过实验能得出什么结论？ | √ | | | |

续表

| 序号 | 问题简述 | 问题判断 | | | |
|---|---|---|---|---|---|
| | | 是何 | 为何 | 如何 | 若何 |
| 21 | 其他小组有不同的结论吗? | √ | | | |
| 22 | 那你们得出的结论是什么? | √ | | | |
| 23 | 同学们思考一下：大家都在同一个教室里做实验,缠绕的圈数相同,为什么有的组小车跑得远一点,有的组小车近一点? | | √ | | |
| 24 | 找同学来表述一下是一种怎样的结论? | √ | | | |
| 25 | 老师还想问一下,小车为什么会停下来? | | √ | | |
| 26 | 利用今天所学的知识,来看一下这个图有什么特点,这三根橡皮筋有什么相同点,又有什么不同点? | √ | | | |
| 27 | 如果让你用弹力来解释生活中的现象,你准备怎么讲? | | | | √ |
| 频数合计 | 27 | 11 | 4 | 10 | 2 |
| | 百分比（%） | 40.74 | 14.81 | 37.04 | 7.41 |

## （二）小组完成的诊断报告举例

### 1. 课例基本信息

| 课例名称 | 用橡皮筋作动力 | 年级 | 五年级 | 执教者 | 王倩 |
|---|---|---|---|---|---|

### 2. 课堂教学行为数据概览

表 3-2-2　课堂教学行为数据表

| 观察维度 | | | 本节课数据 | 与全国常模数据相比 |
|---|---|---|---|---|
| 教学模式 | 师生行为转换率 | | 29.5% | 高于 |
| | 教师行为占有率 | | 34.6% | 低于 |
| | 学生行为占有率 | | 65.4% | 高于 |
| 有效提问 | 问题类型 | 常规管理性问题 | 0 | 低于 |
| | | 记忆性问题 | 38.1% | 高于 |
| | | 推理性问题 | 40.5% | 高于 |
| | | 创造性问题 | 14.3% | 低于 |
| | | 批判性问题 | 7.1% | 低于 |
| | 挑选回答方式 | 点名提问 | 0 | 低于 |
| | | 让学生齐答 | 7.5% | 低于 |
| | | 叫举手者答 | 90% | 高于 |
| | | 叫未举手者答 | 0 | 低于 |
| | | 鼓励学生提出问题 | 2.5% | 高于 |

续表

| 观察维度 | | | 本节课数据 | 与全国常模数据相比 |
|---|---|---|---|---|
| "四何"问题 | | "是何"问题 | 40.74% | 低于 |
| | | "为何"问题 | 14.81% | 低于 |
| | | "如何"问题 | 37.04% | 高于 |
| | | "若何"问题 | 7.41% | 高于 |
| 对话深度 | | 深度一 | 73.08% | 高于 |
| | | 深度二 | 23.08% | 低于 |
| | | 深度三 | 3.84% | 低于 |
| | | 深度四 | 0 | 低于 |
| | | 深度五 | 0 | 低于 |
| 学生回答 | 学生回答方式 | 集体齐答 | 7.5% | 低于 |
| | | 讨论后汇报 | 15% | 高于 |
| | | 个别回答 | 77.5% | 高于 |
| | | 自由答 | 0 | 低于 |
| | 学生回答类型 | 无回答 | 4.3% | 高于 |
| | | 机械判断是否 | 0 | 低于 |
| | | 认知记忆性回答 | 34% | 高于 |
| | | 推理性回答 | 44.7% | 高于 |
| | | 创造评价性回答 | 17% | 低于 |
| 教师回应 | 回应方式 | 言语回应 | 100% | 高于 |
| | | 非言语回应 | 0 | 低于 |
| | 回应态度 | 简单肯定 | 5.66% | 低于 |
| | | 重复肯定 | 41.51% | 低于 |
| | | 提升肯定 | 3.77% | 低于 |
| | | 简单否定 | 0 | 低于 |
| | | 纠正(解释)否定 | 1.89% | 低于 |
| | | 引导否定 | 1.89% | 低于 |
| | | 无回应 | 7.55% | 高于 |
| | | 打断学生回答或代答 | 1.89% | 高于 |
| | | 追问 | 35.84% | 高于 |

## 3. 对数据的分析与改进的建议

### （1）师生活动曲线图

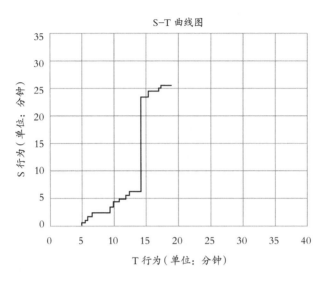

图 3-2-1　S-T 曲线图

从图 3-2-1 可看出，S 轴上有一段长直线，反映出在课堂上学生有较长的时间在进行小组探究活动，体现了学生的主体地位。

### （2）教学模式

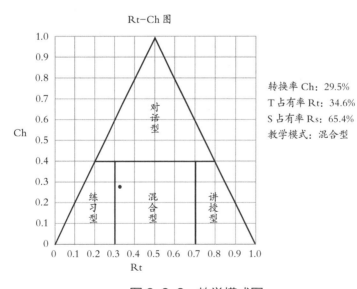

转换率 Ch：29.5%
T 占有率 Rt：34.6%
S 占有率 Rs：65.4%
教学模式：混合型

图 3-2-2　教学模式图

　　由图 3-2-2 看出，本节课为混合型教学模式，其中师生行为转换率为 29.5%，教师行为占有率 34.6%，学生行为占有率 65.4%。这些数据反映出本节课中教师既给予了学生足够的小组探究学习的时间和空间，同时也对学生的学习进行了适当的引导。

　　（3）教师有效性提问的问题类型

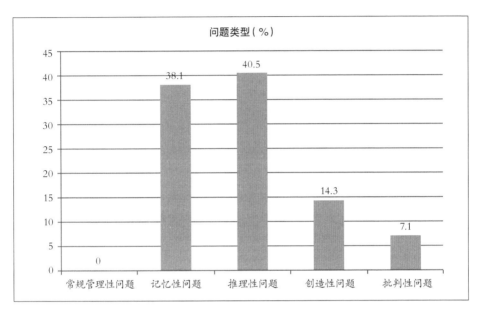

图 3-2-3　问题类型统计图

　　由表 3-2-2 及图 3-2-3 可知，本节课的常规管理性问题未采集到，说明学生的学习状态较好，课堂管理有序。本课的记忆性问题和推理性问题的比例高于全国常模数据，一方面说明教师善于通过"问题"促进学生应用已学知识分析解决新的问题，注重对学生的逻辑推理能力的培养；但另一方面，由于这两类问题的比例偏高，必定导致创造性问题和批判性问题的比例偏低（图 3-2-3 的数据正是这样），说明教师在指向学生高阶思维品质、探究能力、创新能力等方面的问题设计上还需要进一步提升。因此建议教师通过改进教学设计，降低记忆性问题的比例，增加创造性问题和批判性问题的比例。

（4）教师挑选回答方式

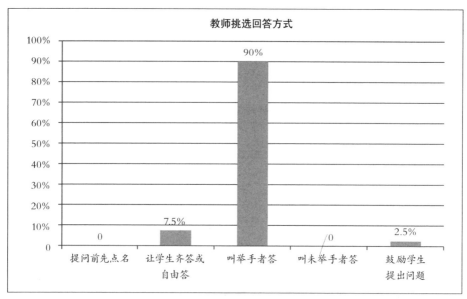

图 3-2-4　教师挑选回答的方式统计图

由图 3-2-4 可以看出，教师挑选回答的方式以"叫举手者答"为主（90%），说明教师注重展示学生风采，以此来提升学生的表达能力及学习自信，有利于控制课堂，提升课堂互动质量；但本课中"鼓励学生提出问题"的比例较低，且未采集到"提问前先点名"及"叫未举手者答"的方式。建议教师适当地关注未举手学生，尽量让每个学生都能参与课堂上的学习；另外，还要有意识地鼓励学生提出问题，培养学生的问题意识。

（5）教师的回应方面

在回应方式方面，本节课中言语回应率为 100%，没有采集到"非言语回应"的方式。建议教师要认识到"非言语回应"的这一方式的作用并加以灵活应用。

在回应态度方面（见图 3-2-5），"提升肯定"占 3.77%、"简单否定"没有采集到、"纠正（解释）否定"占 1.89%、"引导否定"占 1.89%，这几项都低于全国常模数据；而"无回应"占 7.55%、"打断学生回答或代答"占 1.89%，这两项都高于全国常模数据。

建议教师关注课堂上的回应态度问题，增加"提升肯定"的比例，降低"无回应""打断学生回答或代答"的比例。

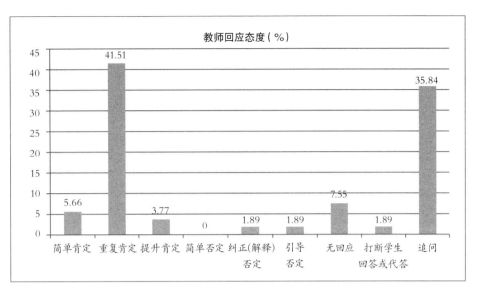

图 3-2-5　教师回应态度的统计图

（6）对话深度方面

本节课的"对话深度一"占 81.25%，高于全国常模数据；"对话深度二"占 23.08%，"对话深度三"占 3.84%，两项都低于全国常模数据；"对话深度四""对话深度五"未采集到。

建议教师通过改进问题设计，适当增加对话的深度，引导学生围绕核心问题进行深入的思考，更好地促进学生的思维发展。

（7）"四何"问题分析

如图 3-2-6，本节课中的"如何"问题占 37.04%、"若何"问题占 7.41%，此两项都高于全国常模数据，说明王老师注重对学生的策略性知识及迁移应用能力的培养，值得肯定。不过，"为何"问题的比例偏低，可能会影响学生对原理性知识的获取。建议教师在进行教学设计时，适当增加"为何"问题的比例。

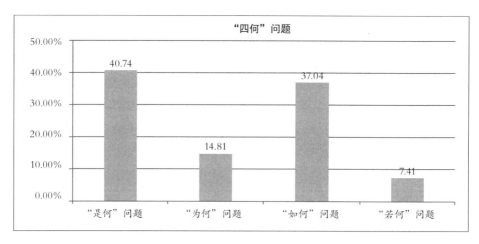

图 3-2-6  "四何"问题统计图

总评：王老师本节课的亮点为：教学模式、问题结构（"四何"问题）、问题类型、学生回答方式、学生回答类型等方面的数据都不错；需要关注和改进的是：回应方式、回应态度、对话深度等。

## 三、依据诊断报告，改进教学设计

当小组的课例诊断工作完成之后，授课教师受到了很大触动。他们认真研读了自己课例的各项数据及小组成员给出的改进建议，然后针对存在的问题对教学设计进行了修改。

以下展示第三小组的教学设计前后对比及分析。

表 3-2-3  《用橡皮筋作动力》教学设计修改稿

| 环节 | 原来的设计 | 改进的方案 | 改进意图 |
|---|---|---|---|
| 1. 导入 | 师：（幻灯片展示不同时期不同类型的车：马车、火车、汽车等）请同学们思考图片中不同类型的车分别是怎样动起来的？（记忆性问题、"是何"问题）<br>生：略 | 师：老师给同学们提供一辆小车、一根橡皮筋，请同学们小组合作，让小车运动起来；成功驱动小车后，请同学们思考，你是如何让小车运动起来的？（创造性问题、"如何"问题） | 厘清本课的情景主线：用橡皮筋驱动小车，让学生明确本节课我们的任务就是利用橡皮筋作为动力让小车运动起来。<br>把记忆性问题转化成创造性问题，训练学生的创造性思维；<br>把"是何"问题转化为"若何"问题，培养学生的迁移应用能力。 |

续表

| 环节 | 原来的设计 | 改进的方案 | 改进意图 |
|---|---|---|---|
| 2.情境设疑 | 师:(图片展示小车和橡皮筋)请同学们思考如何利用图中的材料让小车运动起来?(推理性问题、"如何"问题)<br>生:橡皮筋一端固定在车架,另一端缠绕在车轴上。<br><br>师:使车轮动起来的力来自哪里?(记忆性问题、"是何"问题)<br>生:橡皮筋的弹力。<br><br>师:那我们说的弹力就是像弹簧或橡皮筋这样的物体受到外力后,形状发生改变而产生的想恢复到原来形状的力。 | 师:实验过程中,你是如何让小车运动起来的?(创造性问题、"如何"问题)<br>生:橡皮筋一端固定在车架,另一端缠绕在车轴上。<br>师:使车轮动起来的力来自哪里?(推理性问题、"是何"问题) | 增加学生的合作学习时间,利于解决创造性的问题。 |
| 3.探究 | **探究一:用橡皮筋让小车动起来** | | |
| | 师:在这里,转动车轮有两种方法,一个是向前转动车轮,另一个是向后转动车轮,那车轮转动方向和前进方向有没有关系?为什么是这种关系?<br>(推理性问题、"为何"问题)<br>生:有关系。橡皮筋缠绕方向和小车的运动方向是相反的。<br>师:其他同学还有别的答案吗?(批判性问题)<br>师:大家都一致认为车轮转动的方向和小车行进方向是相反的?那就让我们一起看看视频吧。 | 师:在这里,转动车轮有两种方法,一个是向前转动车轮,另一个是向后转动车轮,那车轮转动方向和前进方向有没有关系?为什么是这种关系?(推理性问题、"为何"问题)<br>生:有关系。橡皮筋缠绕方向和小车的运动方向是相反的。<br><br>师:你观察到橡皮筋缠绕方向和小车的运动方向是相反的,其他同学还有别的答案吗?【批判性问题)(重复肯定)】<br>师:大家都一致认为车轮转动的方向和小车行进方向是相反的?那就让我们一起看看视频吧。 | 原来上课时老师没有回应学生的回答,此处的教学设计以"重复肯定"的方式来回应。 |
| | **探究二:如何让橡皮筋小车行走得更远** | | |
| | 生:最开始车头在起跑线上、车尾在起跑线后面,所以应该测量起跑线到车头的距离。否则不准确。<br>师:好的(简单肯定),实验中我们应该如何确定橡皮筋的圈数?最少的圈数应该保证什么?(推理性问题、"如何"问题) | 生:最开始车头在起跑线上、车尾在起跑线后面,所以应该测量起跑线到车头的距离。否则不准确。<br>师:非常棒,你说得很严谨,就像我们在三年级时学习的那样,测量距离时我们要选取小车上同一个点来测量它的位置变化,所以我们应该测量起跑线到车头的距离。(提升肯定)实验最后我们要进行记录,实验单正面有一个表格,看到橡皮筋的圈数这一列。实验中我们应该如何确定橡皮筋的圈数?最少的圈数应该保证什么?(推理性问题、"如何"问题) | 原先的教学设计中,教师只是简单肯定。现在改进为教师通过肯定学生的回答并联系三年级学习过的相关知识点,提升学生的认知。 |

续表

| 环节 | 原来的设计 | 改进的方案 | 改进意图 |
|---|---|---|---|
| 4.交流讨论 | 师：是的，接下来，让我们用今天所学知识，来看一下这个图有什么特点，这三根橡皮筋有什么相同点，有什么不同点？（"是何"问题）<br>生1：这三根橡皮筋挂的东西轻重是不一样的。<br>师：还有吗？<br>生2：三根橡皮筋的弹力不一样。<br>生3：橡皮筋的长度是不一样的。<br>师：我们发现同一根橡皮筋形状变化越大，产生的弹力就越大。如果让你用弹力来解释生活中的现象，你准备怎么讲？ | 师：同学们观察得非常仔细，橡皮筋恢复到原来的形状时弹力消失了，小车就停止了。橡皮筋的弹力到底是怎样产生的呢？（"如何"问题）<br>生：通过拉长橡皮筋、缠绕橡皮筋，产生了弹力。<br>师：那么同学们描述的这些操作可以总结成橡皮筋发生了哪方面的变化？<br>生：形状变化。<br>师：你总结得很好，那谁能说一下，通过今天的实验你能发现橡皮筋形状变化的程度和弹力之间存在着怎样的关系？（推理性问题、"如何"问题）<br>生：橡皮筋形状变化越大，弹力越大。<br>师：非常好！那么通过形状改变而产生的弹力是一直存在的吗？<br>生：不是一直存在的，橡皮筋恢复到原来的形状，弹力就消失了。<br>师：你说得挺有道理的，如果弹力不是一直存在的，你能举个例子说明吗？（创造性问题、"若何"问题）<br>生：例如今天我们用橡皮筋驱动的小车，缠绕的橡皮筋恢复到原来的形状时弹力消失，这时的小车没有外力驱动，就会停止运动。<br>师：弹力消失后，运动的小车有没有受到平面之间的摩擦力呢？是什么原因导致小车停下来的？（引导否定） | 原先的教学设计中，让同学们通过看图说话推出弹力是如何产生的。这一环节与课程学习内容衔接较突兀，使得这部分课堂实录与课程略有割裂。<br><br>改进后的方案：通过一系列问题，引导同学们回顾本堂课的内容，自主地将实验操作、实验现象转化为科学概念，从而更加深刻地认识弹力的概念，并且能够用弹力的概念描述实验中一些现象的原因。<br>改进后，加深了课堂对话的深度。原先几个问题的对话深度均为一级，改进后对话深度达到五级。同时，改进后创造性问题及"若何"问题的比例增加。<br>原有教学设计中的第三个问题（小车为什么最后会停下来）涉及牛顿第一定律，学生在回答时会想当然地认为"力是导致物体运动的原因，没有力物体就会静止"。此时教师可以通过"引导否定"的方式让学生继续深入思考。 |

## 第三节　录像课例观察诊断的实施体会

### 一、S-T观察的快速数据采集方法

S-T观察方法简单易学，且相对比较客观，唯一有点麻烦的是数据采集比较费时。由于每间隔30秒要进行采样，整个过程得全神贯注，不能走神。通过多次的观察练习之后，工作室团队的老师找到了几个快速进行数据采集

的方法。

## （一）倍速播放法

在观看课例视频时，将播放速度调为 1.5 ～ 2 倍，既能节省时间，同时，声音和画面也还基本清晰，不会影响观察者对 S 行为和 T 行为的判断。

## （二）定时快进法

如果对上课的内容已非常熟悉（比如是自己上的课或是听过的课），不需要特别关注上课的过程，只需要准确采集数据即可，那么可以在观看视频时，利用视频播放器的设置功能提前设置好快进的间隔时间（如 28 秒），等判断并记录好第 30 秒（及其整倍数）的时间点是 T 行为或 S 行为之后，再马上跳转到下一个时间点……用这样的方法，可以使一节课 40 分钟的 S、T 数据采集工作较快地完成。

## 二、其他维度数据采集的有效做法——先做实录整理

对于初学者来说，如果要做"四何"问题、对话深度、教师有效性提问与回应等维度的定量观察，一边观看课例录像一边采集数据是有难度的。在进行练习的过程中我们找到了一个降低难度、提高准确率的方法，就是先用文字整理出上课的实录，然后再进行逐项分析与数据统计。这个过程有点费时间，不过可以借助一些软件工具，直接将语音转为文字，再稍加整理即可。上课实录的整理如果是由授课老师自己来承担，效果更好，因为在整理实录时要顺便标出"挑选学生回答的方式"，而看视频有时无法判断正在发言的学生是否先举手了，也就不太好界定此时"挑选学生回答的方式"到底是"叫举手者答"还是"叫未举手者答"，但上课老师自己是很清楚的。

如果有了整理好的上课实录，那么小组成员就可以分工协作，在这个文档上进行标注或圈画，然后再进行数据统计，算出各项百分比。如果遇到有疑问或争议的地方，可以再去看视频，通过大家的讨论交流，达成一致意见。

# 第四章 依靠团队力量 现场"定量"评课

在经过了一段时间的录像课观课练习之后，工作室成员对课堂观察的方法与技术加深了理解，数据采集与分析诊断能力也得到了提升。于是，潘老师决定带领大家在教研活动现场进行"定量"评课的展示。这又是一种全新的挑战。不同于录像课可以多次回放，在现场听课需要及时做出判断，所以，我们结合实际情况对课堂观察的项目进行了调整，保留了"S-T 观察""'四何'问题分析""课堂对话方式观察"等相对容易操作的内容，放弃了"教师有效性提问"中的"问题类型分析"及"对话深度分析"等难度较大的项目。

在区域内的小学科学教研展示活动中，我们已经开展了四次现场"定量"评课展示活动，被诊断过的课例分别是宝安区福永小学郑仪老师执教的《比较不同的土壤》（四下）、宝安区宝安小学姜琳老师执教的《推动社会发展的印刷术》（六上）、龙华区第三实验学校陈文浩老师执教的《制作一个保温杯》（五下）、宝安区翻身小学张艾妮老师执教的《我们的地球模型》（六上）。在活动现场，工作室团队成员采取"用数据说话"的评课方式，呈现了不一样的精彩；同时，现场的专家和听课老师的"定性"点评，从整体上为课堂教学"把脉"。两种评课方式有机结合，让教研评课活动更有深度和广度。

本章将简要介绍工作室团队成员在四次教研活动中用课堂观察数据来进行评课的展示情况。

## 第一节　初次尝试：工作室团队第一次用数据评课的展示

为促进小学科学青年教师的成长，发挥名师工作室的辐射和引领作用，我们工作室于 2022 年 6 月 29 日上午在宝安区福永小学开展教研活动，并邀请了深圳市教研员童海云老师、宝安区教研员杜伟老师前来指导。

本次教研活动主要包括课例展示、评课议课两个环节。

### 环节一：课例展示

此次教研活动上展示的研讨课是教科版小学科学四年级下册的《比较不同的土壤》一课，授课教师是我们工作室的学员 —— 宝安区福永小学的郑仪老师。郑老师实景拍摄了学校植物园中种植不同瓜果蔬菜的几种土壤的照片，引导学生观察这些土壤的不同点，以真实情境吸引孩子们学习新课。课堂上，郑老师春风化雨般地微笑着与孩子们交流，保护着孩子们的探求欲，引导他们在实验中通过对比观察来发现不同种类土壤的特点，最后回归到不同植物对土壤类型的选择问题，并用黑土地的案例进行教学升华。整节课条理清晰流畅，听起来"舒服"指数十足。（上课实录略）

#### 《比较不同的土壤》教学设计

##### 一、教材分析

本课为《岩石与土壤》单元的第 7 课，通过上节课的观察和实验，学生了解了土壤的组成成分，知道了由于成分含量的差异，土壤可以分为沙质土、黏质土和壤土。本节课学生通过对三种土壤颗粒大小、粗糙程度、黏性、渗水性进行比较，认识三种土壤的不同特点；然后根据这些特点，思考不同类型的土壤对植物的影响，体会土地对人类的作用。

教材设计了聚焦、探索、研讨、拓展四个环节。通过展示学生熟悉的本校"福润园"中的植物、土壤图片，聚焦不同类型土壤的特点，激发学生探索土壤的兴趣。在探索环节，学生将通过眼看、手摸、团球和做渗水性对比实验的方法来研究土壤颗粒大小、粗糙程度、黏性、渗水性等特点。在研讨环节，通过总结归纳土壤类型，分析土壤类型对于植物的影响。

四个环节层层深入，学生了解了不同土壤的特性，巩固了观察、比较、分析、综合等思维方法，有利于学生构建关于土壤这一板块内容的整体框架。

## 二、学情分析

通过上节课的学习，学生已经知道了土壤是由大小不同的岩石颗粒、腐殖质、水和空气组成的，那么为什么种植不同植物的土壤看起来是不同的呢？学生可能会产生疑惑。因此，教师引导学生通过对三种土壤特点的观察，将不同土壤的特点与之前学习的土壤各个组成成分的特征联系起来。比如有的土壤黏性好，说明其黏土含量较多；有的土壤渗水性好，说明其中沙砾含量较多。正是因为土壤的组成成分的比例不同，导致了不同土壤的特点不同。

在研讨环节，教师还应从植物所需要的水分、空气等因素去引导学生思考土壤的类型与植物生长之间的关系。

## 三、教学目标

科学观念：土壤按成分含量不同可分为沙质土、黏质土、壤土；不同的土壤适合种植不同的植物。

科学思维：能通过查阅资料的方法，了解不同植物的生长与土壤类型的关系。

探究实践：能够运用观察和实验的方法对三种土壤的特性进行细致的观察、比较；能够观察、描述、记录三种土壤的特性。

科学态度：认识到认真细致地观察、比较、记录、描述是十分重要的；认识到土壤对人类的重要作用，人类生活的许多需求都来源于土壤。

## 四、教学重难点

重点：土壤按成分含量不同可分为沙质土、黏质土和壤土；不同的土壤适合种植不同的植物。

难点：能够运用观察和实验的方法对三种土壤的特性进行细致的观察、比较。

## 五、材料准备

为学生准备：沙质土、黏质土、壤土三种土壤样品，编号的白纸，放大镜，湿纸巾若干、塑料杯若干，滴管，容量杯，渗水性装置，实验表格，1号实验盒、2号实验盒。

### 六、教学过程

**（一）导入**

教师提问：上节课我们通过观察土壤和土壤沉积实验，知道了土壤里有什么？

学生思考、回忆所学知识：土壤是由沙砾、沙、粉沙、黏土、腐殖质、水和空气等组成。

教师活动：PPT出示学校福润园里的五种植物图片，提问这三种土壤有什么区别、它们对植物的生长有什么影响。邀请学生一起解决问题。

**（二）探索**

1. 观察比较三种土壤的颗粒大小、粗糙程度与黏性。

教师活动：提出观察任务，并提问观察方法。

学生活动：结合之前的观察方法，交流讨论，提出可以用眼看（肉眼及放大镜）、手摸、团球等方法来观察三种土壤的差异。

教师活动：播放实验指导视频，提示小组实验分工、秩序。

学生活动：观察比较三种土壤的颗粒大小、粗糙程度和黏性大小，交流讨论，填写实验记录表。

教师活动：巡堂指导；实验结束后，引导学生汇总实验结果。

学生活动：汇报实验结果。

2. 比较三种土壤的渗水性。

教师活动：引导学生回忆三种土壤团揉小球时表面水分情况，并分析可能原因，引出"渗水性"特点。

学生活动：回答三种土壤团揉小球时表面水分情况及产生差别的可能原因。

教师提问：对于三种土壤的渗水性大小，你们的预测结果是什么？

学生活动：个别发言，说出自己的预测。

教师活动：提出通过实验收集证据任务；播放实验指导视频；PPT出示实验方法、操作细节。

学生活动：领取实验材料，以小组为单位开始观察比较三种土壤的渗水性，交流讨论，填写实验记录表。

教师活动：巡堂指导；实验结束后，引导学生汇总实验结果。

学生活动：整理上交实验材料；汇报实验结果。

## （三）研讨

1. 小结：土壤的类型及各类土壤的特点

教师活动：通过 PPT 介绍三种土壤的特点，出示沙粒、黏粒含量比例图片（如下图），提出三类土壤的名称，并引导学生进行判断土壤类型的活动。

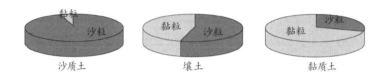

学生活动：判断土壤的类型。

2. 阅读资料：了解三种土壤对植物生长的影响，为 5 种植物选择合适的土壤。

教师活动：引导学生阅读资料卡，让学生了解三种土壤对植物的生长有什么影响。以提问的形式让学生为 5 种植物选择合适的土壤。

学生活动：在完成资料阅读之后，通过思考，举手回答老师提出的问题。

## （四）拓展

教师活动：播放《黑土地告急，事关 14 亿人口饭碗》新闻视频，布置"思考如何保护土壤"的课后任务。

学生活动：观看新闻视频，感悟土壤对于人类的重要性，思考保护土壤的方法。

## 七、板书设计

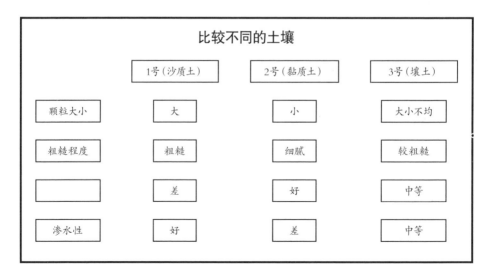

## 八、学生上课用的探究记录表

### "比较不同的土壤"实验记录表

第 ＿＿＿＿ 组；实验时间：＿＿＿＿＿ 年 ＿＿＿＿ 月 ＿＿＿＿ 日

| | | 1号土壤 | 2号土壤 | 3号土壤 |
|---|---|---|---|---|
| 实验一 | 颗粒大小 | □大<br>□小<br>□大小不均 | □大<br>□小<br>□大小不均 | □大<br>□小<br>□大小不均 |
| | 粗糙程度 | □粗糙<br>□较粗糙<br>□细腻 | □粗糙<br>□较粗糙<br>□细腻 | □粗糙<br>□较粗糙<br>□细腻 |
| | 黏性 | □好<br>□中等<br>□差 | □好<br>□中等<br>□差 | □好<br>□中等<br>□差 |
| 实验二 | 渗水性预测 | □好<br>□中等<br>□差 | □好<br>□中等<br>□差 | □好<br>□中等<br>□差 |
| | 渗水性 | □好<br>□中等<br>□差 | □好<br>□中等<br>□差 | □好<br>□中等<br>□差 |
| 阅读分析 | 土壤类型 | | | |
| | 适合植物类型 | □耐旱型<br>□耐涝型<br>□大多数植物 | □耐旱型<br>□耐涝型<br>□大多数植物 | □耐旱型<br>□耐涝型<br>□大多数植物 |

## 环节二：评课议课

本次教研活动的重头戏是评课议课，分为以下几部分：

### 一、上课老师的自我反思

首先由郑仪老师针对本节课的教学情况进行反思。她简要分享了本次执教的筹备过程和试课时的收获，也反思了教学中存在的问题。

### 二、同行的定性评价

现场听课的老师自由发言，对本节课进行定性评议。他们充分肯定了郑仪老师在课堂上的良好表现，同时也对本课的教学设计提出了改进建议。

### 三、工作室团队基于课堂观察数据的评课

工作室的课堂观察团队分为三个小组，分别观察不同的维度，然后迅速汇总和处理数据，由组长进行汇报。简介如下：

**1.S-T 观察**

姜琳老师代表"S-T 观察"小组（成员：刘秀春、柳成峰、彭杨康）进行汇报。该小组的成员按 30 秒的采样间隔，对本节课进行了 S-T 行为的数据采集和统计。

从本节课的 S-T 曲线图（图 4-1-1）来看，纵轴上出现了几段连续的长直线，这表示课上有几次学生的长时间自主探究活动。

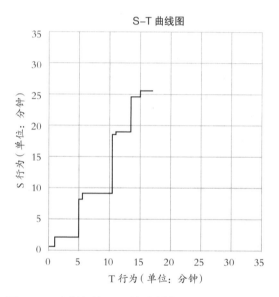

图 4-1-1 《比较不同的土壤》课例 S-T 曲线图

从本节课的 Rt-Ch 图（图 4-1-2）来看，本课的课堂类型属于"混合型"，学生行为占有率高于全国常模数据，体现了"以学生为主体"的教学理念。

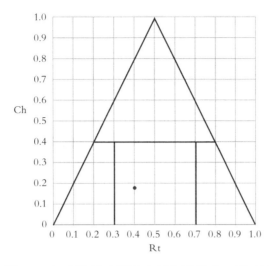

图 4-1-2 《比较不同的土壤》课例 Rt-Ch 图

### 2. "四何"问题分析

曹春燕老师代表"四何"问题观察小组（成员：张艾妮、王倩、陈蓓）就本节课的观察数据进行了汇报。从表 4-1-1 的数据可以发现，郑老师在这节课中共提出了 17 个"四何"问题，其中，"是何"问题的比例低于全国常模数据，"为何"问题、"如何"问题的比例均高于全国常模数据、"若何"问题的比例稍低于全国常模数据。由于"为何"问题是与原理性知识相关联，"如何"问题、"若何"问题则分别与策略性知识和创造性知识相关联，后两类问题能培养学生的高阶思维，因此建议郑老师关注课堂中核心问题的设计，适当增加"若何"问题的比例，以拓展学生思维的广度和深度，提高学生的科学思维能力，促进核心素养的形成。

表 4-1-1 "四何"问题观察数据表

| 问题类型 | 数据个数 | 所占比例 | 与常模数据比较 |
| --- | --- | --- | --- |
| "是何"问题 | 11 | 64.71% | 低于 |
| "为何"问题 | 3 | 17.65% | 高于 |
| "如何"问题 | 3 | 17.65% | 高于 |
| "若何"问题 | 0 | 0 | 低于 |
| 总计 | 17 | | |

### 3. 课堂对话方式及回应分析

范营媛老师代表"课堂对话方式及回应"观察小组（成员：郭曼曼、金熠樵、秦小青）就本节课的观察数据进行了汇报。

表 4-1-2 的数据显示，在"教师挑选回答问题的方式"方面，本节课"叫举手者答"的比例高于全国常模数据，而"叫未举手者答"以及"鼓励学生提出问题"的比例则较低。这表明教师未能充分关注到所有学生，特别是那些不主动举手的学生，并可能忽视了对学生问题意识的培养。因此，建议郑老师在未来的教学中要尽可能调动全体学生参与课堂，并注意鼓励学生提出问题。

表 4-1-2 "教师挑选回答问题的方式"数据表

| 数据类别 | | 数据个数 | 所占比例 | 与常模数据比较 |
|---|---|---|---|---|
| 教师挑选回答问题方式 | 点名提问 | 0 | 0 | 低于 |
| | 让学生齐答 | 7 | 26.9% | 低于 |
| | 叫举手者答 | 19 | 73.1% | 高于 |
| | 叫未举手者答 | 0 | 0 | 低于 |
| | 鼓励学生提出问题 | 0 | 0 | 低于 |
| 总计 | | 26 | | |

表 4-1-3 的数据显示，本节课"个别回答"和"自由答"的比例均高于全国常模数据，而"讨论后汇报"没有采集到数据。鉴于科学课的特点，"讨论后汇报"方式有助于提高学生的问题解决能力和合作交流能力，因此建议郑老师在课上应有意识地引导学生运用此种回答方式。

表 4-1-3 "学生回答方式"数据表

| 数据类别 | | 数据个数 | 所占比例 | 与常模数据比较 |
|---|---|---|---|---|
| 学生回答方式 | 集体齐答 | 2 | 7.7% | 低于 |
| | 讨论后汇报 | 0 | 0 | 低于 |
| | 个别回答 | 19 | 73.1% | 高于 |
| | 自由答 | 5 | 19.2% | 高于 |
| 总计 | | 26 | | |

表 4-1-4 是"教师回应态度"数据的统计结果，"追问"的比例高达 30.8%，显著高于全国常模数据，这有助于促进学生的深度思考，值得肯定。不过，从表 4-1-5"教师回应方式"的数据来看，本节课"非言语回应"的方式使用较少。因此，建议郑老师在回应学生时，适当增加肢体语言的使用，以调节课堂氛围。

表 4-1-4 "教师回应态度"数据表

| 数据类别 | | 数据个数 | 所占比例 | 与常模数据比较 |
|---|---|---|---|---|
| 教师回应态度 | 肯定回应 | 18 | 69.2% | 低于 |
| | 否定回应 | 0 | 0 | 低于 |
| | 无回应 | 0 | 0 | 低于 |
| | 打断学生回答或代答 | 0 | 0 | 低于 |
| | 追问 | 8 | 30.8% | 高于 |
| 总计 | | 26 | | |

表 4-1-5 "教师回应方式"数据表

| 数据类别 | | 数据个数 | 所占比例 | 与常模数据比较 |
|---|---|---|---|---|
| 教师回应方式 | 言语回应 | 24 | 92.3% | 高于 |
| | 非言语回应 | 2 | 7.7% | 低于 |
| 总计 | | 26 | | |

### 四、专家点评

活动的最后环节，由参与本次教研活动的市、区教研员进行点评。两位科学教育的专家以其先进的教育理念和丰富的实践经验，为这节课"问诊""把脉"，开出了提高教学效果的"良方"。主要有：

（1）提倡使用图画等开放式的表征方式，让学生以"专家思维"表达自己的研究结果，老师则从中提炼关键信息，形成有价值的知识结构。

（2）要通过深度教学激发学生的思考和探究。课堂上的教学情境应更加开放，引导学生主动提问和寻找问题之间的联系，从而拓展他们的思维空间。同时，课堂的挑战性需要加强，通过提出问题和引导学生关注土壤成分等，增加学生的参与度和专注度。

（3）科学结论的得出应与现实紧密相连，鼓励学生通过对真实情境的观察和探究，形成自己的见解，即使面临矛盾和冲突，也能通过深入思考得出有价值的结论。

（4）教师要敢于挑战自我，敢于给自己"找麻烦"；同时要给孩子更多的空间，让孩子更多地去思考，让孩子"真"学科学。

两位专家的点评，让上课老师和听课老师都觉得受益匪浅。

小结：本次教研活动增加了"用数据评课"的内容，给人以耳目一新的感觉。这也是我们工作室自开展市级课题《基于课堂观察大数据的教学行为改进研究》的研究工作以来，第一次进行现场数据采集与汇报展示。虽然工作室团队成员在现场做课堂观察的技能还有待进一步提升，但这一次的初步尝试，说明依靠团队力量来做现场观课的数据采集和诊断分析是具有可行性的，这更坚定了我们继续进行此项研究的决心。

## 第二节　"晒"出特色：工作室团队第二次用数据评课的展示 [①]

2023 年 4 月 28 日下午，宝安区 2022—2023 学年下学期"'万名教师晒好课'暨深圳市小学科学潘翠君名师工作室教研活动"在宝安小学综合电教室举行。前来参加教研活动的除了我们工作室的人员之外，还有深圳市高春艳名师工作室、宝安小学集团各校的科学老师及其他兄弟学校的科学老师共50 多人。此次教研活动聚焦科学核心素养中的探究实践能力和科学思维能力的培养，通过课例展示、定性与定量评课、名师微讲座等活动，让老师们相互学习，共同提高。

### 环节一：课例展示

在本次教研活动中，我们工作室的学员姜琳老师执教了六年级上册的《推动社会发展的印刷术》一课。上课前，姜琳老师创设了一个趣味游戏的情境，让学生利用字模、油墨和白纸等材料做"印字"游戏，并将各小组印出的字贴到黑板上。12 个小组的作品刚好呈现出"宝安小学万物之中成长最美"12 个字，这一精心设计的课前活动，不仅巧妙渗透了宝安小学"万物之中成长最美"的办学理念，同时也很自然地让孩子们联想到我国古代四大发明之一的"活字印刷"，从而引出本课的主题——印刷术。课堂上最精彩的部分是姜琳老师带着学生们"乘坐时光穿梭机"穿越到唐朝扮演抄书官抄写古诗，再穿越到北宋体验活字印刷术印刷古诗的趣味探究实验。学生亲身经历后，再把时间轴拉回到课堂，姜老师指导学生分别计算一首古诗手抄和

---

[①]　在宝安区教科院组织的一次"万名教师晒好课"教研活动中，工作室团队成员进行了第二次用课堂观察数据进行评课的现场展示。这次活动不仅"晒"了一节研讨课，也"晒"出我们工作室的特色评课。本节内容是对此次教研活动的记录。

印刷 1 份、10 份、100 份、1000 份所用的时间。学生先从时间角度分析比较两种方式的优劣，再通过小组讨论，从不同视角比较两种方式的优缺点。在班级汇总的过程中，学生以事实和数据为依据，通过分析、比较和归纳等思维过程，提出了新颖而有价值的观点。在这个过程中，学生的思维发生了碰撞，呈现出精彩的思辨过程。

## 《推动社会发展的印刷术》教学设计

活字印刷是中国古代"四大发明"之一，对文化交流传播具有重大意义。在活字印刷发明之前，人们通过手工抄写传递信息。教材通过对手抄和印刷这两种文化交流传播方式的对比，让学生感受到工具和技术的进步能推动社会的发展，社会的发展进步也助推了工具和技术革新。

### 一、学情分析

六年级学生对于活字印刷的了解大多局限于毕昇发明活字印刷的故事。通过几年科学课程的铺垫，六年级学生已经具备基本的探究能力及团队合作意识。"做中学"带给他们的思维冲击感远远大于"道听途说"。因此，本课通过设计"穿越"这个情境巧妙串起"体验抄书官"和"体验活字印刷"这两个探究活动；接着通过体验、计算、比较、表决等方式让学生分析活字印刷相较于手工抄写的优势，让每一位同学都能感受工具和技术的进步推动着社会发展。

### 二、教学目标

科学观念：

1. 活字印刷是重要的印刷技术之一。

2. 印刷术的出现和发展，推动了工具和技术的不断发展。

科学思维：

1. 通过计算、分析、比较等思维活动对手工抄写和活字印刷进行评测。

2. 学会从不同的角度分析、思考问题。

探究实践：

1. 体验抄书官，抄写一遍唐诗。

2. 体验活字印刷，印刷一遍唐诗。

3. 评测"手工抄写"与"活字印刷"的优劣。

态度责任：

1. 细致观察，实事求是，乐于探索，乐于交流。

2. 认识到技术的进步推动社会的发展。

### 三、教学重难点

重点：体验抄写一遍诗和活字印刷一遍诗，并评测两种方式，感受技术的进步革新会推动社会的发展。

难点：从不同角度分析比较两种方式的优劣。

### 四、材料准备

活字印刷套材（字模、木框、油墨刷、胶辊、白纸）、计时器、印刷指南、记录单。

### 五、教学过程

课前活动：提供特定的字模，通过小组合作的方式将字模上的文字在纸上显示出来，并贴在黑板相应的地方。活动结果刚好呈现"宝安小学　万物之中　成长最美"这一孩子们耳熟能详的宝安小学办学理念。

【设计意图】这个过程，名义上是课前热身游戏，实际上是一种颇有深意的设计，通过小实验可以迅速吸引学生的注意力，激发他们的兴趣；同时该实验的内容又与即将学习的内容建立联系；其次，印刷出的作品恰好呈现的是学校的办学理念，有机渗透了德育。

### （一）聚焦

师：我们刚才的课前活动会让你们想起我国古代"四大发明"中的哪一项呢？

生：活字印刷术。

师：在印刷术发明之前，一些文字信息譬如说一首好诗是如何传播下来的呢？

生：手工抄写、雕版印刷、结绳记事……

师：其实，在西晋之前我们的先人已经有了"手抄"这个职业，特别是造纸术发明之后，手抄本更是成为当时主流的文化传播方式。现在让我们穿越到唐朝去体验抄书官的工作。

【设计意图】从课前游戏巧妙地过渡到新课内容的学习，通过自然的师生对话，将课堂聚焦到要研究的问题（文化传播的方式）上，再利用学生耳熟能详的穿越情境进行角色扮演，每一步都走在学生的兴趣点上。

（二）探索

1.体验抄书官

师：你们觉得古代的抄书官在抄写的时候会注意什么？

生：书写工整、不出错、速度快。

师：我们按照以上的要求做一个抄书官。屏幕统一计时，结束抄写后读取抄写一首诗的时间并把单位换算为秒。

（开启音乐和计时器）

【设计意图】通过扮演抄书官这一角色，让学生置身于真实的场景中来进行手工抄写，与课标中"在真实的任务情境中进行探究"相契合。而计时和换算环节又强调了科学记录以及数据分析的重要性，可以帮助学生发展其科学素养。

2.体验活字印刷

师：刚才抄写的感觉是怎么样的？（随机采访）

生：紧张、感觉时间过得很慢、还不错……

师：这首《静夜思》太受欢迎了，现在接到了1万份的抄写任务，你愿意抄写吗？有什么办法可以快速完成任务？

生：把字刻在木板上，再去印刷。

师：你说的是雕版印刷（播放雕版印刷介绍视频并板书）。

（结合视频中雕版印刷的弊端引出活字印刷，播放活字印刷微课，强调操作要点）

【设计意图】通过师生对话，将探究任务顺势引导到"印刷术"上，因为实验步骤比较多，辅以微课指导，并在播放微课后进一步强调操作要点。每一步都是为学生搭建脚手架，让学生后续顺利地完成探究过程。

3.评测抄写和活字印刷

教师引导学生先从时间上比较复制1份、10份、100份、1000份时，手工抄写与活字印刷两种方式的优劣，再从不同的角度（如经济成本、错误率、美观等）比较两种方式的优劣，最后通过小组讨论的方式获得每个小组的观点并在班级汇总表上进行集体表决。

（三）研讨

教师提出以下问题，引导学生进行集体研讨：

1.通过这个汇总，你们发现了什么？

2.现代的印刷技术相较于北宋时期的活字印刷术，有了哪些进步？

（当学生发表意见时会是怎样的呢？）

【设计意图】通过研讨将学生的视角从课堂拉回到当下的生活再放眼到未来，课堂研讨环节不仅丰富了教学内容，更重要的是，它通过互动式学习方式，促进了学生的全面发展，为他们提供了更加全面和深入的科学教育体验。

**（四）拓展**

教师小结：印刷术本身在不断地发展，从雕版印刷到活字印刷，从人工拓印到用蒸汽做动力的机器印刷，从大型印刷机到家庭打印机，每一次变化，都让知识的普及和交流更为快速有效。

（播放"你对未来印刷术有什么畅想"采访视频结束本课）

【设计意图】通过介绍现代印刷技术的发展让学生及时了解科技前沿，适时拓宽学生的眼界，同时实现本节课主题的升华——科技可以改变社会发展的进程，每一次变化和进步都让知识的普及和交流更为快速有效。最后通过播放采访视频，将课堂氛围又推向高潮，让听课师生在意犹未尽中、在思考中走出课堂。

六、板书设计（课堂上生成）

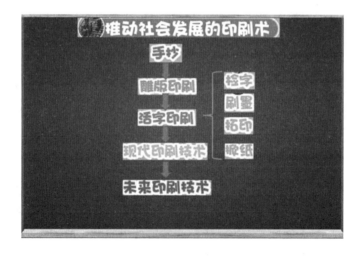

## 环节二：评课议课

### 一、授课教师反思

上完课之后，姜琳老师就实验材料的改进等问题，与大家分享了"磨课"过程中的甜酸苦辣。姜老师首先介绍了对实验材料的三次改进、三次迭代的过程。从这个过程可以看出，实验材料的创新和改进，是提升科学课堂质效的法宝。"磨课"的过程总是充满曲折的，姜琳老师用三句话进行了概括：刚开始选课时，觉得这一课很有趣 —— "看山是青山，看水是绿水"；试教之后觉得这一课特别难 —— "看山不是山，看水不是水"；再到后来觉得这一课很值得研究 —— "看山是奇山，看水是深水"。

### 二、定性评课

来自高春艳名师工作室的四位老师首先简要介绍了思维型教学的五大基本原理（动机激发、认知冲突、自主建构、自我监控、应用迁移），然后分别用这五大原理对课例进行评析。

欧阳王祺老师从"动机激发"与"认知冲突"的角度展开评课：在动机激发方面，本课安排了多样的体验活动，大大提升了学生的兴趣；明确的任务让学生在课堂中积极探索；在认知冲突方面，姜琳老师抓住课堂中生成的认知冲突，引导学生对不同观点进行分析、比较，使得学生产生高认知水平行为，科学思维得到不断提升。

王康老师从"自我建构"的角度进行评课：在认知建构方面，姜琳老师精心设置了三层进阶的体验活动，课堂中既有自主体验又有合作学习，每个同学都有参与感、有获得感。在师生互动的过程中，姜老师额外关注了班里没举手的同学，尤其是比较沉默的女生，给学生亲切的关注，让学生更认真、更自信。

邱杏老师从"自我监控"的角度进行评课：分析了姜琳老师及学生在课上是怎样通过自我监控，对教与学活动进行主动的计划、检查、反馈、控制和调节，最终达到培养科学思维的目标的。

王爽老师从"应用迁移"的角度进行分析：认为姜老师在课的结尾部分提出的两个问题（"印刷术有什么缺点，现代技术如何改进？""你对未来的印刷术有什么畅想？"），既让学生对本节课所学内容进行了迁移应用，同时也关注到从古代到现代再到未来的科学技术发展，呼应了本节课题目中的"社会发展"。

### 三、定量评课

我们工作室的课堂观察团队依据现场采集的不同维度的观察数据，对本课提出了诊断和改进建议。

#### 1. S-T 观察

汤智勇老师带领的 S-T 观察小组（组员：曹春燕、金熠樵、陈文浩、彭杨康）听课时围坐一起，每隔 30 秒采集一次师生行为类型的数据，随后将纸质表格中的数据输入计算机软件进行处理和分析，并绘制成图像（图 4-2-1、图 4-2-2）进行可视化的呈现。。

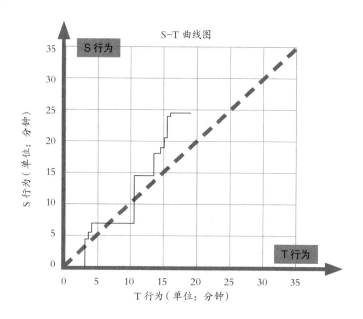

图 4-2-1　S-T 折线图

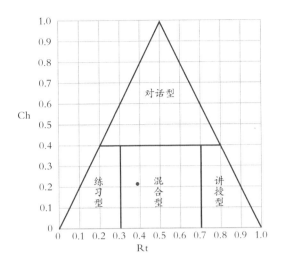

图 4-2-2　Rt-Ch 图（课型）

（1）由图 4-2-1"S-T 折线图"，可以看出教师在第 3 ～ 11 分钟进行了较长时间的连续讲授，这个时段如果用提问的方式增加与学生的互动与连接，可以进一步优化教学效果。当然，因为 S-T 分析数据采样是间隔一定时间（30s）的，可能刚好在采样点是教师行为或是学生行为，而实际上前几秒存在交互行为（刚好避开了采样点）。这种情况一方面说明 S-T 分析存在一定的误差（可以通过缩短采样间隔来减少误差）；另一方面，可能是因为这一时段师生之间的交互只是短暂的一问一答，教师需要考虑提高信息交互的深度。

（2）由图 4-2-2"Rt-Ch 图（课型）"，可以确定本课的课型属于混合型。由此项观察结果可看出：本课师生的活动时间总体较为均衡，S 行为略微偏多，说明本课既体现了学生的主体地位，又突出了教师的主导作用，师生互动行为较为均衡、恰当。

### 2. 课堂对话方式及回应分析

王倩老师带领的课堂观察小组（组员：郭曼曼、黄怡凯、陈蓓、秦小青、郑仪）分别从"教师挑选回答问题的方式""教师回应的方式""学生回答的方式""教师回应的态度"四个维度进行观察。这几位老师分工明确，课上全神贯注地进行着记录，然后将数据输入电脑的 Excel 模板中，整理生成本课的观察数据表（表 4-2-1）。

表4-2-1"课堂对话方式及回应"数据统计表

| 观察维度 | | 频数 | 百分比 | 与全国常模数据的比较 |
|---|---|---|---|---|
| 教师挑选回答问题的方式 | 提问前先点名 | 2 | 5.1% | 高于 |
| | 让学生齐答或自由答 | 8 | 20.5% | 低于 |
| | 叫举手者答 | 24 | 61.5% | 低于 |
| | 叫未举手者答 | 5 | 12.8% | 高于 |
| | 鼓励学生提出问题 | 0 | 0 | 低于 |
| 学生回答方式 | 集体齐答 | 3 | 7.7% | 低于 |
| | 讨论后汇报 | 1 | 2.6% | 低于 |
| | 个别回答 | 31 | 79.5% | 高于 |
| | 自由答 | 4 | 10.3% | 高于 |
| 教师回应的态度 | 肯定回应 | 29 | 74.3% | 低于 |
| | 否定回应 | 0 | 0 | 低于 |
| | 无回应 | 0 | 0 | 低于 |
| | 打断回答或教师代答 | 1 | 2.6% | 高于 |
| | 重复学生回答并解释 | 0 | 0 | 低于 |
| | 追问 | 9 | 23.1% | 高于 |
| 教师回应的方式 | 言语回应 | 35 | 89.7% | 稍低于 |
| | 非言语回应 | 4 | 10.3% | 略高于 |

通过对数据的对比分析，本观察小组成员的观点是：

（1）从教师挑选回答问题的方式看，"提问前先点名"以及"叫未举手者答"的百分比都高于全国常模数据，说明姜老师在上课时能关注到一些性格内敛或基础稍差的学生，努力地调动这部分学生的积极性，让更多的学生参与课堂；"让学生齐答或自由答"和"叫举手者答"低于全国常模数据也恰恰佐证了上述观点。值得注意的是，"鼓励学生提出问题"这一项数据没有采集到，建议姜老师可以适当鼓励学生提出问题，以培养学生的问题意识，因为提问的过程往往伴随着对已有信息的质疑和分析，这有助于发展学生的批判性思维能力，学会从不同角度审视问题，形成独立判断和见解。

（2）从"学生回答方式"的统计数据来看，"个别回答"和"自由答"都高于全国常模数据，说明姜老师的课堂氛围开放而自由，师生呈现尊重和包容的样态，学生在课堂上感到比较放松，可以自由表达自己的想法而不必担心被批评。"集体齐答"低于全国常模数据。这也是一种比较好的导向，因为六年级学生应该被给予更多的独立思考和陈述的空间。"讨论后汇报"低于全国常模数据，这是在今后的教学中可以努力提升的方向，因为小组合作后的汇报不仅是展示成果的环节，更是学生个人成长和团队合作能力提升的重要途径。

（3）从教师回应态度以及回应方式的数据统计来看，姜老师在本节课中"追问"的比例高于全国常模数据，这是值得肯定的，因为"追问"是课堂上一种有效的教学策略，能够促进学生深度思考、激发学习兴趣、加深对知识的理解，并且还有助于培养批判性思维和解决问题的能力。本节课还采集到了1次"打断回答或教师代答"的行为，需要引起重视。上课时若遇到学生不会回答或者回答得不满意时，教师可以采用"引导否定""提升肯定"或请别的同学回答等方式来帮助学生进一步思考，找到问题的答案。

3．"四何"问题观察

张艾妮老师带领"四何"问题观察小组（组员：曾桃、陈佳、林惠、林倩如）分别统计了课堂中老师提出的有效问题并计算汇总到表格中（表4-2-2）。

表 4-2-2 "四何"问题统计表

| 问题类型 | 问题个数 | 所占比例 | 与全国常模数据相比 |
|---|---|---|---|
| "是何"问题 | 7 | 46.67% | 低于 |
| "为何"问题 | 2 | 13.13% | 高于 |
| "如何"问题 | 5 | 33.33% | 高于 |
| "若何"问题 | 1 | 6.67% | 低于 |

根据表中的数据，观察团队给出的诊断及建议如下：

（1）本节课的"是何"问题的比例低于全国常模数据，"为何"问题和"如何"问题的比例都高于全国常模数据。这说明姜老师在课堂上提出的简单识记类的问题偏少，更重视原理性、策略性问题的设计，符合六年级学生的学情。

（2）本课中的"若何"问题的比例低于全国常模数据，这是一个可以提升的"点"。因为"若何"问题的解决往往与创造性思维相关联，有利于培养学生知识的迁移应用能力和解决实际问题的能力。

### 环节三：名师讲座

广东省特级教师、深圳市及宝安区名师工作室主持人潘翠君老师现场做了题为《引导探究实践，提升科学素养》的讲座。潘老师结合宝安小学的几位科学老师在《船的研究》单元的教学经验，提出了"单元整体备课，评价目标前置""利用多种资源，鼓励实践创新""提供展示平台，进行分享交流""注重学科整合，引导评价改进"等方面的教学建议，指导大家更高效、高质地开展技术与工程相关内容的教学。

最后，广东省特级教师、深圳市及宝安区名师工作室主持人高春艳老师接续潘老师的话题，做了题为《如何指导学生画设计图》的讲座。她结合自己的专业特长及自身的工作经历，介绍了工程设计中草图、简图、示意图、设计图和施工图的含义和使用场景，建议科学老师在实施技术与工程相关内容的教学时，要加强与美术、数学学科的联系。

三个多小时的教学研讨活动，让大家觉得收获满满、受益良多。现场听课的一些老师对于"用数据说话"这种有特色的评课方式表现出了极大的兴趣；而我们工作室的团队成员在经过了这一次的实战演练之后，对于现场进行数据采集和诊断分析等流程更加从容和得心应手。虽然这个过程中也遇到了困难，但大家相信，经过不断学习和研究，工作室团队成员现场进行课堂观察和诊断的技能将更加成熟，并在教学实践中更好地帮助上课教师诊断问题，促进教学行为的改进。

## 第三节　扩大影响：工作室团队第三次用数据评课的展示

在经过了前两次现场的课堂观察与评课展示之后，工作室团队进行了总结和反思，决定在更大范围内推介这种基于课堂观察数据的现场评课方式。于是，在龙华区的一次小学科学教研活动上，潘老师带领的工作室团队进行了第三次"用数据说话"的现场评课展示。

2023 年 6 月 14 日上午，"深圳市龙华区课程与教学高质量发展论坛小学科学学科新教学展示活动暨深圳市潘翠君名师工作室教研活动"在龙华区未来小学举行。本次活动的主题是"突出工程实践，强化科学思维"。深圳市及龙华区的小学科学教研员、我们工作室全体人员和龙华区数百名专职小学科学教师参加了本次活动。

## 环节一：课例展示

陈文浩老师和袁甜甜老师将教科版《科学》五年级下册《热》单元的第7课《做个保温杯》重构为工程实践项目，通过两个课时，给予学生充分的学习时间和充足的探究支架，让学生经历保温杯的设计、制作、测试、展评、改进等步骤，像工程师一样解决问题。课堂还融合了信息技术，在信息化平台的支持下，学生可以将作品的相关资料上传到平台共享，参与评价交流；组内活动环节，在场所有老师可以从大屏幕上实时看到各小组的活动情况。

1. 未来小学袁甜甜老师执教《设计和制作保温杯》(第一课时)

上课伊始，袁甜甜老师创设现实情境，抛出冷饮的保温问题引发讨论。接着，"'夏日奶茶铺'招标会"背景调动了学生的学习兴趣。设计环节，针对保温的奶茶杯，袁老师引导学生从多角度思考并确定设计方向。袁老师还建立了一个"材料市场"，学生讨论材料的选择并合作绘制奶茶杯的设计图。

完成设计图后，开展比稿会，学生展示设计图和参与组间评价。各小组根据意见和建议修改设计图后进入制作环节，按照设计方案领取材料，分工制作奶茶杯。各个小组大显身手，一个个别出心裁的奶茶杯吸引了在场所有老师的目光。(上课实录及教学设计略)

2. 工作室学员陈文浩老师执教《测试和改进保温杯》(第二课时)

陈文浩老师紧承奶茶铺招标会的情境，引导学生回顾保温杯的评价标准，讨论保温性的测试方法。测试环节，学生合作开展实验，测试奶茶杯的保温性能。各小组整理作品信息和汇报内容，准备展示。

展评环节，各小组逐一从奶茶杯的保温性、外观、便携性等方面进行展示介绍，组间评价和交流氛围热烈，精彩观点频出，体现了思维的激发和碰撞。改进环节，陈老师带领学生思考和总结提升保温性的有效方法，鼓励学生继续改进作品。最后，陈老师进行项目总结，根据评标结果宣布中标小组。课虽结束学生意犹未尽，思维的火花仍在飞溅。(上课实录略)

## 《测试和改进保温杯》教学设计

### 一、学习目标

科学观念:

·知道热的不良导体可以阻碍物体热量的获得,也可以减缓物体热量的散失。

·列举保温技术在生活中应用的例子。

科学思维:

·基于热传递的原理,分析保温杯的保温问题,从不同角度提出阻碍热传递的方法,比较分析不同材料的保温效果,在测试、评价和改进保温杯的过程中培养思维的系统性、创新性、批判性等。

探究实践:

·通过实验测试保温杯的保温性能,采用文字、画图、统计图表等方式展示设计方案和实验结果等,并基于证据不断改进保温杯的设计和制作。

态度责任:

·激发研究保温杯的兴趣,乐于不断进行优化和创新。

·愿意参与团队合作,以事实为依据交流、质疑和反思。

·体会保温技术给人类生活带来的便利,感受到科学家与工程师的工作可以推动科学的发展和技术的进步。

### 二、学习重难点

重点:在问题驱动下,经历"明确问题—设计方案—实施方案—检验作品—改进评价"的工程实践过程。

难点:在工程实践过程中,能基于科学原理或证据分析问题,提出解决问题的新思路、新方法。

### 三、教学准备

教师准备:白板、教学信息平台、展台、多媒体课件等。

为学生准备:学生制作好的塑料奶茶杯、电子温度计、装有100毫升冰水的烧杯、联网的平板电脑、学习记录单等。

### 四、教学过程

第一课时中,学生根据评价量表和材料要求等,制订好保温杯的设计方案,小组合作制作一个保温奶茶杯。

| 环节 | 师生活动 | 设计意图 |
|---|---|---|
| 导入 | **开场：介绍招标会背景**<br>·教师提醒各个小组将桌面材料全部收入材料盒中，只留下保温杯，准备好的小组才能参加招标会。<br>·教师提问：让我们回顾一下奶茶杯的评价指标有哪些？<br>·学生讨论保温性、便携性、美观性。<br>·教师介绍评分规则。 | ·紧承上课时奶茶铺招标会的情境，继续激发学生的学习热情。<br><br>·回顾奶茶杯的评价标准，为招标会做准备。 |
| 测试 | **学生主要活动：**<br>1.讨论测试保温性能的方法。<br>2.小组采用相同的量的冷水，使用电子温度计测量初始水温，8分钟后再次测量杯中水温，得到8分钟的温度变化曲线，根据评价标准确定保温等级；以上结果记录在检验单上，等级呈现在黑板上。<br>3.自评便携性和美观性，根据介绍范式，准备汇报内容。 | 分析变量控制，明确检验作品保温性能的方法。巡视过程中注意检查测量的规范性，确保公平比较。<br><br>利用保温性能分级直观比较各组奶茶杯的保温性，并对应相应的材料组合、造价，有助于后续分析。 |
| 展评 | **学生活动：小组展示和组间评价**<br>保温性排前三的小组上台展示介绍作品，实物和检验单照片投屏。每组介绍时间约1分钟，组间答辩时间约2分钟。其他学生可以向该组提问设计依据，或是质疑设计的科学性、杯子便携性或美观性，或是提出建议，等等。同时，展示过程中其他小组利用评价量表为该组作品的便携性和美观性评分。<br><br>**介绍范式：**<br>大家好！我们团队奶茶杯的制作方法是_____，总造价为_____元，保温性能达到_____级。在设计制作过程中，我们做过调整_____，原因是_____。奶茶杯有以下亮点：_____。<br>这_____（符合/不符合）我们的预期，我觉得成功的地方/不足在于_____，接下来的改进思路是_____。<br>请大家建议，谢谢！ | 作品展示和比较的过程中，能够引导学生比较分析不同的保温方法和保温材料，进一步思考奶茶杯的综合性，制造更多的思维碰撞，诱发更多新的问题和想法，有助于学生发展认知，思考改进自身或他人的作品。同时，将评价活动融入汇报活动中，创造生生互评的氛围。<br><br>介绍范式帮助学生整理思路，提炼重点，提高汇报效率。 |
| 改进 | **1.分析改进**<br>教师提问：大家认为隔热保温的方法有哪些？（追问：奶茶杯还可以怎样改进？）<br>学生活动：与老师和其他同学交流认识。<br>教师根据研讨内容延伸问题，学生交流改进思路。<br>**2.宣布中标**<br>公布入围小组中评分最高的小组为招标会的中标组，与奶茶店签约。<br>**3.总结**<br>结语：今天大家在设计制作奶茶杯的过程中表现得就像工程师一样，经历了"任务—设计—制作—测试—展评—改进"的工程实践过程。我相信，没有最好的奶茶杯，只有更好的奶茶杯，请大家继续完善作品，期待下次脱颖而出的作品。 | 回顾项目中各个小组的精彩表现，联系本单元的重要概念，引导学生结合之前的实践和研讨活动，强化科学概念的应用，引导学生树立不断改进作品的意识。<br><br>重温本次的工程实践步骤，强调工程思维，鼓励学生像工程师一样解决问题。 |

### 五、板书设计（两课时）

《设计和制作保温杯》及《测试和改进保温杯》课堂现场板书

## 环节二：专家讲座

广东省特级教师、深圳市小学科学名师工作室主持人潘翠君老师在现场做了题为《关注全体学生，促进思维发展》的讲座。潘老师先用新课标中的关键词提醒老师们关注小学科学课的基本要求，然后介绍了工作室正在进行的市级课题《基于课堂观察大数据的教学行为改进研究》，简要介绍了 S-T 分析、"四何"问题分析、老师有效性提问与回应等几项课堂观察方法及相关的数据分析与指导意义，建议老师们通过提升"若何"问题的比例、适时邀请"不举手"学生回答问题、适当增加"追问"和"邀请学生评价"等回应方式，更好地培养学生的科学思维，并努力做到"关注全体学生"。

## 环节三：评课研讨

### 一、工作室团队基于课堂观察数据的评课

由我们工作室成员组成的课堂观察团队分成三个小组，从不同的维度进行了现场的数据采集与分析，然后由组长作为代表，进行展示和汇报。

1.S-T 观察分析

彭杨康老师代表"S-T 观察"小组进行汇报。该观察小组的成员按 30 秒的采样间隔，对两节课进行了 S-T 行为的数据采集和统计，详见表 4-3-1、表 4-3-2。从两节课的 S-T 折线图（见图 4-3-1）来看，纵轴上都出现了

几段连续的长直线，这说明课上有多次的学生长时间自主探究活动；从图4-3-2（Rt-Ch 图）来看，袁老师的课属于"练习型"课堂，主要活动为学生设计和制作；陈老师的课属于"混合型"课堂，主要活动为学生测试、评价、交流。另外，两节课的学生行为占有率都高于常模数据，这表明两节课都很好地体现了以学生为主体的教学理念。

表4-3-1《设计和制作保温杯》课例"S-T 观察"数据表

| 间隔 | 30s | 师生行为转换率（Ch） | 12.00%（低于常模数据） |
|---|---|---|---|
| T行为个数 | 21 | T行为占有率（Rt） | 21.00%（低于常模数据） |
| S行为个数 | 79 | S行为占有率（Rs） | 79.00%（高于常模数据） |

表4-3-2《测试和改进保温杯》课例"S-T 观察"数据表

| 间隔 | 30s | 师生行为转换率（Ch） | 14.29%（低于常模数据） |
|---|---|---|---|
| T行为个数 | 33 | T行为占有率（Rt） | 33.67%（低于常模数据） |
| S行为个数 | 65 | S行为占有率（Rs） | 66.33%（高于常模数据） |

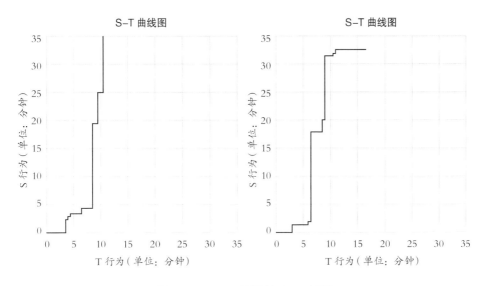

图4-3-1　两节课的 S-T 折线

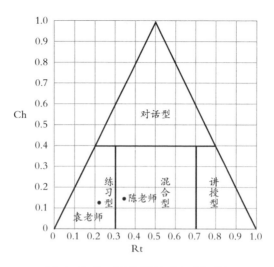

图 4-3-2　两节课的 Rt-Ch 图

（2）课堂对话方式及回应分析

郭曼曼老师代表"课堂对话方式及回应"观察小组，就陈文浩老师的
《测试和改进保温杯》一课的观察数据进行了汇报。从表 4-3-3 的数据可以
看出，在"教师挑选回答问题的方式"这一项中，"叫未举手者答"和"鼓
励学生提出问题"的比例均高于全国常模数据，这是值得肯定的，说明陈老
师能关注全体学生（尤其是没有举手的学生）并且能注重对学生的问题意识
的培养。从表 4-3-4 的数据来看，本节课的"学生回答方式"中，"讨论后
汇报"的比例超过全国常模数据，对于科学课而言，"讨论后汇报"的方式
是值得提倡的，有利于让更多的学生参与问题的解决过程，促进学生的思维
发展。从表 4-3-5 的"教师回应态度"来看，"追问"的比例高达 34.62%
（远超常模数据），这对于学生的思维发展是很有帮助的。从表 4-3-6 的"教
师回应方式"来看，"非言语回应"的比例超过 20%（高于常模数据），表
明陈老师善于运用肢体语言来回应学生，能吸引学生的注意，调动他们的学
习积极性。需要注意的是，本节课中观察记录到的"无回应"和"打断学生
回答或代答"的次数分别为 3 次和 6 次，高于常模数据，这提醒教师在课上
要以恰当的态度来回应学生，尽可能避免"无回应"现象，也尽量不要打断
学生的回答。在发现学生的回答不合理时，可以给予引导、提示，鼓励学生
继续思考后补充和修正。

#### 表4-3-3　"教师挑选回答问题的方式"数据表

| 项目 | 类别 | 数据个数 | 所占比例 | 与全国常模数据比较 |
|---|---|---|---|---|
| 教师挑选回答问题的方式 | 点名提问 | 1 | 1.92% | 高于 |
| | 让学生齐答 | 6 | 11.54% | 低于 |
| | 叫举手者答 | 36 | 69.23% | 高于 |
| | 叫未举手者答 | 2 | 3.85% | 高于 |
| | 鼓励学生提出问题 | 7 | 13.46% | 高于 |
| | 总计 | 52 | | |

#### 表4-3-4　"学生回答方式"数据表

| 项目 | 类别 | 数据个数 | 所占比例 | 与常模数据比较 |
|---|---|---|---|---|
| 学生回答方式 | 集体齐答 | 1 | 1.92% | 低于 |
| | 讨论后汇报 | 7 | 13.46% | 高于 |
| | 个别回答 | 39 | 75.0% | 高于 |
| | 自由答 | 5 | 9.62% | 高于 |
| | 总计 | 52 | | |

#### 表4-3-5　"教师回应态度"数据表

| 项目 | 类别 | 数据个数 | 所占比例 | 与常模数据比较 |
|---|---|---|---|---|
| 教师回应态度 | 肯定回应 | 24 | 46.15% | 低于 |
| | 否定回应 | 1 | 1.92% | 低于 |
| | 无回应 | 3 | 5.77% | 高于 |
| | 打断学生回答或代答 | 6 | 11.54% | 高于 |
| | 追问 | 18 | 34.62% | 高于 |
| | 总计 | 52 | | |

#### 表4-3-6　"教师回应方式"数据表

| 项目 | 类别 | 数据个数 | 所占比例 | 与常模数据比较 |
|---|---|---|---|---|
| 教师回应方式 | 言语回应 | 41 | 78.8% | 低于 |
| | 非言语回应 | 11 | 21.2% | 高于 |
| | 总计 | 52 | | |

（3）"四何"问题分析

林惠老师代表"四何"问题观察小组，就陈文浩老师的《测试和改进保温杯》一课的观察数据进行了汇报。从表4-3-7的数据可以发现，陈老师在课中共提出了40个问题，其中，"是何"问题、"如何"问题和"若何"问题的比例高于常模数据，"为何"问题的比例低于常模数据。在本节课中，我们能够感觉到，陈老师在课上提出的一些"如何"问题及"若何"问题都很好地契合了核心内容，对于培养学生的高阶思维能力大有帮助。从这一点上看，陈老师在课上提出的问题是经过了精心设计的。建议陈老师还可对核心问题的设计进一步优化，适当减少"是何"问题、增加"为何"问题。

表4-3-7　"四何"问题观察数据表

| 问题类型 | 数据个数 | 所占比例 | 与常模数据比较 |
|---|---|---|---|
| "是何"问题 | 28 | 70.00% | 高于 |
| "为何"问题 | 3 | 7.50% | 低于 |
| "如何"问题 | 6 | 15.00% | 高于 |
| "若何"问题 | 3 | 7.50% | 高于 |
| 总数 | | 40 | |

## 二、专家点评

本次活动的最后环节是专家点评。深圳市小学科学教研员童海云老师将两位授课老师请上讲台，与两位老师进行了幽默有趣的对话交流，通过激发自审和内省的方式让两位年轻的科学老师明白，在这节课中应该平衡好"教师"和"老板"的角色，适时进行角色转换，发挥教师的指导作用。童老师还对我们工作室团队成员采用的课堂观察方法表达了浓厚的兴趣，认为对"四何"问题、"教师回应"等方面的观察、统计和分析，一定程度上能够反映教师对学生的思维引导情况，根据数据结果可以对教学过程进行优化。同时强调，工程实践课程应浸透工程思维，教师要善于引导学生在实践中不断发现问题、不断改进。

龙华区小学科学教研员熊诗莹老师认为两名授课教师为学生搭建了丰富的学习支架，有效促进了学生工程思维的发展。熊老师肯定了我们工作室开展的课堂观察研究，各个评课小组运用定量的课堂观察分析方法，从不同角度诊断了课堂，提出了宝贵的改进建议。

本次教研活动呈现了以生为本的工程实践课堂，我们工作室为课堂教学行为的改进提供了多维度的策略，能促进小学科学教师在实施工程实践项目中更好地发展学生的科学思维。这次活动也是我们工作室团队成员第三次参与现场课堂观察实践，为课题研究积累了大量实践素材和经验。

## 第四节 再接再厉：工作室团队第四次用数据评课的展示

经过前三场现场教研活动的评课"实战"，工作室的老师们积累了一定的用数据评课的经验，进行现场数据的采集和汇总与分析的速度有所提升，提出的教学行为改进建议也更加科学。为此，我们再接再厉。2023 年 10 月 19 日下午，在以"践行科学探究实践 关注学生思维发展"为主题的宝安区 2023—2024 学年上学期"万名教师晒好课"现场教研活动中，工作室团队进行了第四次基于课堂观察数据的现场评课展示活动。参加此次活动的，除了我们工作室全体人员之外，还有宝安小学集团各校及周边其他兄弟学校的科学老师 60 多人。此外，特邀专家吴向东老师及翻身小学的有关领导也出席了此次活动。

## 一、课例展示

本次教研活动共有两位老师执教展示课：工作室学员、翻身小学张艾妮老师执教六年级上册的《我们的地球模型》；翻身小学邱杏老师执教四年级上册《营养要均衡》。

### 1. 第一节展示课：《我们的地球模型》（张艾妮老师执教）

课前，张老师播放了"跟随神舟十二号飞船俯瞰神州大地"的视频，邀请同学们一起感受不同视角的地球，领略地球之美并感悟宇航员的伟大。上课伊始，张老师用地球的演变过程创设情境，接着通过任务驱动，引导学生制作并改进地球模型，让学生实现思维进阶。任务一：提炼信息。学生以小组合作的形式，通过阅读资料卡和世界地形图，提取关键信息。张老师对教材进行了一些处理，拓展介绍了赤道、南北极、七大洲等地理信息，以提升学生学习的深度。接着，张老师给学生提供了精心准备的结构化的材料，指导学生开始第二项任务——地球模型的制作。经历了紧锣密鼓的小组合作之后，张老师组织学生以小组为单位开展作品展示、交流研讨活动，以便改进"我们的地球模型"。通过生动有趣的学生展示、师生互动和生生互动，学生对制作的地球模型进行自评和他评，为进一步改进地球模型提供了更多思路。

## 《我们的地球模型》教学设计

### 一、教材分析

本课是教科版六年级上册《地球的运动》单元的第 1 课。本课作为起始课引入了在这一领域常用的学习工具——模型，来帮助学生进行学习。教材分为三个环节：环节一，梳理已知的地球知识，为模型制作做准备；环节二，制作三种地球模型；环节三，展示、对比、评价三种地球模型。

本课作为单元的起始课，能让老师了解学生的前概念，激励学生探究新知；同时也能让学生归纳总结已知的地球内部结构、地球海陆分布等知识，认识模型在学习"宇宙中的地球"这一内容时所起的重要作用。所以本课既是本单元知识学习的奠基，也是本单元学习方法的奠基。

### 二、学情分析

科学观念方面：学生们在三年级已学习海陆面积比、五年级上册已初步学习地球的形状、结构、运动等知识，但对地球的其他方面认识较少；科学思维方面：学生已有初步建模的思维，但对完整的建模过程比较模糊，对客观事物进行抽象和概括的能力较弱。

### 三、教学目标

科学观念：通过观察世界地形图和制作地球海陆模型等，识别和了解地球的相关知识，把模型建构应用到地球知识的学习当中。

科学思维：运用模型建构的方法将一类或多类知识表达在模型上。

探究实践：在模型制作的过程中，能把抽象的地球知识准确地表达到模型中。在交流讨论中，能准确表达观点，反思制作过程及结果。

态度责任：在模型展示、比较、评价之后，感知模型在科学研究中的意义，能不断改进自己的模型并应用到后续的研究中；能对"宇宙中的地球"这一内容的探究保持好奇心与探究热情。

### 四、教学重难点

重点：利用经验和事实，动手制作能表达地球相关知识的地球模型，并对模型进行分析、解释。

难点：能用模型准确、科学地表述自己所了解的地球知识。

五、教学准备

为学生准备：泡沫球、世界地形图、七大洲模板、超轻黏土、固体胶、学习单等。

教师准备：教学课件、班级作品展示台、板书等。

六、教学过程

（一）聚焦

1. 课前预热：上课之前，我们跟随神舟十二号俯瞰神州大地，感受我们生活的家园——地球。

2. 导入：

师：地球充满着勃勃生机，我们非常羡慕航天员们有更高的视角领略地球的雄伟壮丽，同学们，学好科学，或许若干年后，我们中的某一位也能成长为一名光荣的宇航员，为国争光。来，同学们请看这里，猜猜这是什么？（指屏幕上的图片）

生：地球；充满海水的地球等。

师：现在的地球与它相比，有什么不同？

生：出现了陆地；有海洋又有陆地等。

师：是的，在30多亿年前，地球几乎被海洋覆盖，又经过数十亿年的变化，陆地面积逐渐增加，才成为现在这样。

【设计意图】课前通过播放视频，调节课堂氛围。导入环节介绍地球的演变过程，激发学生的探究欲。

（二）探索

活动一：设计、制作"我们的地球模型"

1. 师：老师提供了一个覆盖海洋的原始地球模型，请你们把它变成"现在的地球"，制作之前，请你们想一想，需要哪些材料？

生：学习资料、制作陆地用的材料、地形图等。

2. 师：接下来，利用老师提供的资料（阅读材料、世界地形图），提炼出你们需要的信息。给大家五分钟时间，阅读、提炼，完成记录单第一环节"提炼信息"部分。请组长拿出这三种资料，并开始活动。

（学生以小组为单位进行学习和讨论）

3. 师：接下来，我们要完成最重要的一步——制作地球模型。老师提供了这些材料，但请大家注意，材料中有粘了绿色黏土的七大洲模块，可直接使用。要把平面图形变得立体，对我们来说是一个挑战。大家思考，如何正确确定好七大洲的位置？

生：找到赤道、北极参照点等。

师：第一步，确定七大洲的位置；第二步，将七大洲用固体胶贴在对应的位置；第三步，如果有其他发现需要表达在地球模型上，请继续填写并实施。请大家按照分工完成各自的任务。

【设计意图】本环节通过师生对话的方式，让学生清楚地知晓制作模型的细节；再通过动手制作，让学生把已知的地球信息表达在模型中，并在制作过程中不断强化与内化知识。

**活动二：交流、展示、评价"我们的地球模型"**

1. 师：各小组差不多都完成了模型的制作，请组长把地球模型放到上面展台对应的位置，其他成员收拾材料。

（组长将本组的"作品"放在展示架上）

2. 师：现在请同学们继续完成记录单上最后一部分。

（学生填写记录单）

3. 师：接下来进入交流展示环节，请各小组到台上进行分享。

（一个小组的全体成员上台，介绍本组的作品）

4. 师：先请刚才这个小组进行自我评价，请用两到三个词对本小组的地球仪进行评价，并写在黑板上；其他小组是否有疑惑或建议，可以举手提问。

（学生互动）

（几个小组轮流上台介绍，其他小组的同学可以发表评论或提出改进意见）

【设计意图】让学生小组上台展示并介绍模型的制作情况，相互进行交流与评价，既展示了学生的学习成果，又进行了思维的碰撞，培养了学生的创新思维能力。

**（三）总结**

师：我们今天就像科学家那样，根据已有的资料和信息，制作出初步的模型，在交流过程中，我们得到了一些新的知识与信息，课后同学们还可以对地球模型进行修正。

**（四）拓展**

1. 师：我们今天制作的"地球海陆分布模型"可以永久使用吗？请说说你的理由。

生：不能，因为有很多原因会导致地形发生改变，如地震、火山、板块漂移等。

2. 师：是的，地球是在不断发展变化的。思考一下：后续的学习中，还可以利用你制作的地球模型，继续探索哪些问题呢？

生：运动、年龄等。

**（五）板书设计**

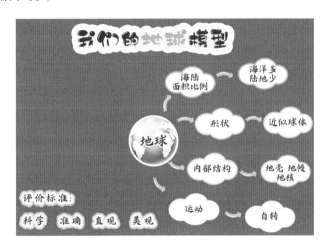

2. 第二节展示课：《营养要均衡》（邱杏老师执教）

课前，邱老师通过"击鼓传花"这一趣味性活动，带领同学们回顾不同食物中有哪些营养成分，很快就调动了学生的积极性。紧接着，邱老师情景化地导入新课——请学生变身为小小营养师，给小新一家设计营养食谱，从而引出本节课的主要活动——小小营养师比赛。

初赛：让学生利用印有食物图案的贴纸初步设计食谱，通过师生互动对各组设计的食谱进行评价，从而让学生进一步明确了健康食谱的特点；决赛：小组选出组内最佳食谱设计作品，加以改进后，再利用老师提供的食物微缩模型等材料展示本组设计的营养食谱，并给学生提供"锦囊"，帮助学生有理有据地展示本组设计的食谱的优点。

展示过后，邱老师邀请在场听课老师们担任评委选出最佳食谱。邀请在场的两位专家吴向东老师和潘翠君老师为获得最多票数的"最佳食谱"小组颁发奖状。这一活动将课堂气氛推向了高潮。（教学设计略）

## 二、评课议课

### （一）基于课堂观察数据的评课

由于在听课现场采集的数据需要一定的时间来进行汇总和分析，并整理成 PPT 文稿才能进行展示，因此，本次的"数据评课"只针对第一节课（张艾妮老师上的《我们的地球模型》）来进行。

工作室承担此次评课任务的老师同样是分为三个小组来进行不同维度的课堂观察，然后将现场生成的 PPT 课件拷入电脑，由三个小组的代表分别上台进行讲解和展示。

#### 1.S-T 观察

负责此项观察的是金熠樵小组（组员：陈文浩、彭杨康、程彦）。在听课过程中，小组成员分工协作、全神贯注地进行了现场数据采集，随后立即对数据进行信度的检验及相关的处理和分析，然后绘制成图像进行可视化的呈现（图 4-4-1、图 4-4-2）。

金熠樵老师代表小组根据整理的数据进行了汇报：

①将采集的原始数据进行信度检验，计算出一致性系数为 0.89，说明三位观察员记录的数据可信程度较大。对于争议数据，通过"取众数"的方法来处理。

②由图 4-4-1 可以看出，曲线图像整体靠近 S 轴，且 S 行为呈现明显的长直线，这反映出本节课是以学生活动为主，穿插了少量的教师行为。

③由图 4-4-2 可看出 Rt 值（教师行为占有率）偏低，说明教师没有讲解太多，而是将较多的课堂时间给了学生，引导学生在动手实践和积极思考中去感悟科学；另外，本节课的 Ch 值适中，也说明课上师生的互动交流频次适中，教师较好地发挥了点拨和指导的作用。

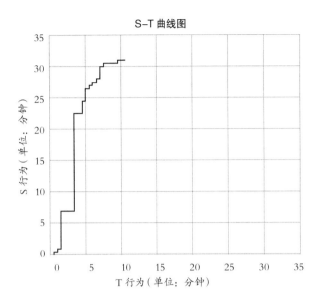

图 4-4-1　S-T 曲线图

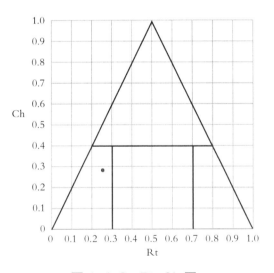

图 4-4-2　Rt-Ch 图

## 2. 课堂对话方式及回应分析

此项观察由工作室学员刘秀春老师带领的小组（组员：范营媛、郑仪、秦小青）负责进行。经过认真的数据采集和处理之后，得到了如下的数据统计表（表 4-4-1）。

表4-4-1    "课堂对话方式及回应"数据统计

| 观察维度 | | 频数 | 百分比 | 与全国常模数据的比较 |
|---|---|---|---|---|
| 教师挑选回答问题的方式 | 提问前先点名 | 0 | 0 | 低于 |
| | 让学生齐答或自由答 | 3 | 14.3% | 低于 |
| | 叫举手者答 | 15 | 71.4% | 高于 |
| | 叫未举手者答 | 1 | 4.8% | 略高 |
| | 鼓励学生提出问题 | 2 | 9.5% | 高于 |
| 学生回答方式 | 集体齐答 | 2 | 9.5% | 低于 |
| | 讨论后汇报 | 2 | 9.5% | 高于 |
| | 个别回答 | 16 | 76.2% | 高于 |
| | 自由答 | 1 | 4.8% | 低于 |
| 教师回应的态度 | 肯定回应 | 15 | 71.4% | 低于 |
| | 否定回应 | 0 | 0 | 低于 |
| | 无回应 | 2 | 9.5% | 高于 |
| | 打断回答或教师代答 | 0 | 0 | 低于 |
| | 追问 | 4 | 19.0% | 高于 |
| 教师回应的方式 | 言语回应 | 19 | 90.5% | 接近 |
| | 非言语回应 | 2 | 9.5% | 接近 |

刘秀春老师代表小组成员进行了汇报：

（1）从教师挑选回答问题的方式看，"叫举手者答""叫未举手者答""鼓励学生提出问题"等数据均高于全国常模数据，说明张老师在课上充分体现了"以学生为主体、面向全体学生"的教学理念，不仅关注爱举手的学生，还尽量让未举手的学生参与课堂中；同时还能鼓励学生提出问题，调动学生的积极性，有助于培养学生的科学思维。

（2）从学生回答方式的统计数据来看，"讨论后汇报"的比例均高于全国常模数据，表明张老师在课上注重组织学生开展小组合作学习，给予学生充分的时间进行讨论和交流，这是一种值得提倡的做法，也符合新课标的理念。不过，"集体齐答""自由回答"的比例略低，可能与学生在公开课上略显紧张有关，建议老师可以适当调节一下课堂气氛，让学生放松一些、有机会自由表达自己的观点。

（3）从教师回应态度以及回应方式来看，"追问"的比例高于全国常模数据，说明张老师在课堂中注重对学生的思维培养，通过适当的追问和点拨，给学生提供更多的思考空间，增加思维的深度。不过，本节课中还记录到两次"无回应"的情况，需要教师引起注意。对于学生的回答，无论正确与否，老师都应该通过恰当的方式给予回应，以提高学生参与学习的积极性。

### 3."四何"问题观察

此项观察是由工作室学员曹春燕老师带领的观察小组（组员：王美慧、林惠、林倩如）负责进行的。听课时小组成员认真记录张老师在课上提出的问题，并根据关键词判断问题的类型，最后整理成数据统计表（见表4-4-3）。

表4-4-3 "四何"问题数据统计

| 问题类型 | 问题个数 | 所占比例 | 与全国常模相比 |
| --- | --- | --- | --- |
| "是何"问题 | 5 | 62.5% | 低于 |
| "为何"问题 | 1 | 12.5% | 高于 |
| "如何"问题 | 2 | 25.0% | 高于 |
| "若何"问题 | 0 | 0 | 低于 |

曹春燕老师代表小组进行了汇报：

（1）本节课教师提出的"四何"问题的数量并不多，但能聚焦关键问题，有效推动了课堂进程。"是何"问题的比例低于全国常模数据、"为何"问题和"如何"问题的比例高于全国常模数据。观察小组的老师认为，适当减少"是何"问题，增加"为何"问题和"如何"问题，符合六年级学生的认知发展水平，也与本课的教学内容相匹配。

（2）本节课没有采集到"若何"问题，有点遗憾。建议张老师在进行问题设计时，适当增加"若何"问题，以培养学生的创新思维。具体实施时，可以将课堂中老师提出的"非四何"问题，改变表述方式，加上明确的问题引导词即可。例如，课上老师问："今天制作的地球模型能永久使用吗？说一说你的理由。"像这样表述的问题，在做"四何"问题观察时，不属于"四何"中的任何"一何"，一般不统计，而且，这样的问题表达方式也不利于学生的思考；假如变换一下，将问题改成"如果时间推移到几万年后，今天制作的地球模型还能继续使用吗？为什么？"——这样的问题就是典型的

"若何"问题。这也提醒老师们在进行问题设计时，要注意语言的规范和准确，提出的问题应清晰明了，便于学生思考和回答。

### （二）现场听课教师的定性评课

翻身小学张琬祺老师从核心概念构建的角度对两节课进行了定性评价，充分肯定了两节课在教材处理、材料创新、教学环节的精心设计等方面的优点，也提出了值得继续研讨的问题。

### （三）专家点评

本次活动的特邀专家吴向东老师指出，在课堂上教师适时恰当地提出问题是推进教学的重要抓手，同时引导学生提问和质疑也是课堂中极为重要的部分。潘老师的名师工作室团队成员基于"课堂观察数据"开展的"西医式"诊断，通过一项项数据的统计与分析，让老师关注问题的设计、关注学生的问题意识培养，促进课堂教学的优化，这样的教学研讨活动很有价值。接着，吴老师针对本次活动的另一节展示课（《营养要均衡》）提供了几个锦囊妙计。例如，可以将卡路里的计算引入教学内容，增加趣味性和学科融合性，让学生的认知不只停留在"要荤素搭配"的日常经验层面；还可以借助信息化工具（如电脑、iPad 等）、手机 APP（如薄荷健康）进行信息化教学。

## 第五节 "现场展示"背后的"实战"策略

经历了四次基于课堂观察数据的现场评课展示之后，工作室的评课团队总结摸索出了一些"实战"策略。

### 一、提前做好筹备工作

进行现场"数据"评课展示的难题之一是时间紧迫，必须提前做好各项准备工作。

### （一）组建团队

当教研活动的时间及内容确定之后，"现场观课团队"的组建工作也要马上进行。可以根据观察项目设置相应的小组，我们拟定的观察项目有"S-T观察"、"四何"问题观察、"课堂对话方式与教师回应观察"三大类，因此，现场观课团队也分为三个小组，指定负责人（组长），每组有3～4名组员。组长领到任务之后，通常会组建小组讨论群，在小组内部进行任务分配，让每位组员明确自己的职责，做好相应的准备。

### （二）提前培训

在正式的教研活动开始之前，工作室主持人潘老师通常会召开1～2次筹备会议，集中对备课团队和评课团队的骨干成员进行必要的培训，提醒做好各项准备工作：

（1）再次进行课堂观察方法的学习，对于有疑难的问题进行商讨。

（2）熟悉研讨课的教学内容，对照课程标准、单元目标、课时目标，与授课教师一起讨论并完善教学设计。同时，授课教师须提前1～2天写好教学设计（最好是上课用的逐字稿，尤其要写出课堂上拟提出的问题），发给评课团队的老师，以方便他们在课上进行数据采集。

（3）负责现场汇报的老师要提前做好PPT的框架模板，以节省现场展示时的准备时间。

（4）材料的准备：各个课堂观察小组要自行打印现场数据采集时需要用到的各种表格；每个小组至少要携带一台手提电脑到现场，提前拷贝工作室研发的表格工具的电子版，以便在短时间内迅速进行相关数据统计；必备一个U盘，以便从手提电脑上拷贝制作好的PPT课件进行现场讲解和展示。

### （三）预留时间

现场评课的所有的数据都是现场生成，且要进行数据处理、制作PPT等准备工作，因此，从上课结束到"数据"评课的现场汇报，至少要有半小时的时间。这就要求活动组织者在安排整场活动的流程时一定要预留这段时间。这期间可以进行相关的其他活动，如授课教师的反思、现场听课老师的定性评课或专家讲座等。

## 二、现场"实战"操作要点

### （一）S-T 观察法的数据采集与处理

#### 1. 统一计时

采集 S-T 分析法的数据，要确保观察起止时间的一致性，从而确保数据的准确。通常安排 3～4 人同时观察，从老师喊"上课"开始，每隔 30 秒采集一次数据。可以利用手机上的"计时器"或"秒表"工具同步开始记录，或者几人共同参照同一"计时装置"。

#### 2. 精准判断 S、T 行为类别

观察员要精准判断每个采样点的教学行为类别，在记录表的时间轴的对应位置分别填入"T"或"S"，从而获得与时间相关的 S-T 序列，简称 S-T 数据。

例如，观察者在时间为 1 分钟的采样点观察到授课教师正在讲话，那就在记录表上 1 分钟时长对应的"行为记录"处写上记录"T"。同理，如果观察者在时长为 2.5 分钟时的采样点观察到的是学生在回答教师提出的问题，则需要在记录表上 2.5 分钟对应的"行为记录"处记录"S"，从而形成相关的时间 - 行为序列。（见表 4-5-1）。

表 4-5-1　S-T 观察法记录表

| 时间（分钟） | 行为记录 |
| --- | --- |
| 0.5 | T |
| 1 | T |
| 1.5 | S |
| 2 | T |
| 2.5 | S |

#### 3. 检验一致性

当有多名观察者同时进行 S-T 观察时，常常会对某些采样点的行为判断存在争议，因此，对已经获取的 S-T 数据进行信度检验是必要的。如果对信度系数的要求较高，且有充足的时间，则可以将多位观察员的原始数据录入相关软件，进行信度检验。在现场观察时间紧张的情况下，可以采用简单的方法，即计算一致性系数替代信度系数。一致性系数计算方法是：用相同数据的个数除以采样的总个数。

比如，一节课的时长为40分钟，共有80个数据；三位观察员全部相同的数据有72个，72/80=0.9，即一致性系数为0.9，这是非常高的（通常认为一致性系数在0.8～1.0区间，可以继续下一步的数据处理）。当然，如果一致性系数偏低（比如低于0.6），说明在测量过程中存在较大失误，原因可能是观察者对该方法的掌握不够熟练，对教学行为的判断不够准确，也可能是观察者由于各种原因（观察者不够专注、观察开始时间不同步等）造成的错位，从而导致大量数据的不一致。一致性系数偏低时观察者应再次接受相关的培训学习，强化对课堂教学行为的判断，并回放录像重新进行观察与测量，同时应安排计时员统一定时提醒观察，减少时间错位造成的影响。

我们工作室已经进行的四次现场“定量”观课，S–T数据一致性系数都较高（0.7～0.9），观察数据可以直接使用。

为了节省一致性系数的计算时间，方便现场操作，我们工作室团队成员专门研发了计算软件，只要在Excel表格中输入原始观察数据，即可自动计算出相同数据和总数据，并算出一致性系数（如图4–5–1）。此外，“最终结果”这一列的数据，是对三位观察员的原始记录处理之后得到的最终数据。如果三人的记录相同，则不需选择，直接复制；如果三人对某一时刻教学行为的判断结果存在差异，则按“取众数”的原则确定最终数据。比如：在某一采样点的数据，2人记为“T”，1人记为“S”，则判定最终数据为“T”。（如图4–5–1）

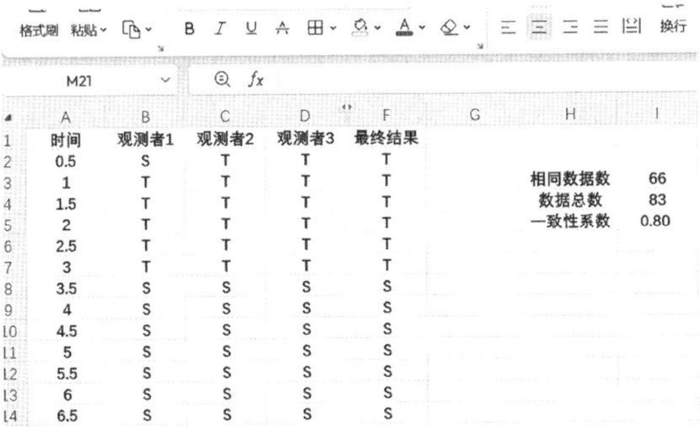

| 时间 | 观测者1 | 观测者2 | 观测者3 | 最终结果 | | |
|---|---|---|---|---|---|---|
| 0.5 | S | T | T | T | | |
| 1 | T | T | T | T | 相同数据数 | 66 |
| 1.5 | T | T | T | T | 数据总数 | 83 |
| 2 | T | T | T | T | 一致性系数 | 0.80 |
| 2.5 | T | T | T | T | | |
| 3 | T | T | T | T | | |
| 3.5 | S | S | S | S | | |
| 4 | S | S | S | S | | |
| 4.5 | S | S | S | S | | |
| 5 | S | S | S | S | | |
| 5.5 | S | S | S | S | | |
| 6 | S | S | S | S | | |
| 6.5 | S | S | S | S | | |

图4–5–1　一致性系数的简单计算界面

4. 将数据可视化

经过一致性检验（信度检验）及处理后的最终数据，可以根据时间节点，按顺序导入S–T分析工具中，经过统计与计算生成一系列的相关数据，然后对本节课进行绘图分析，实现教学结果可视化的目的。

　　举例来说，如图 4-5-2（1）所示，可将每个时间节点的行为记录符号录入 S-T 分析工具中，即可自动绘制出图 4-5-2（2）所示的 S-T 曲线图。

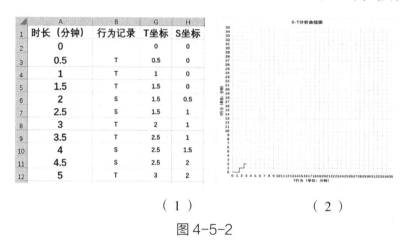

（1）　　　　　　　　　　　　　（2）

图 4-5-2

　　除此之外，S-T 分析工具还可以自动统计得出 T 行为个数 Nt、S 行为个数 Ns、采样行为总数 N 和连数 g 等直接数据，计算出与本节课课型判断相关的两个重要数据——师生行为转换率 Ch 和 T 行为占有率 Rt。得出这两个数据之后，就可以在以 Rt 为横轴、以 Ch 为纵轴的坐标图上进行描点（图 4-5-3），然后根据这个点所在的位置，确定本节课的课型。

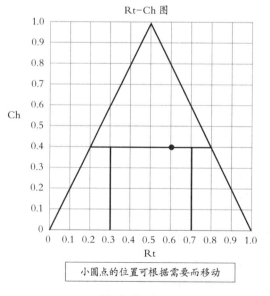

图 4-5-3

### （二）关于"四何"问题及"课堂对话方式"的数据采集

#### 1. 录音备查

准备好录音笔或利用手机的录音功能，将老师在课上讲话的声音全程录下（在学生进行小组实验或长时间研讨时可不录音），后期可通过"语音转文字"功能，帮助判定问题的类型。

#### 2. 问题简记

在做"四何"问题的数据采集时，要按顺序把上课老师提的问题用关键词简要记录下来，找合适的时机（比如学生实验或小组活动时）再把句子补充完整，并判断问题的类型；对于没有特定的引导词、不属于"四何"问题的问句，要注意剔除，不作统计。

#### 3. "正"字计数

对于课堂对话方式中的几个项目的数据采集，由观察者在表格上直接画"正"字记数，后期再统计数据。

#### 4. 多人协同

每一项观察内容要有 2 ～ 4 人负责，每位观察者应专注于所负责的观察维度。观察结束后要进行数据比对，对于有争议的数据，可通过录音回溯来确定，或者采用"取众数法"确定。

#### 5. 导入模板

完成记录后，将数据输入预设好计算公式的 Excel 表格中，可自动生成计算结果，减少了人工计算的工作量。

### （三）关于现场生成数据的分析解读

在教研活动现场进行"定量"评课展示的关键点是，对现场获得的数据进行分析和解读、给出诊断意见并提出改进教学行为的合理化建议。要做好这项工作，需注意以下两点：

第一，深刻领会每项观察任务的内涵。

作为课堂观察团队的成员，每位老师都要深刻领会 S–T 观察、"四何"问题观察、课堂对话方式观察等项目的内涵（详见第二章）。因此，在准备阶段，每位承担观察任务的成员，都要提前复习相关的内容，并与有"实战"经验的同伴研讨，真正做到心中有数。

第二，结合学科特点和学生的年龄特征，科学看待数据。

在对数据进行评价时，一般会比照小学综合学科（除语数英以外的其他学科）的全国常模数据，看看是"高于"还是"低于"或是"接近"。对于全国常模数据，我们要正确看待。首先，它只是一个参照，并不是标准；其次，它包含了小学的多个学科，而科学学科有其自身的特点；最后，年级不同，学生的认知水平有差异。因此，在看待课堂观察得到的数据时，无论是"高于"还是"低于"全国常模数据，都不能简单断定为"好"或是"不好"，要根据具体情况分析。

比如，在进行 S–T 观察时发现，科学课的 S–T 曲线图中往往会呈现 S 轴方向的长直线，这说明学生在课堂上有较长时间的小组合作学习或实验探究，而且从数据上来看，Rt（教师行为占有率）和 Ch（师生行为转换率）这两项的值会低于全国常模数据，这正是科学课的特点，且与新课标的要求相符合，因此，不能因为该项数据"低于"全国常模数据就评定为"不好"。

再比如，有些"负向"的指标（如"打断学生回答"或"无回应"等），若观察到的数据低于全国常模数据，是值得肯定的；有些"正向"的指标（如"讨论后汇报""追问""鼓励学生提出问题"等）在一定程度上高于全国常模数据，也是值得肯定的，因为这些做法有利于促进学生的科学素养形成。

因此，在现场评课时需要基于观察数据、依据新课程理念、结合学科特点和学生实际来综合考量，才能提出有针对性的教学改进建议。

# 第五章　借助 AI 诊断　提升教学效果

从前面已经进行的研究工作来看，虽然工作室的老师们对"定量"课堂观察技术有了一定程度的掌握，也对几位老师的一些课例进行了诊断并提出了改进建议，但总体来说，被诊断的人次不多，覆盖面较低；另外，即使是已被诊断过的老师，其教学行为是否出现了明显的改进，只有后续再次进行跟踪对比研究，才能找到答案。可是，工作室团队的老师们平时的教学工作任务很重，组织一次教研活动着实不易。有没有更好的解决之策呢？

机会来了。当时间的脚步迈入 2023 年，人工智能技术已开始在各行各业应用，王陆教授带领的"靠谱 COP"团队也研发了"AI 大数据分析系统"，可以高效快速地进行课堂教学行为诊断，而且成本较之前的人工诊断降低了很多。这就为工作室的课题研究开辟了新路径。于是，工作室决定聘请"靠谱 COP"团队为工作室的 15 位老师进行两轮课例诊断并给予指导，目的是看同一批老师在经过针对性的培训和指导之后，课堂教学行为是否能够发生明显的转变。两轮诊断均由工作室的成员（学员）自愿报名参加。

## 第一节　基于 AI 大数据的第一轮课例诊断

第一轮 AI 大数据课例诊断观察的样本课例是由 15 位老师提供的，这些课例均为之前已经录制好的常规课或公开课的上课录像，没有经过干预和指导。课例基本信息见表 5-1-1。

表 5-1-1　第一轮 AI 大数据诊断观察的样本课例信息表

| 序号 | 教师类型 | 年级 | 学期 | 课题 |
|---|---|---|---|---|
| 1 | 新手教师 | 四 | 下 | 导体和绝缘体 |
| 2 | 新手教师 | 五 | 上 | 光的传播 |
| 3 | 新手教师 | 五 | 下 | 温度不同的物体相互接触 |
| 4 | 新手教师 | 六 | 下 | 日食 |
| 5 | 新手教师 | 四 | 下 | 导体与绝缘体 |
| 6 | 新手教师 | 四 | 上 | 我们是怎样听到声音的 |
| 7 | 新手教师 | 五 | 下 | 温度不同的物体相互接触 |
| 8 | 新手教师 | 六 | 上 | 四季变化 |
| 9 | 胜任教师 | 六 | 上 | 我们的地球模型 |
| 10 | 胜任教师 | 三 | 上 | 空气有质量吗 |
| 11 | 胜任教师 | 三 | 上 | 我们来做热气球 |
| 12 | 胜任教师 | 一 | 下 | 书的历史 |
| 13 | 成熟教师 | 四 | 下 | 让小车动起来 |
| 14 | 成熟教师 | 五 | 上 | 机械摆钟 |
| 15 | 成熟教师 | 四 | 下 | 简单电路 |

　　15 位老师将上课录像制作成符合要求的课例视频，然后登录"靠谱知识平台"，将课例视频及教学设计等资料按要求上传到平台。"靠谱 COP"团队的专业人员利用 AI 课堂教学行为分析系统对老师上传的课例进行诊断分析（诊断维度包括教学模式、问题类型、教师回应、问题结构、学生问题意识培养、师生话语主题词等），并生成课例诊断报告。课例诊断报告中不仅有每一项课堂观察的具体数据，还有与全国常模数据的比较，以及依据得分排名评定的等级。等级评定标准为：进入全国同类课例的前 25% 为 A 等，前 26% ～ 60% 为 B 等，前 61% ～ 90% 为 C 等，90% 以后的为 D 等。课例诊断报告能清晰地表明这节课的优点和不足。

# 一、第一轮诊断的课例实录及诊断报告举例

## （一）上课实录举例

### 《四季变化》课堂实录

（授课老师：陈文浩；实录整理：陈文浩）

【师】同学们来看一看屏幕上的四幅照片，你观察到了什么？（"是何"问题）

【生】（举手者答）不同季节。

【师】春夏秋冬，最显著的差异是什么？（"是何"问题、记忆性问题）

【生】（举手者答）叶子的颜色。

【师】不同的季节，人有什么不同的感受？（"是何"问题、记忆性问题）

【生】（举手者答）夏天比较热，冬天比较冷。

【师】两位同学的回答，反映了四季变化对动物和植物的影响。那为什么会有一年四季的变化呢？有没有这个疑问？有过这个疑问的同学请举手。（"为何"问题、推理性问题）

（大多数学生举手）

【师】我们今天一起来探索一个问题：四季变化与什么有关？请同学说一说你的猜想。（"是何"问题、推理性问题）

【生】（举手者答）我觉得和地球本身有关。

【师】（追问）具体与地球的什么有关？

【生】（举手者答）自转。

【师】（追问）有不同的猜想吗？

【生】（举手者答）四季变化与太阳到地球的距离有关。

【师】各位同学拿出第一份材料，自主阅读3分钟。

**（学生活动：阅读资料）**

【师】请大家看第三部分，太阳离地球最近的地方是近日点，日地距离约为1.471亿千米，地球离太阳最远的地方是远日点，日地距离约为1.52亿千米。有新的想法了吗？（批判性问题）

【生】（举手者答）我认为四季更替应该和日地距离有关，在近日点，太

阳离地球近，应该是夏天，在远日点，太阳离地球远，应该是冬天。A 和 C 点分别是春天和秋天。

【师】（追问）为什么地球有时候离太阳近，有时候离太阳远？（"为何"问题、推理性问题）

【生】（举手者答）地球的自转。

【师】（追问）有其他观点吗？

【生】（举手者答）地球绕太阳公转，我认为是公转轨道造成的。

【师】地球的自转，会产生四季交替的结果吗？（推理性问题）

【生】（齐答）不会。

【师】（追问）地球的自转会产生什么？

【生】（齐答）昼夜交替。

【师】昼夜交替的周期是一天，24 小时。所以说，地球绕太阳公转，才能产生四季变化。谢谢两位同学的演示。

【师】地球绕太阳公转造成地球到太阳的距离会发生变化。还有没有其他因素可能造成四季变化呢？（推理性问题）

【生】（举手者答）我觉得是地球公转和自转同时产生，造成了四季变化。

【师】请你说说地球自转有什么特点？（"是何"问题、记忆性问题）

【生】（举手者答）地球自转时，一面朝着太阳，一面没有朝着太阳。

【师】（追问）还有没有同学补充，或者有反驳的观点？

【生】（举手者答）我觉得跟太阳辐射的大小有关。

【师】老师再提供给你们一些材料，请大家拿出第二份资料卡，2 分钟时间阅读。

**（学生活动：阅读资料）**

【师】你有什么新的想法？（批判性问题）

【生】（举手者答）有可能是与北半球和南半球有关。

【师】请你具体说一说。

【生】南半球是冬季的时候，北半球是夏季，比较热。

【师】这很奇怪呀，为什么会这样？（"为何"问题、推理性问题）

【生】（举手者答）我觉得北半球和南半球受到的太阳照射不同。

【师】（追问）还有没有同学想具体说一说？

【生】我觉得南北两个半球的太阳照射应该是一样的呀，因为地球每天都会自转一圈，而地球又不可能分成两半，一半去近日点，一半去远日点。

【师】你的意思是北半球和南半球一直都在一起，为什么近日点的时候是一冷一热，远日点的时候也是一冷一热呢？来看看他怎么说。

【生】（举手者答）因为地轴与公转的轨道面形成了一个23.5°的倾角，这个倾角导致在一段时间内，南极那部分地区处于离太阳照射比较远的地方。

【师】刚刚这位同学补充了一个观点，他觉得与地轴的倾角有关系。你们看资料卡二第二点提到的，1月初我们北半球是什么季节？（"是何"问题、记忆性问题）

【生】（齐答）冬天。

【师】是冬天，那为什么1月初近日点的时候反而北半球比较冷，而7月初远日点的时候反而热？（"为何"问题、推理性问题）

【师】如果四季变化与距离有关，北半球和南半球是不是应该同样处于夏天或者同样处于冬天？但事实上南半球的季节与北半球的季节有时候却怎么样？（推理性问题）

【生】（齐答）相反。

【师】北半球是夏天的时候，南半球是冬天；北半球是冬天的时候，南半球是夏天。回看第一份资料，地轴有一个23.5°的倾角，有同学猜测这个倾角造成太阳到地球不同地方的距离不太一样。有没有同学赞同或者反驳这种说法？（批判性问题）

【师】每个同学都有号码牌。支持第一种观点的请举1；支持第二种观点的请举2；支持第三种观点的请举3；觉得这三种观点都不太对，或者是需要综合起来的，可以举4。

**（学生活动：举牌）**

【师】有举3的，有举4的，还有举2的。我再给你们补充一个资料，地球和太阳的比例，如果将太阳和地球等比例缩小的话，太阳像个篮球那么大，地球大概有多大？（"若何"问题、推理性问题）

【生】（自由回答）像花生，像弹珠，像绿豆……

【师】像颗绿豆。按照这个比例，"地球"距离"太阳"大概是十几米远，近日点和远日点的差距大概是我往前走一步，所以你们觉得近日点和远日点的距离差异，对光照影响大不大呢？（推理性问题）

【生】（齐答）不大。

【师】说明日地距离不是四季变化的重要因素。那么我们看一下地轴倾角跟四季变化有关系吗？（推理性问题）

【生】（自由答）（少数说有关系，多数沉默。）

【师】当我们的假说没办法通过这些资料来验证的时候，我们可以怎么做？（"如何"问题、创造性问题）

【生】可以做实验。

【师】我们可以做模拟实验，模拟实验是我们研究宇宙的重要手段。在这个实验里，我们用什么模拟地球？（"是何"问题、推理性问题）

【生】（齐答）地球仪。

【师】而且是个有倾斜角的地球仪。手电筒用来模拟什么？（"是何"问题、推理性问题）

【生】（齐答）太阳。

【师】底板中央有一个太阳，是放置"太阳"的地方，用来模拟太阳的是手电筒上的光球。底板上有正方形框线，支架要对准框线，每一次照射要保证光球在太阳纸片上面。这里还有几块挡板，用来做什么呢？（"是何"问题、创造性问题）

【生】（自由回答）

【师】我们在挡板上只留一个小孔，只让一部分光通过这个小孔，照射在我们的首都——北京。选择北京这个四季分明的城市，看一看地球绕太阳公转一周，在轨道的A、B、C、D四个位置，照在北京上的光究竟有没有区别。一起来看看演示实验。

（学生活动：观看视频）

【师】看懂了吗，有没有疑问？（批判性问题）

【生】（齐答）看懂了。

【师】那我们话不多说，记住这些注意事项，每组请两名同学到后方领取实验材料。

（学生活动：实验探究）

【师】请大家将手电筒关闭，手离开材料。刚刚你们观察到，当地球仪分别位于A、B、C、D四个位置时，"北京地区"的光斑有没有差别？（记忆性问题）

【生】（齐答）有！

【生】（举手者答）我们观察到在 A 处时，光斑在"北京"的下面一点，没有照到"北京"。

【师】（追问）光斑的形状是什么样的？（"是何"问题、记忆性问题）

【生】（举手者答）圆的。

【师】（追问）B 处呢？

【生】（举手者答）B 处跟 A 处一样，也是圆的。

【师】（追问）亮度有没有区别？

【生】（举手者答）B 更亮一点。在 C 处，光斑是照射在"北京"更下面的地方。

【师】（追问）D 处呢？

【生】在 D 处照到了"北京"，是椭圆的，但是光特别弱。

【师】（追问）D 处的光是最弱的吗？

【生】对。

【师】在刚刚的小组活动中，我看到很多同学记录的 A 处光斑是椭圆形，B 处是个较小的圆形，C 处又是椭圆形，D 处是更大的椭圆形。是不是这样？（记忆性问题）

【生】（齐答）是！

【师】（追问）刚刚有好几个小组观察到在 B 处照到的光斑是最亮的，在 D 处的光斑是最弱的。你们觉得这是为什么呢？（"为何"问题、推理性问题）

【生】（自由回答）季节不同。

【师】在 B 处时，有可能是什么季节？（"是何"问题、推理性问题）

【生】（齐答）夏天。

【师】在 D 处呢？（追问）

【生】（齐答）冬天。

【师】四季变化与地轴倾角到底有没有关系？如果没有倾角，来看看情况会是什么样的（演示）。当地轴没有倾角的时候，在 A、B、C、D 四个位置的光斑看上去怎么样？（"若何"问题、推理性问题）

【生】（齐答）一模一样。

【师】差不多，对吧。那说明，四季变化与地轴倾角有没有关系？（推理性问题）

【生】（齐答）有！

【师】现在我们再来举牌，你们支持哪种假说？（推理性问题）

（**学生活动：举牌**）

【师】产生四季变化的原因，在地球公转的基础上，还要加上地轴倾斜这个条件，大家看一看屏幕上这张动图，太阳直射和斜射造成的温度差异是比较大的。当太阳光直射北半球的时候，北半球是什么季节？（"是何"问题、推理性问题）

【生】（齐答）夏季。

【师】（追问）当太阳光直射南半球的时候，北半球又变成什么季节？（"是何"问题、推理性问题）

【生】（齐答）冬季。

【师】北半球在春天和秋天，太阳光是直射在赤道上的。所以就有了四季变化。太阳的直射和斜射会造成较大的温度差异。下节课我们将通过实验，看一看阳光直射和斜射对温度的影响。

（下课）

## （二）AI 大数据分析系统课例诊断报告举例

### 课堂教学行为大数据分析报告

1. 课例基本信息

表 1-1　基本信息表

| 课例名称 | 四季变化 | | |
|---|---|---|---|
| 学科 | 科学 | 授课年级 | 小学六年级 |
| 教师姓名 | 陈文浩 | 教师类型 | 新手教师 |
| 所在学校 | 深圳市龙华区第三实验学校 | | |
| 综合评定等级 | C | | |

## 2. 课堂教学行为数据概览

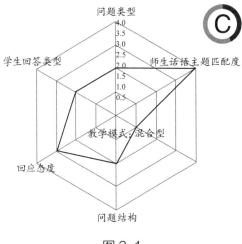

图 2-1

### 表 2-1 观察数据表

| 观察维度 | | | 本节课数据 | 与全国常模数据相比 |
|---|---|---|---|---|
| 教学模式 | 师生行为转换率 | | 21.25% | 低于 |
| | 教师行为占有率 | | 42.50% | 低于 |
| | 学生行为占有率 | | 57.50% | 高于 |
| 有效性提问 | 问题类型 | 记忆性问题 | 17.50% | 低于 |
| | | 推理性问题 | 67.50% | 高于 |
| | | 创造性问题 | 7.50% | 低于 |
| | | 批判性问题 | 7.50% | 低于 |
| | 学生回答类型 | 认知记忆性回答 | 17.50% | 低于 |
| | | 推理性回答 | 67.50% | 高于 |
| | | 创造性回答 | 7.50% | 低于 |
| | | 评价性回答 | 7.50% | 低于 |
| | 回应态度 | 简单肯定 | 19.44% | 低于 |
| | | 重复肯定 | 16.67% | 低于 |
| | | 提升肯定 | 8.33% | 低于 |
| | | 否定 | 5.56% | 高于 |
| | | 追问 | 50.00% | 高于 |
| | | 邀请学生评价 | 0.00% | 低于 |

续表

| 观察维度 | | | 本节课数据 | 与全国常模数据相比 |
|---|---|---|---|---|
| 问题结构 | "是何"问题 | | 78.38% | 高于 |
| | "为何"问题 | | 13.51% | 高于 |
| | "如何"问题 | | 2.70% | 低于 |
| | "若何"问题 | | 5.41% | 高于 |
| 学生问题意识培养 | 鼓励学生提问频次 | | 0% | 低于 |
| | 学生提问频次 | | 0% | 低于 |
| | 学生提问类型 | "是何"问题 | 0.00% | 低于 |
| | | "为何"问题 | 0.00% | 低于 |
| | | "如何"问题 | 0.00% | 低于 |
| | | "若何"问题 | 0.00% | 低于 |
| 合作学习 | 合作学习任务频次 | | 1次 | |
| | 讨论后汇报频次 | | 2次 | |
| 师生话语主题词分析 | 教师话语主题词 | | 太阳、地球、变化、观点、四季、自转、季节、地方、距离、有时候、差异、补充等 | |
| | 学生话语主题词 | | 太阳、地球、夏天、公转、特别、自转、南半球、北京、冬天、距离、近日点、远日点等 | |
| | 师生话语主题匹配度 | | 79.81% | |

### 3. 教学模式分析

#### （1）师生活动曲线

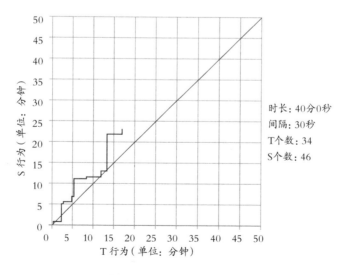

图 3-1  师生活动曲线

师生活动曲线图反映的是课堂中学生行为（S行为）、教师行为（T行为）随时间的变化。通过对教学过程中教师行为和学生行为进行两个维度的编码，每隔 30 秒进行采样，界定是 T 行为还是 S 行为进行记录，经过数据处理后反映课堂的教学模式。

（2）教学模式

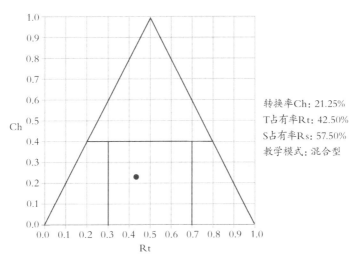

转换率Ch: 21.25%
T占有率Rt: 42.50%
S占有率Rs: 57.50%
教学模式：混合型

图 3-2 教学模式

教学模式图以图形的方式区分四种典型的教学类型。教学模式由 Rt 值（T 行为占有率，即 T 行为在教学过程中所占的比例）和 Ch 值（师生行为转换率，即 T 行为与 S 行为间的转换次数与总的行为采样数之比）所在的位置确定。由图 3-2 可以看出，该节课为混合型的教学模式，其中师生行为转换率为 21.25%，低于全国常模数据；教师行为占有率为 42.50%，低于全国常模数据；学生行为占有率为 57.50%，高于全国常模数据。

### 4.有效性提问分析

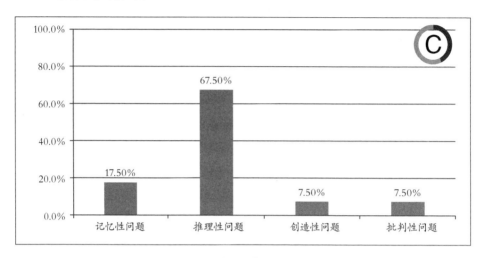

图 4-1　问题类型统计图

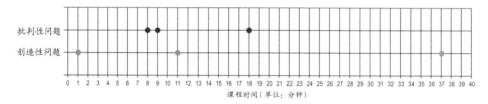

课程时间（单位：分钟）

图 4-2　问题类型时序图

在问题类型方面，本节课的问题类型评分等级为 C，得分超过全国 28.90% 的同类型课程得分。本节课中记忆性问题（是教师梳理出的与本节课的新知识学习密切相关的学生已有知识、生活经验方面的问题）为 17.50%，低于全国常模数据；推理性问题（是能引起学生依据一个或几个已有的知识或经验，经过思维的加工，推导出带有学习者个性化特征的概念、判断或推理的问题）为 67.50%，高于全国常模数据；创造性问题（是围绕学生创造力的开发而设计的问题，要求学生致力于原创性和评价性思考，主要表现为要求学生能做出预测，解决生活中的问题）为 7.50%，低于全国常模数据；批判性问题（是需要学生变换问题角度做深层次思考或反思的问题）为 7.50%，低于全国常模数据。

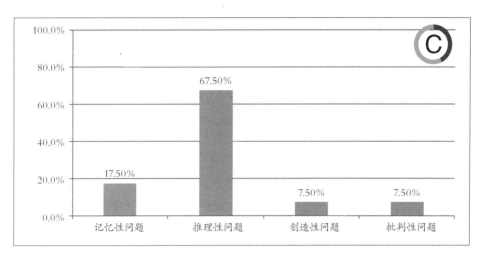

图 4-3　学生回答类型统计图

学生回答类型方面与教师提出的问题类型相对应。本节课的学生回答类型评分等级为 C，得分超过全国 26.51% 的同类型课程得分。本节课采集到的认知记忆性回答为 17.50%，低于全国常模数据；推理性回答为 67.50%，高于全国常模数据；创造性回答为 7.50%，低于全国常模数据；评价性回答为 7.50%，低于全国常模数据。

5. 教师回应分析

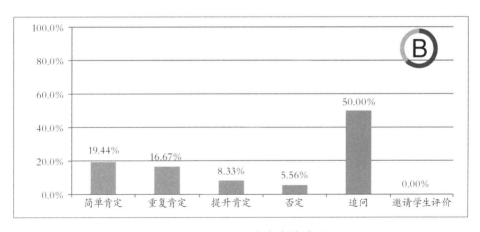

图 5-1　教师回应态度统计图

在回应态度方面，本节课回应态度评分等级为 B，得分超过全国 63.85% 的同类型课程得分。简单肯定为 19.44%，低于全国常模数据；重复肯定为

16.67%，低于全国常模数据；提升肯定为 8.33%，低于全国常模数据；否定为 5.56%，高于全国常模数据；追问为 50.00%，高于全国常模数据；邀请学生评价为 0.00%，低于全国常模数据。

6.问题结构分析

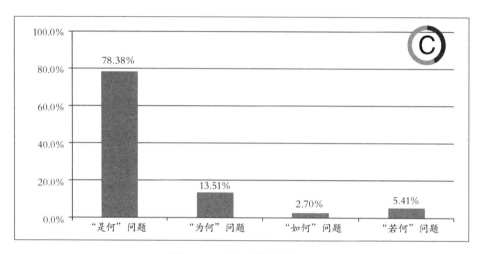

图 6-1    问题结构统计图

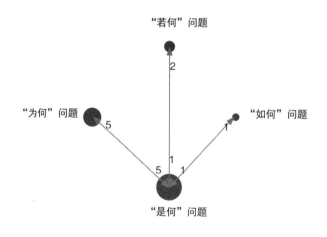

图 6-2    问题结构转换图

从问题结构来看，本节课的问题结构评分等级为 C，得分超过全国 38.38% 的同类型课程得分。本节课中采集到的"是何"问题（指向事实性问题，如定义性问题等，该类问题的解决意味着学习者事实性知识的获取）为 78.38%，高于全国常模数据；"为何"问题（指向原理、法则、逻辑等问题，如推理性问题等，该类问题的解决意味着原理性知识的获取）为 13.51%，高于全国常模数据；"如何"问题（指向表示方法、途径与状态，如技能与流程性问题等，该类问题的解决意味着策略性知识的获取）为 2.70%，低于全国常模数据；"若何"问题（条件发生变化可能产生新结果的问题，如假设性问题等，该类问题的解决意味着创造性知识的获取）为 5.41%，高于全国常模数据。"四何"问题在采集的时候要求问题中有明确的引导词。"四何"问题类型转换以"是何"问题为核心，其中"是何"问题与"为何"问题之间、"为何"问题与"是何"问题之间的行为转换显著。

### 7. 学生问题意识培养分析

| 观察维度 | 数量 | 与全国常模数据比较 |
| --- | --- | --- |
| 教师鼓励学生提出问题频次 | 0 | 低于 |
| 学生提出问题频次 | 0 | 低于 |

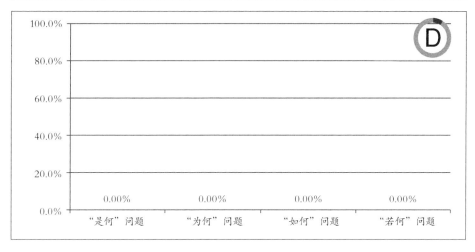

图 7-1　学生问题类型

　　学生问题意识培养反映的是课堂鼓励学生提出问题的意识以及学生提出问题的质量，体现的是教师培养学生问题意识的能力以及学生提问的能力。本节课的学生问题意识培养评分等级为 D，得分超过全国 0.00% 的同类型课程得分。本节课中采集到的教师鼓励学生提出问题频次为 0 次，低于全国常模数据；学生提出问题频次为 0 次，低于全国常模数据。

### 8.师生话语主题词分析

图 8-1　教师话语词云图　　　　图 8-2　学生话语词云图

　　师生话语主题词分析反映的是课堂教师话语内容与学生话语内容的匹配度，关注的是师生话语内容关注点是否一致，体现了教学内容的聚焦程度和教师把握主题的能力。本节课教师话语主题词为：太阳、地球、变化、观点、四季、自转、季节、地方、距离、有时候、差异、补充等；学生话语主题词为：太阳、地球、夏天、公转、特别、自转、南半球、北京、冬天、距离、近日点、远日点等。师生话语主题匹配度为 79.81%，评分为 A，相对较高，反映了教师把握课堂话题的能力较强。

### 9.总结

图 9-1　课堂观察维度评分等级图

本节课有效性提问中，问题类型评分等级为 C，学生回答类型评分等级为 C；教师回应态度评分等级为 B；问题结构评分等级为 C；学生问题意识培养评分等级为 D；师生话语主题匹配度评分等级为 A。

综合上述课堂观察维度的评分等级，本节课的综合评分等级为 C，得分超过全国 25.24% 的同类型课程得分。

陈文浩老师本节课的亮点为：教师回应态度，师生话语主题匹配度。建议陈文浩老师结合本节课的课堂教学行为数据，在今后的课堂中着重关注如下几方面问题的改进：问题类型、学生回答类型、问题结构、学生问题意识培养。

本次 AI 评课给出的诊断报告与最初的人工评课相比，报告的主要内容变化不大，但少了之前原有的"对话深度分析"，新增了"学生问题意识培养"及"师生话语主题匹配度"这两项。

## 二、第一轮15节课例的课堂教学行为特征分析

第一轮 15 节课例从总评等级来看，A 等 1 节（占 6.7%），B 等 5 节（占 33.3%），C 等 9 节（占 60%）。对数据进行分析能反映出课堂教学中普遍存在的问题，下面就具体针对不同维度的诊断数据进行分析。

### （一）课堂教学模式分析

表 5-1-2 第一轮 15 节课例教学模式分析数据汇总表

| 课例编号 | 课题名称 | 教学模式 | | | |
|---|---|---|---|---|---|
| | | 类型 | 师生行为转换率 | 教师行为占有率 | 学生行为占有率 |
| 1 | 导体和绝缘体 | 混合型 | 30.49%（低） | 58.54%（高） | 41.46%（低） |
| 2 | 光的传播 | 对话型 | 40.74%（高） | 40.74%（低） | 59.26%（高） |
| 3 | 温度不同的物体相互接触 | 练习型 | 32.56%（低） | 27.91%（低） | 72.09%（高） |
| 4 | 日食 | 混合型 | 34.18%（高） | 45.57%（低） | 54.43%（高） |
| 5 | 导体与绝缘体 | 对话型 | 44.71%（高） | 38.82%（低） | 61.18%（高） |
| 6 | 我们是怎样听到声音的 | 混合型 | 32.18%（低） | 48.28%（高） | 51.72%（低） |
| 7 | 温度不同的物体相互接触 | 混合型 | 27.06%（低） | 38.82%（低） | 61.18%（高） |
| 8 | 四季变化 | 混合型 | 21.25%（低） | 42.50%（低） | 57.50%（高） |

续表

| 课例编号 | 课题名称 | 教学模式 | | | |
|---|---|---|---|---|---|
| | | 类型 | 师生行为转换率 | 教师行为占有率 | 学生行为占有率 |
| 9 | 我们的地球模型 | 练习型 | 25.00%（低） | 21.25%（低） | 78.75%（高） |
| 10 | 空气有质量吗 | 混合型 | 24.68%（低） | 57.14%（高） | 42.86%（低） |
| 11 | 我们来做热气球 | 混合型 | 35.37%（高） | 31.71%（低） | 68.29%（高） |
| 12 | 书的历史 | 混合型 | 29.63%（低） | 44.44%（低） | 55.56%（高） |
| 13 | 让小车动起来 | 混合型 | 31.46%（低） | 52.81%（高） | 47.19%（低） |
| 14 | 机械摆钟 | 对话型 | 41.03%（高） | 43.59%（低） | 56.41%（高） |
| 15 | 简单电路 | 混合型 | 29.03%（低） | 40.86%（低） | 59.14%（高） |
| | 平均 | | 31.96%（低） | 42.20%（低） | 57.80%（高） |

注：表格中"低""高"指本数据与全国常模数据对比的结果。

从表 5-1-2 的信息可看出：

（1）这 15 节课的课型分别为：练习型 2 节，占 13.3%；对话型 3 节，占 20%；混合型 10 节，占 66.7%。大多数的课例为混合型教学模式，反映出小学科学课在师生互动的基础上注重实践探究的特征。

（2）学生行为占有率的平均值高于全国常模数据（与之相应的是教师行为占有率的平均值低于全国常模数据），反映出学生在课堂中的主体性得到了较为充分的体现。但是，编号为 1、6、10、13 的四节课的教师行为占有率都高于全国常模数据，达到 50% 左右，最高的一节课接近 60%，表明老师在课上讲得太多，需要引起重视。

（3）师生行为转换率的平均值低于全国常模数据，说明科学课堂中自主、合作探究的比例较高，教师干预的比例较低，这也体现了小学科学课的特征。

## （二）有效性提问分析

表 5-1-3　第一轮 15 节课例"有效性提问"数据汇总表

| 编号 | 教师提问类型 | | | | | 学生回答类型 | | | | |
|---|---|---|---|---|---|---|---|---|---|---|
| | 等级 | 记忆性问题 | 推理性问题 | 创造性问题 | 批判性问题 | 等级 | 记忆性回答 | 推理性回答 | 创造性回答 | 评价性回答 |
| 1 | C | 36.56%（高） | 51.61%（高） | 10.75%（低） | 1.08%（低） | C | 36.56%（高） | 51.61%（高） | 10.75%（低） | 1.08%（低） |
| 2 | B | 15.38%（低） | 53.85%（高） | 19.23%（低） | 11.54%（高） | B | 15.38%（低） | 53.85%（高） | 19.23%（低） | 11.54%（高） |
| 3 | B | 2.27%（低） | 70.45%（高） | 13.64%（低） | 13.64%（高） | B | 2.27%（低） | 70.45%（高） | 13.64%（低） | 13.64%（高） |
| 4 | C | 15.15%（低） | 66.67%（高） | 6.06%（低） | 12.12%（高） | C | 15.15%（低） | 66.67%（高） | 6.06%（低） | 12.12%（高） |
| 5 | C | 15.79%（低） | 73.68%（高） | 10.53%（低） | 0.00%（低） | C | 15.79%（低） | 73.68%（高） | 10.53%（低） | 0.00%（低） |
| 6 | C | 24.22%（低） | 66.40（高） | 5.47%（低） | 3.91%（低） | C | 24.22%（低） | 66.40%（高） | 5.47%（低） | 3.91%（低） |
| 7 | C | 21.82%（低） | 56.37%（高） | 16.36%（低） | 5.45%（低） | C | 21.82%（低） | 56.37%（高） | 16.36%（低） | 5.45%（低） |
| 8 | C | 17.50%（低） | 67.50%（高） | 7.50%（低） | 7.50%（低） | C | 17.50%（低） | 67.50%（高） | 7.50%（低） | 7.50%（低） |
| 9 | A | 12.50%（低） | 37.50%（高） | 31.25%（高） | 18.75%（高） | A | 12.50%（低） | 37.50%（高） | 31.25%（高） | 18.75%（高） |
| 10 | B | 36.36%（高） | 41.82%（高） | 3.64%（低） | 18.18%（高） | B | 36.36%（高） | 41.82%（高） | 3.64%（低） | 18.18%（高） |
| 11 | C | 35.29%（高） | 44.12%（高） | 17.65%（低） | 2.94%（低） | C | 35.29%（高） | 44.12%（高） | 17.65%（低） | 2.94%（低） |
| 12 | B | 39.13%（高） | 39.13%（高） | 8.70%（低） | 13.04%（高） | B | 39.13%（高） | 39.13%（高） | 8.70%（低） | 13.04%（高） |
| 13 | B | 26.42%（低） | 45.28%（高） | 20.75%（低） | 7.55%（低） | B | 26.42%（低） | 45.28%（高） | 20.75%（低） | 7.55%（低） |
| 14 | C | 30.36%（低） | 55.35%（高） | 14.29%（低） | 0.00%（低） | C | 30.36%（低） | 55.35%（高） | 14.29%（低） | 0.00%（低） |
| 15 | C | 34.29%（低） | 51.43%（高） | 8.57%（低） | 5.71%（低） | C | 34.29%（高） | 51.43%（高） | 8.57%（低） | 5.71%（低） |
| 平均 | | 24.47%（低） | 55.47%（高） | 12.53%（低） | 7.53%（低） | / | 24.2%（低） | 54.74%（高） | 12.96%（低） | 8.09%（低） |

注：表格中"低""高"指本数据与全国常模数据对比的结果。

从表 5-1-3 中的数据可看出，"教师提问类型"中的"推理性问题"的比例均高于全国常模数据，说明这些教师注重对学生逻辑推理能力的培养；

但"创造性问题"与"批判性问题"的比例均低于全国常模数据（其中：只有 1 节课"创造性问题"的比例高于全国常模数据，占 6.67%；有 6 节课"批判性问题"比例高于全国常模数据，占 40%），说明教师在指向学生思维品质、探究能力、创新能力等方面的问题设计上还需要进一步提升。另外，从单项的等级评定来看，A 等 1 节、B 等 5 节、C 等 9 节，与综合评定的等级数据很接近。

从表 5-1-3 中的"学生回答类型"来看，"推理性回答"的比例高于全国常模数据，反映出学生的逻辑推理能力在学习过程中得到了较好锻炼；但"创造性回答"和"评价性回答"比例低于全国常模数据，说明学生在致力于原创性和批判性思考方面还存在不足。这与教师提问的类型有关联，因此，教师需要提出更多创造性问题和批判性问题来培养学生的高阶思维。

### （三）教师回应态度分析

表 5-1-4　第一轮 15 节课例"教师回应态度分析"数据汇总表

| 编号 | 等级 | 教师回应态度 | | | | | |
| --- | --- | --- | --- | --- | --- | --- | --- |
| | | 简单肯定 | 重复肯定 | 提升肯定 | 否定 | 追问 | 邀请学生评价 |
| 1 | C | 10.48%（低） | 61.3%（高） | 4.03%（低） | 2.42%（低） | 19.35%（高） | 2.42%（低） |
| 2 | D | 65.12%（高） | 9.30%（低） | 0.00%（低） | 0.00%（低） | 25.58%（高） | 0.00%（低） |
| 3 | B | 14.58%（低） | 37.50%（低） | 4.17%（低） | 2.08%（低） | 39.59%（高） | 2.08%（低） |
| 4 | B | 49.03%（高） | 9.80%（低） | 1.96%（低） | 0.00%（低） | 29.41%（高） | 9.80%（高） |
| 5 | C | 21.21%（低） | 57.58%（高） | 6.06%（低） | 1.01%（低） | 12.12%（低） | 2.02%（低） |
| 6 | B | 7.48%（低） | 48.59%（高） | 1.87%（低） | 0.00%（低） | 42.06%（高） | 0.00%（低） |
| 7 | B | 18.00%（低） | 50.00%（高） | 2.00%（低） | 0.00%（低） | 28.00%（高） | 2.00%（低） |
| 8 | B | 19.44%（低） | 16.67%（低） | 8.33%（低） | 5.56%（高） | 50.00%（高） | 0.00%（低） |
| 9 | A | 8.33%（低） | 33.33%（低） | 0.00%（低） | 0.00%（低） | 29.17%（高） | 29.17%（高） |
| 10 | B | 17.02%（低） | 48.94%（高） | 6.38%（低） | 0.00%（低） | 25.53%（高） | 2.13%（低） |
| 11 | A | 24.24%（低） | 30.30%（低） | 9.09%（低） | 3.03%（低） | 33.34%（高） | 0.00%（低） |
| 12 | C | 20.51%（低） | 61.54%（高） | 5.13%（低） | 0.00%（低） | 12.82%（低） | 0.00%（低） |
| 13 | B | 24.24%（低） | 45.45%（高） | 7.58%（低） | 0.00%（低） | 22.73%（高） | 0.00%（低） |
| 14 | B | 27.69%（高） | 33.85%（低） | 6.15%（低） | 0.00%（低） | 32.31%（高） | 0.00%（低） |
| 15 | B | 36.36%（高） | 13.64%（低） | 2.27%（低） | 2.27%（低） | 45.46%（高） | 0.00%（低） |
| 平均 | | 24.25%（低） | 37.19%（高） | 4.33%（低） | 1.09%（低） | 29.83%（高） | 3.31%（高） |

注：表格中"低""高"指本数据与全国常模数据对比的结果。

从表 5-1-4 中的数据可以看出，有 13 节课的"追问"比例高于全国常模数据，反映出这些教师注重通过追问来提升学生思考的深度和广度。有 2 节课的"邀请学生评价"的比例高于全国常模数据（尤其是 9 号课例明显高出），反映出这两位教师在学生回答问题后，能使用"生生互评"的方式进行回应，给予学生在更大范围内进行知识建构的机会。

15 节课存在的共性问题是："提升肯定"的比例全都低于全国常模数据，反映出教师在学生回答问题后，缺少针对性的、指导性的评价与肯定。

### （四）"问题结构"与"学生问题意识培养"分析

表 5-1-5　第一轮 15 节课例数据分析汇总表

| 编号 | 问题结构 | | | | | 学生问题意识培养 | | |
| --- | --- | --- | --- | --- | --- | --- | --- | --- |
| | 等级 | "是何"问题 | "为何"问题 | "如何"问题 | "若何"问题 | 等级 | 教师鼓励学生提出问题频次 | 学生提出问题频次 |
| 1 | B | 71.74%（高） | 14.13%（高） | 5.43%（低） | 8.7%（高） | D | 0次（低） | 0次（低） |
| 2 | A | 57.69%（低） | 3.85%（低） | 23.08%（高） | 15.38%（高） | D | 0次（低） | 0次（低） |
| 3 | C | 64.52%（低） | 29.03%（高） | 6.45%（低） | 0.00%（低） | D | 0次（低） | 0次（低） |
| 4 | B | 60.00%（低） | 13.33%（高） | 26.67%（高） | 0.00%（低） | D | 0次（低） | 0次（低） |
| 5 | C | 87.72%（高） | 8.77%（低） | 3.51%（低） | 0.00%（低） | A | 0次（低） | 2次（高） |
| 6 | B | 71.03%（高） | 8.41%（低） | 10.28%（低） | 10.28%（高） | D | 0次（低） | 0次（低） |
| 7 | C | 83.34%（高） | 4.76%（低） | 11.90%（低） | 0.00%（低） | D | 0次（低） | 0次（低） |
| 8 | C | 78.38%（高） | 13.51%（高） | 2.70%（低） | 5.41%（高） | D | 0次（低） | 0次（低） |
| 9 | B | 64.29%（低） | 7.14%（低） | 28.57%（高） | 0.00%（低） | A | 1次（高） | 0次（低） |
| 10 | A | 65.00%（低） | 2.50%（低） | 22.50%（高） | 10.00%（高） | D | 0次（低） | 0次（低） |
| 11 | C | 82.36%（高） | 5.88%（低） | 11.76%（低） | 0.00%（低） | A | 1次（高） | 3次（高） |
| 12 | C | 67.5%（低） | 20.00%（高） | 12.50%（低） | 0.00%（低） | D | 0次（低） | 0次（低） |
| 13 | A | 65.96%（低） | 4.26%（低） | 23.40%（高） | 6.38%（高） | A | 1次（高） | 0次（低） |
| 14 | B | 74.07%（高） | 5.56%（低） | 12.96%（低） | 7.41%（高） | D | 0次（低） | 0次（低） |
| 15 | C | 79.31%（高） | 6.90%（低） | 13.79%（低） | 0.00%（低） | D | 0次（低） | 0次（低） |
| 平均 | | 71.15%（略高） | 9.84%（略低） | 14.78%（略高） | 4.24%（略低） | / | 0.20次（低） | 0.33次（低） |

注：表格中"低""高"指本数据与全国常模数据对比的结果。

从表 5-1-5 中的数据来看，第一轮 15 节课例的"是何"问题、"为何"问题、"如何"问题、"若何"问题数据的平均值都与全国常模数据接近："是何"问题和"如何"问题的数据略高于全国常模数据，"为何"问题和"若何"问题的数据略低于全国常模数据。平均值与全国常模数据接近，反映出工作室成员经过前一段时间的培训及课堂观察的练习之后，对于"四何"问题有了较为深入的了解，会有意识地在自己的课堂教学中注重合理设计问题结构。从个体的等级评定的情况看，如果"如何"问题和"若何"问题的比例高于全国常模数据，则问题结构的等级就评定为 A 等，例如课例序号 2、10、13 这三节课。"如何"问题和"若何"问题与高阶思维的培养有关，而高阶思维又与核心素养中的科学思维紧密相关；这就提醒老师们在进行核心问题的设计时要关注"问题结构"，关注学生高阶思维能力的培养，适当提高"如何"问题和"若何"问题的比例。从表 5-1-5 中的数据可以看出，第一轮 15 节课例中有 8 节课的"若何"问题的比例为 0，需要引起重视。

"学生问题意识培养"维度有两项指标：教师鼓励学生提出问题频次和学生提出问题频次，这两项数据的平均值都低于全国常模数据，而且该维度等级评定有 12 个 D 等、3 个 A 等，没有 B 等和 C 等。这种等级分布是很不正常的。观察 15 节课的数据会发现，这两项指标的频次只要达到 1 次或以上，就会高于全国常模数据，而且该项指标的等级即为 A 等；而当这两项指标的频次为 0 时，等级即为 D 等。这说明，从全国来看，"学生问题意识培养"也是薄弱环节，老师对这个问题的重视程度普遍都不够。从工作室前期已进行的课题研究过程来看，无论是理论培训还是"实战"演练，都没有涉及"学生问题意识的培养"，因此，老师们在备课和上课的过程中，就缺少"鼓励学生提出问题"的主观意识。2022 年版的《义务教育科学课程标准》中提出，学生要"能对不同观点、结论和方案进行质疑、批判、检验和修正""不迷信权威，敢于大胆质疑，追求创新"……可见，"问题意识"是学生核心素养的很重要的一个方面，科学教师更应该更新观念，倡导学生敢于质疑，让提问成为日常科学课堂交流的一部分，使学生感受到"问什么问题"以及"如何问问题"比获得答案更重要。

## 第二节　聚焦问题，搭建支架，促进教学行为改进

针对第一轮课例诊断暴露出来的突出问题，我们把第二轮课例教学行为改进的重点聚焦于"高阶问题的设计"及"学生问题意识的培养"这两个方面，并采取了一些干预措施，以促进教师的教学行为改进。

### 一、聘请专家培训

在第一轮15节课例的诊断报告出来之后，工作室分别邀请了"靠谱COP"团队赵炜老师和张薇老师进行培训，为第二轮课例的改进与优化提供指引。

第一次是赵炜老师的线上培训，主要内容是对第一轮15节课例的观察数据进行解读，并就"新课标背景下'教学目标'的撰写、核心问题的设计"等内容与工作室的学员进行了充分的交流，解答了大家的疑问。比如，有学员问："有什么方法或者策略可以帮助学生提出有效的问题？"赵老师在解答此问题时给出的建议主要有：（1）创造情境，引导学生提问（通常在课的开头）；（2）呈现认知冲突，启发学生思考；（3）给学生提供"问题支架"（比如提供一些可用来提问的关键词，帮助学生组织语言、明确表述问题）；（4）在课的结尾，当本课的问题解决之后，询问"有什么新的想法吗？能提出新的问题吗"，鼓励学生提出问题。这次培训让工作室的学员们增强了认识，为第二轮课例教学行为的改进奠定了理论基础。

第二次培训是线下面对面，主题为"问题设计与合作学习的优化策略"。张薇老师提出，新课标背景下的小学科学课堂应该达成以下几点：一是激发学生学习兴趣，促进学生高阶思维发展；二是融合学科教学，培养学生的创新能力；三是优化教学形式，提升学生的科学素养；四是"做思"共生，培养学生的思维能力。要实现上述的目标，教学过程应该以问题解决为导向并贯穿整个课堂，从而有效地培养学生的创新能力，实现教学的有效性。结合第一轮15节课例分析数据中存在的问题，张薇老师介绍了"什么是核心问

题""核心问题设计的意义和价值"。围绕"如何设计问题系统"这一主题，张薇老师从"什么是问题系统""问题系统的类型""如何构建问题系统"三个方面进行了详细的说明，并辅以小组活动。张薇老师还以教科版《科学》五年级《热在水中的传递》一课为例展示了问题化教学设计案例，这个教学设计增加了"环节目标 —— 核心问题设计支架"内容，这对我们很有启发。经此一训，工作室学员对问题系统有了更加全面的认识。

## 二、"问题化教学设计"案例

在听了赵炜老师和张薇老师的培训讲座之后，工作室主持人潘翠君老师给正在准备第二轮课例的 15 位老师提出了具体的指导，建议从教学设计的改进着手，利用"靠谱 COP"团队提供的"问题化教学设计模板"，先写好教学设计。在教学设计中要体现对学生的高阶思维培养，也就是要有"如何"问题和"若何"问题；要体现对学生问题意识的培养，也就是要有"鼓励学生提出问题"的环节设计，并预设学生可能会提出的问题。工作室学员对第二轮课例的教学设计进行了改进，从下面两份教学设计案例中可以看到高阶思维问题，并有鼓励学生提出问题的预设。

### 《四季变化》教学设计

| 所在学校 | 深圳市龙华区第三实验学校 | 授课教师 | 陈文浩 |
|---|---|---|---|
| 学科（版本） | 《科学》（教科版） | 年级 | 六年级 |
| 教学单元 | 地球的运动 | | |
| 单元教学分析 | 本单元指向的新课标中的核心概念是"9.宇宙中的地球"，学生在学习中系统而深入地采用模拟实验、查阅资料、实际观测、建构模型等方法，建构起地球运动的认知模型。<br>《四季变化》对应新课标中的学习内容为"9.3地球围绕太阳公转"。本课承接上一课对影长的四季变化规律的学习，四季变化的成因是本课的学习焦点。课上将引导学生研究地球的公转运动，运用图文资料、模拟实验等支架，把地球自转和公转的相关特征在地球运动模型上进行表述。让学生通过推理论证，纠正"太阳与地球距离远近不同是形成四季变化的原因"的错误观点，在探究实践中建构和修改自己的模型，从而能够基于证据解释四季变化与地球运动之间的关系，解决核心问题：地球上为什么会有四季变化？ | | |
| 课例名称 | 四季变化 | | |

| 学情分析 | | 六年级学生对宇宙奥秘的探索充满兴趣。他们知道四季变化是一种周期性的自然现象，但普遍认为日地距离远近的变化是四季变化的成因。此前学生已体验过一些建模探究活动，模型建构思维有一定发展，但基于模型的推理论证能力较弱，且个体思维发展差异较大，抽象性较强的知识仍需要教师加强引导。学生的动手操作能力能够满足本堂课的模拟实验需要。 | | |
|---|---|---|---|---|
| 教学目标 | | **科学观念：**<br>·知道地球自西向东围绕太阳公转，公转一周是一年。<br>·理解四季的形成与地球的公转以及地球的地轴倾角有关。<br>**科学思维：**<br>·能建构地球围绕太阳公转的模型，使用模型并基于收集到的证据进行推理论证，说明四季变化与地球公转以及地轴倾角有关。<br>**探究实践：**<br>·通过阅读和分析资料、模拟实验、研讨等方式探究四季变化的成因。<br>**态度责任：**<br>·实事求是，以事实为依据发表观点，面对有说服力的证据，愿意调整自己的看法。<br>·进一步激发探索地球上的自然现象、太阳系乃至宇宙的好奇心。 | | |
| **分环节教学目标——核心问题设计支架** | | | | |
| 环节一 | 教学目标 | 激发学生探索四季变化奥秘的好奇心。 | | |
| | 核心问题 | "是何"问题 | "为何"问题 | "如何"问题 |
| | | 从这四幅照片，你观察到了什么？ | 为什么地球上会有四季变化？ | |
| 环节二 | 教学目标 | ·知道地球自西向东围绕太阳公转，公转一周是一年。<br>·学生能够基于图文资料，提出对四季变化成因的假说。 | | |
| | 核心问题 | "是何"问题 | "为何"问题 | "如何"问题 | "若何"问题 |
| | | 四季变化可能与什么有关？ | 为什么你认为四季变化与×××（影响因素）有关？ | 你会如何验证这个假说？ | |
| 环节三 | 教学目标 | ·能建构地球围绕太阳公转的模型，使用模型并基于收集到的证据进行推理论证，说明四季变化与地球公转以及地轴倾角有关。<br>·通过阅读和分析资料、模拟实验、研讨等方式探究四季变化的成因。<br>·实事求是，以事实为依据发表观点，面对有说服力的证据，愿意调整自己的看法。 | | |
| | 核心问题 | "是何"问题 | "为何"问题 | "如何"问题 | "若何"问题 |
| | | 当地球公转到不同位置时，北京地区受到的光照情况有什么不同？<br>当地球公转到不同位置时，北京地区分别处于哪个季节？ | 为什么日地距离的远近不是四季变化的成因？<br>为什么地球公转到不同位置时，北京地区的光照情况不同？ | 如何验证四季变化与地球地轴倾角有关？<br>如何验证四季变化与……有关？ | 假如太阳相当于一个篮球大小，地球相当于什么？<br>如果地球没有地轴倾角，会有什么变化？ |

| 环节四 | 教学目标 | 理解四季的形成与地球的公转以及地球的地轴倾角有关。 | | | |
| --- | --- | --- | --- | --- | --- |
| | 核心问题 | "是何"问题 | "为何"问题 | "如何"问题 | "若何"问题 |
| | | | 为什么地轴倾角会影响北京地区的光照情况? | | |
| 环节五 | 教学目标 | ·激发学生的创造性思维。<br>·鼓励学生继续探索地球乃至宇宙的奥秘。 | | | |
| | 核心问题 | "是何"问题 | "为何"问题 | "如何"问题 | "若何"问题 |
| | | 你有什么新的问题? | | | 如果地球的地轴倾角是45°,又会有什么变化? |

| 具体教学流程 | | | |
| --- | --- | --- | --- |
| 教学环节 | 教师活动 | 学生活动 | 设计意图 |
| 提出问题 | 【出示】春夏秋冬图。<br>【提问】你们观察到了什么?<br>【引出】关于四季,很多人有疑问。你有什么疑问吗?<br>【揭示课题】 | 【聚焦】四季的不同。<br>【提出问题】为什么会有四季变化?为什么夏天热冬天冷?…… | 以图片创设情境引入,提出问题,激发学习动机。 |
| 提出假说 | 引导学生阅读资料、发表观点和上台演示等。 | 【活动】学生自主阅读资料①,思考地球的自转、公转、地轴倾角、近日点、远日点等信息。<br>【假说1】四季变化与地球的自转有关,被太阳照到的一面是夏天。<br>【假说2】四季变化与地球公转有关,公转影响地球到太阳的距离,距离远温度低,距离近温度高。<br>【假说3】四季变化与地球的自转和公转有关,地轴的倾斜角度影响了光照。<br>【假说X】…… | 基于资料进行初步推理,建立自己的假说,引发认知冲突。 |

| | | | |
|---|---|---|---|
| 验证假说 | 1.深入研讨<br>【提问】你有没有新的想法?<br>引导学生进一步讨论,组织学生交流观点。<br>【提问】假如太阳的大小相当于一个篮球,地球相当于什么?<br>【演示】利用篮球和绿豆演示,让学生进一步认识日地距离对地球上温度的影响非常小。<br>2.探究地轴倾角的影响<br>【提问】如何验证四季变化与地轴倾角有关?<br>【讲解】模拟实验的操作方法。<br>【巡视】组织学生开展实验,适当给予指导。<br>【提问】当地球公转到不同位置时,"北京"的受光照情况一样吗?<br>【活动】展示学生的记录。<br><br>【提问】当地球公转到这几个位置(指图)时,"北京"分别处于哪个季节?为什么?<br>【提问】为什么光照情况不同?<br><br>【提问】假设地轴没有倾角,"北京"的受光照情况会有什么变化?<br>【演示】模拟阳光直射和斜射对地球上温度的影响 | 【活动】自主阅读资料②,思考南北半球的季节差异。<br>【活动】基于新的证据进行讨论,逐步推翻不合理的假说。<br><br><br>【讨论】提出思路和方法。<br>【活动】搭建地球绕太阳公转的实体模型,观察"北京"在不同的公转位置的受光照情况并记录。<br><br>【预设】不一样。<br><br>【活动】展示、介绍和交流记录结果。<br>【活动】推测"北京"所处的季节。<br><br><br>【预设】因为太阳照射的角度不同。<br>【预设】照到"北京"上的光斑相同。<br><br>【活动】思考太阳照射角度对地球上温度的影响。 | 由南北半球的季节差异再次引发认知冲突,为推理论证提供更多证据。<br><br><br>借助模拟实验的方式认识地轴倾角对同一地点一年里温度的影响。 |
| 得出结论 | 【演示】出示地球公转动画。<br>【提问】为什么地轴倾角会影响同一个地点的温度?<br>【总结】四季变化的成因。 | 【活动】梳理地球的自转、公转特征与四季现象的关联,理解四季变化的成因。 | 完善模型,促进新概念形成。 |
| 拓展迁移 | 【提问】如果地球的地轴倾角是45°,会有什么变化?<br>【提问】你们有没有新的问题? | 【活动】猜想和讨论。<br>【预设】深圳为什么不下雪? | 通过模型的变化,鼓励学生提出新的问题,激发创造性思维。 |

## 《迎接蚕宝宝的到来》教学设计

| 所在学校 | 宝安区钟屋小学 | | 授课教师 | 陈佳 |
|---|---|---|---|---|
| 学科（版本） | 科学（教科版） | | 年级 | 三年级 |
| 教学单元 | 动物的一生 | | | |
| 单元教学分析 | 本课是教科版《科学》三年级下册《动物的一生》单元的起始课，是本单元整个养蚕活动的开始。学生需要为迎接蚕宝宝的到来做好长期观察活动的必要准备。本课以观察蚕卵活动作为观察蚕一生的开始，让学生对生命的开始有了初步了解，并通过知识的迁移，为下一课《认识其他动物的卵》做铺垫。<br>本课包括三个主要活动。一是用放大镜观察蚕卵的外部形态特征，认识蚕卵；二是为蚕宝宝建一个"家"，为蚕卵孵化出蚁蚕及蚁蚕的健康成长做好准备；三是制订观察计划，指导后续的观察记录活动有效进行。后两个活动是本单元后续教学得以顺利实施的基础。通过这一系列课堂活动，培养学生养蚕的兴趣与热情，引发学生思考观察记录蚕生命活动的方法与形式，并产生可通过观察动物的生命活动来认识动物一生的意识。 | | | |
| 课例名称 | 迎接蚕宝宝的到来 | | | |
| 学情分析 | 学生在一、二年级的时候已经饲养和观察过蜗牛、金鱼等动物，平时生活中也会饲养各种各样的小动物，他们对动物的饲养和观察兴趣是非常浓厚的。但这种饲养和观察是无目的、无计划的，也没有长期的观察记录习惯。部分学生对蚕也有一定的了解，但是蚕的一生具体是如何变化的，如何饲养蚕，他们也是不清楚的。同时，三年级的学生还不具备独立制订观察计划的能力，尤其欠缺制订长期的、类似"蚕的一生"的观察计划能力。所以，让学生进行长期观察记录有一定的难度，需要教师做好对学生的指导工作。 | | | |
| 教学目标 | **科学观念**：通过观察蚕卵，知道蚕卵的外部形态特征。认识到蚕的一生从卵开始，蚕卵孕育着新生命，蚕卵孵化需要适宜的温度和水分。<br>**科学思维**：通过观察、测量蚕卵的外部形态特征，推测蚕卵孵化的条件。<br>**探究实践**：在观察中，用画图、文字的方法记录蚕卵的外部形态特征。通过收集资料或访谈获得养蚕的相关知识，制订切实可行的观察计划，用于观察记录蚕一生的生长变化。<br>**态度责任**：在观察蚕卵的过程中，能对饲养的蚕表现出爱心及责任心，能细心照顾蚕，领悟生命的可爱，懂得珍爱生命。 | | | |
| 分环节教学目标——核心问题设计支架 | | | | |

| | 教学目标 | 通过展示学生熟悉的养蚕图片，快速吸引学生的注意力，激发他们的好奇心和探究欲。通过提出具体的问题，引导学生思考与蚕相关的知识。 | | | |
|---|---|---|---|---|---|
| | 核心问题 | "是何"问题 | "为何"问题 | "如何"问题 | "若何"问题 |
| 环节一 | | 1. 他们手里拿的是什么？<br><br>2.蚕的一生是从什么阶段开始？ | | | |

| | 教学目标 | 通过工具观察蚕卵的大小、形状、颜色等外部形态特征，聚焦本课的研究问题。学生能用画图、文字的方法记录蚕卵的外部形态特征。 | | | |
|---|---|---|---|---|---|
| 环节二 | 核心问题 | "是何"问题 | "为何"问题 | "如何"问题 | "若何"问题 |
| | | 1.蚕是从什么阶段开始它的生命历程的？<br><br>2.蚕卵是什么样的？ | 为什么蚕卵的颜色不同？ | 1.你观察过蚕卵吗？怎样观察的？<br><br>2.如果老师把蚕卵带到教室，你会如何观察蚕卵？观察它的什么特征？ | |
| 环节三 | 教学目标 | 通过查阅资料、观看视频等方式掌握正确的蚕卵孵化和幼虫的饲养方法，知道蚕卵孵化需要适宜的温度和水分。避免养蚕活动的失败，为后续的教学打好基础。 | | | |
| | 核心问题 | "是何"问题 | "为何"问题 | "如何"问题 | "若何"问题 |
| | | 1.蚕卵孵化需要什么条件？<br><br>2.蚕宝宝健康生长又需要什么条件呢？ | | | 如果要给蚕宝宝建个家，怎么做才能让蚕卵在"家"里顺利孵化，孵出的蚕宝宝也能健康生长？ |
| 环节四 | 教学目标 | 制订蚕一生生长变化的观察计划，通过设计观察计划表做好长期观察的准备，能在实际观察中用更多的方法观察记录蚕的一生。 | | | |
| | 核心问题 | "是何"问题 | "为何"问题 | "如何"问题 | "若何"问题 |
| | | 1.观察蚕的一生，我们应该重点观察什么？<br>2.你会选择什么工具进行观察？<br>3.你会选择什么方法记录？ | | 我们如何记录蚕一生的生长变化情况呢？ | |

| 具体教学流程 | | |
|---|---|---|

**一、激发兴趣、聚焦问题（预设5分钟）**

| 教师活动 | 学生活动 | 设计意图 |
|---|---|---|
| 材料准备：课件，蚕、蚕卵的图片<br>1.课件出示学生养蚕的图片。<br>提问：他们手里拿的是什么？你养过蚕吗？关于蚕，你知道什么？<br>2.提问：蚕是从什么阶段开始它的生命历程的？<br>3.出示蚕和蚕卵图片，揭示蚕的生命从蚕卵开始。揭题：迎接蚕宝宝的到来（板贴） | 思考：蚕的一生是从什么阶段开始？<br><br>发言交流。 | 引导学生观察图片并联系自己的生活实际（有些学生见过且养过蚕），引出蚕也是从卵开始它的生命历程的，由此揭示本课课题，意识到蚕卵孕育着新生命。 |

**二、观察蚕卵的外形特征（预设10分钟）**

| 教师活动 | 学生活动 | 设计意图 |
|---|---|---|
| 材料准备：蚕卵、放大镜、尺子、学生活动手册。<br>1.课件出示蚕卵图片<br>提问：你观察过蚕卵吗？怎样观察的？（预设：用眼睛看蚕卵的大小、颜色，还可以借助工具观察）<br>2.课件出示放大镜和尺子的图片。<br>师：如果老师把蚕卵带到教室，你会如何观察蚕卵？观察它的什么特征？<br>3.师生交流后，小组观察蚕卵并将蚕卵的特点以图片和文字的形式记录在活动手册上。<br>4.师生交流小结蚕卵的主要特征：颜色接近紫黑色、形状为椭圆形、很小（大小长约1毫米，宽约1毫米，厚度约0.5毫米），用放大镜可观察到蚕卵中心是凹陷的。<br>5.出示图片，不同阶段的蚕卵。<br>提问：今天我们观察的蚕卵和刚产下的蚕卵有什么不一样？ | 学生画一画，说一说。<br><br>小组讨论汇报，补充。<br><br><br>学生回答。<br><br>（预设）学生提问：为什么会有这么多不同颜色的蚕卵？ | 引导学生利用工具观察蚕卵的大小、形状、颜色等外部形态特征，并能用画图、文字的方法记录蚕卵的外部形态特征。观察后及时组织学生分享交流，通过集体论证，形成关于蚕卵较为全面的认识。<br><br>引导学生关注蚕卵颜色的变化，建构对蚕卵的认知。并提醒学生在饲养活动中养成坚持记录的习惯。 |

**三、为蚕宝宝建一个"家"（预设7分钟）**

| 教师活动 | 学生活动 | 设计意图 |
|---|---|---|
| 材料准备：介绍养蚕方法的资料或视频。<br>过渡：经过一段时间蚕宝宝会从蚕卵中破壳而出，这一过程叫作孵化。<br>提问：如果给蚕宝宝建个家，怎么做才能让蚕卵在"家"里顺利孵化，孵出的蚕宝宝也能健康生长？（蚕卵孵化需要什么条件？蚕宝宝健康生长又需要什么条件呢？）<br>课件出示"养蚕指南"资料和"怎样饲养蚕宝宝"视频。引导学生围绕"2.提问"中的两个问题，仔细阅读资料写出关键信息，并填写在"蚕房"中。<br>师生交流小结：蚕卵的孵化需要适宜的湿度、温度，还需要食物和安全、卫生的场所。我们可以为蚕宝宝制作一个"家"。<br>课件出示图片，学生通过学习和讨论将必要条件填写在"家"中。帮助学生回家后自制"蚕房"，做好养蚕准备。 | 学生回答。<br><br>学生汇总小组意见，形成板贴。<br><br>仔细阅读资料或观看视频。<br><br>学生根据学习资料，在蚕宝宝的"家"中填写"蚕宝宝的家"所需的重要条件。 | 让学生通过查阅资料、观看视频等方式掌握正确的饲养方法，避免养蚕活动失败，为后续的教学打好基础。 |

| 四、制订蚕的一生观察计划 (预设10分钟) | | |
|---|---|---|
| 教师活动 | 学生活动 | 设计意图 |
| 1.引导: 蚕宝宝孵化出来了, 如果它健康生长, 我们能研究它一生的生长变化, 它的一生大概有50多天。<br>你们想记录它们生命中的每个精彩瞬间吗?<br>我们如何记录蚕一生的生长变化情况呢? 让我们制订一个"蚕的一生观察计划"吧。<br>2.提问:<br>(1) 观察蚕的一生, 我们应该重点观察什么?<br>(引导重点观察蚕的体长变化、孵化、进食、排泄、蜕皮、结茧、破茧等过程)<br>(2) 你会选择什么方法记录? (观察日记、绘画、拍照、录制视频等)<br>3.出示观察计划表 (空白表) (提前准备), 在教师指导下, 小组完善自己想记录的关于蚕的信息, 再由班级汇总, 总结出计划表上需要记录的全面的信息。 | 学生制订观察计划。<br><br><br><br><br>小组分享观察计划。 | 指导学生制订蚕一生生长变化的观察计划, 引导学生通过设计观察计划表做好长期观察的准备, 让学生在实际观察中能够用更多的方法观察记录蚕的一生。 |
| 五、拓展 | | |
| 教师活动 | 学生活动 | 设计意图 |
| 关于养蚕, 你还有什么疑问或问题? | 学生思考并提出问题。 | 从学生实际出发, 了解学生真实的困惑和疑问。 |

## 三、其他干预措施

除了提前写好教学设计之外, 潘翠君老师还要求准备上第二轮课的15位老师制定好试课及正式录课的日程表, 要在规定的时间内进行至少两次试课, 并按相关要求高质量地录制好正式上课的视频 (画面清晰、多角度切换、老师及学生讲话的声音清楚)。

另外, 在试课过程中若遇到问题, 可以在工作室的学习小组内或大群里进行研讨, 不断完善教学设计, 提升教学效果。

附：第二轮课例录制的准备工作及日程安排

| 姓名 | 课件制作<br>实验材料准备 | 第一次试课 | 第二次试课 | 正式录制 | 编辑与制作 |
|---|---|---|---|---|---|
| 姜琳 | 3月10日前 | 3月15日 | 3月19日 | 3月28日 | 4月8日 |
| 郭曼曼 | 3月16日前 | 3月19日 | 3月26日 | 3月28日 | 4月7日 |
| 林倩如 | 3月25日前 | 3月26日 | 3月28日 | 4月10日 | 4月12日 |
| 程彦 | 3月30日前 | 4月9日 | 4月11日 | 4月16日 | 4月18日 |
| 陈文浩 | 4月8日前 | 4月9日 | 4月12日 | 4月16日 | 4月18日 |
| 彭杨康 | 4月3日前 | 4月12日 | 4月15日 | 4月16日 | 4月18日 |
| 张艾妮 | 4月3日前 | 4月11日 | 4月15日 | 4月16日 | 4月18日 |
| 秦小青 | 4月3日前 | 4月5日 | 4月9日 | 4月10日 | 4月12日 |
| 陈蓓 | 4月3日前 | 4月15日 | 4月16日 | 4月17日 | 4月18日 |
| 王倩 | 4月6日前 | 4月8日 | 4月11日 | 4月17日 | 4月19日 |
| 陈佳 | 3月30日前 | 4月2日 | 4月3日 | 4月5日 | 4月12日 |
| 郑仪 | 3月30日前 | 4月5日 | 4月8日 | 4月9日 | 4月12日 |
| 汤智勇 | 4月9日前 | 4月11日 | 4月15日 | 4月16日 | 4月17日 |
| 柳成峰 | 4月3日前 | 4月7日 | 4月10日 | 4月15日 | 4月17日 |
| 邓斯琦 | 4月2日前 | 4月9日 | 4月11日 | 4月16日 | 4月19日 |

　　从2024年1月中旬拿到第一轮课例的诊断报告到2024年4月底完成第二轮课例的录制并上传至平台，中间只有三个多月的时间，通过聚焦问题，提供指导等措施，是否能让第二轮课例发生明显的转变呢？

## 第三节　第二轮课例的课堂实录举例

　　当15位老师的第二轮课例录制完成上传到"靠谱知识平台"之后，在工作室主持人潘翠君老师的提议下，执教老师整理出课堂实录，并从课堂观察的角度在实录中对问题类型、问题结构、课堂理答方式等观察项目进行了标注。

## 《四季变化》课堂实录（第二轮）

授课教师：深圳市龙华区第三实验学校　陈文浩
实录整理：陈文浩

【师】同学们先看大屏幕四幅照片，你观察到了什么？（"是何"问题）

【生】（举手者答）左上角是春，右上角是夏，左下角是秋，右下角是冬。

【师】是的，四个季节的景色截然不同。从我们人体感觉来说，四个季节最显著的差异是什么？（"是何"问题、记忆性问题）

【生】（举手者答）温度。

【师】（追问）夏天的温度是？

【生】（齐答）热。

【师】冬天的温度是？

【生】（齐答）冷。

【师】四季变化与我们的生活息息相关。关于四季，同学们有哪些想研究的问题？（鼓励学生提出问题）

【生】（举手者答）为什么有些地方冬天还是热的，有些地方夏天还是冷的？（学生提出"为何"问题）

【生】（举手者答）为什么会有春夏秋冬四个季节？（学生提出"为何"问题）

【师】很有价值的问题。我们先来思考一下，四季变化与什么有关？（推理性问题）请同桌相互说说自己的想法。

【生】（交流讨论）

【师】谁来分享一下自己的想法？

【生】（举手者答）我觉得是跟地球和太阳的距离有关。

【师】还有其他想法吗？（批判性问题）

【生】（举手者答）我觉得和地球的转动有关。

【师】（追问）具体是怎样的？上来演示一下。

**（学生活动：演示）**

【师】刚才几位同学提出了不同的想法：有的认为跟地球到太阳的距离有关；有的认为跟地球自转有关。到底是不是这样的呢，我们先从资料中找找答案。接下来请同学们拿出第一份资料卡，用三分钟的时间从资料卡中获取能支撑你观点的证据。可以拿出材料筐里的地球仪研究一下，轻声讨论。

（学生小组活动：阅读资料、讨论研究）

【师】请同学们将地球仪放回材料筐里。老师迫不及待地想听一听大家的观点了。请你用一些事实来支撑你的观点。

【生】（举手者答）我觉得造成地球上有春夏秋冬四个季节的原因是地球到太阳的距离，因为资料上的第三点这里说了近日点和远日点，近日点时地球到太阳的距离是 1.47 亿千米，远日点时地球到太阳的距离是 1.521 亿千米。我觉得在近日点时热，在远日点时冷，离太阳的距离不同，地球上的温度就会不一样。

【师】（追问）近日点的时候你认为是什么季节？（"是何"问题、推理性问题）

【生】（指定刚才的同学回答）夏天。

【师】（追问）远日点的时候你认为是什么季节？

【生】（指定刚才的同学回答）冬天。

【师】有没有同学要反驳或者补充的？（批判性问题）

【生】（举手者答）不对，我认为是因为地球绕太阳公转。地球绕着太阳转，比如地球在这个地方，而太阳在这里，太阳向这个地方照，地球上被照的地方就会热。当地球转到这里，这个面不会被太阳照到，就会冷。（生边答边演示）

【师】（追问）请你结合这张图片来讲解一下，可以吗？

【生】（边演示边讲）当地球在 A 这个地方的时候，太阳是可以直接照到这里的（指着地球仪上的某处），这里会比较热。当地球转动以后，太阳没办法照到这儿，这个地方就会比较冷。

【师】谢谢你的分享。还有没有其他的观点？（批判性问题）

【生】（举手者答）我觉得刚刚的同学说得也不对，因为我们要研究的是一年为什么有春夏秋冬，而她说的是地球一天会自己转一圈。地球自己转一圈的时候，所有地方都会被照到。

【师】请你上来演示一下吧。老师先问一下，从刚才的阅读资料里面我们可以知道地球自转一周是多久？（"是何"问题、记忆性问题）

【生】（齐答）24 小时。

【师】一天的时间。如果地球不公转，只自转的话，会不会有四季变化呢？（"若何"问题、创造性问题）

**（老师边讲边和上台的学生一起利用模型演示）**

【生】（齐答）不会。

【师】其实刚才那位同学提到的是昼夜交替。因为地球自转，被阳光照到的一面是白天，没有被照到的一面是黑夜。

【师】再回到我们要研究的问题。你们怎么认为呢？四季的形成和地球公转有没有关系？（推理性问题）

【生】（指定同学回答）无关。我也觉得和地球到太阳的距离有关。

【师】（追问）那这个距离为什么会变呢？（"为何"问题、推理性问题）

【生】（指定同学回答）我还没想好。

【师】请最后一位同学说一说。

【生】（举手者答）我觉得是因为地球自转，地球自转时是倾斜的，所以地球每自转一次的时候，地球上不同地点到太阳的距离不一样。

【师】（追问）那你觉得需要公转这个条件吗？（推理性问题）

【生】（指定刚才的同学回答）我觉得不需要。

【师】哦，你认为只要"倾斜"这一个条件就可以了。

感谢几位同学发表观点。我们现在罗列了四个观点（指板书）：1.距离；2.自转；3.公转；4.倾斜。同学们每人手中都有号码牌，看你支持哪一种观点，请举起相应的数字牌。比如说，如果你支持第一种观点，认为与日地距离有关，你就举"1"。如果上面的观点都不认同，就举"问号"。现在请举牌。

**（学生活动：举牌）**

【师】五颜六色的，看来大家的观点不一。举"1"的好像还挺多，请放下。我们继续阅读资料。请各组拿出第二份资料，看看还有什么信息可以获取的。

**（学生活动：阅读资料）**

【师】你们有没有新的发现？（批判性问题）

【生】（举手者答）地球离太阳越近的时候，气温就越高；地球离太阳越远的时候，气温就越低。

【师】（追问）从哪里看出来的？（推理性问题）

【生】（指定刚才的同学回答）从资料里可以看出南半球 8 月是冬季，而 7 月初，地球就在远日点附近，所以 7 月、8 月这段时间比较冷。

【师】有没有其他观点？（批判性问题）

【生】（举手者答）春夏秋冬是根据地球在近日点和远日点的位置来分辨的，1 月在近日点附近，12 月、1 月和 2 月就是夏天；7 月在远日点附近，6 月、7 月和 8 月就是冬天，剩下的时间是春天或者秋天。

【师】这是你的想法。还有没有不同的观点？

【生】（举手者答）我来补充第二位同学说的。首先看资料卡二的第二条，这里说的是每年的 1 月初，地球位于近日点附近，按我们的推断，此时是比较热的时候；然后第二句话，每年的 7 月初，地球位于远日点附近，按我们的推断，那个时候地球是冬季。

【师】刚刚几位同学说地球在近日点的时候比较热，但是请你们想想近日点的时候我们北半球是什么季节？（"是何"问题、记忆性问题）

【生】（举手者答）冬天。

【师】（追问）那，这不是矛盾了吗？

【生】（自由答）是的。

【师】（追问）什么矛盾？谁来说清楚一些？（"是何"问题、理解性问题）

【生】（举手者答）我们推测近日点的时候应该是夏天，但实际上，近日点是在 1 月，1 月是北半球的冬季。

【师】是我们的资料出错了吗？（批判性问题）

【生】（部分答）不是。

【师】（追问）那是怎么回事？（推理性问题）

【生】（举手者答）我觉得是因为地球的地轴是倾斜的，有一些地方可能是热的，有的地方可能是冷的。

【师】你觉得是地轴的倾斜导致了北半球和南半球温度有差异？

【生】（指名答）是的。

【师】我们再来看看第二份资料的第一条内容，这里告诉我们，南半球 8 月份是什么季节？（"是何"问题、记忆性问题）

【生】（部分答）冬季。

【师】但是 8 月份我们北半球是什么季节呀？

【生】（齐答）夏季。

【师】看来，在同一时间，北半球和南半球的季节不一样。当地球位于近日点时，北半球（比如中国）反而是冬天。由此看来，四季的形成原因到底与距离有没有关系呢？给你们一点时间思考，待会再举起你们的观点牌。

【师】请举牌再次表达你的观点。

**（学生活动：举牌）**

【师】还有不少举着"问号"，但是"1"和"2"变少了，"3"和"4"变多了。请放下。请大家接着思考一个问题：假如我们把太阳缩小成一个篮球那么大，你觉得我们地球相当于什么？（"若何"问题、创造性问题）

【生】（自由回答）黄豆、绿豆。

【师】是的。接下来我们按照比例转换一下日地距离，它就相当于30米远。这位同学他拿着这颗绿豆代表地球，老师拿着这个篮球（代表太阳）要走到30米之外，都隔了几个教室了；而且，近日点和远日点距离虽然有差别，但等比缩小之后，差别只有约1米，相对于30米来说，你们觉得这1米的变化明显吗？（推理性问题）

【生】（齐答）不明显。

【师】是的，这个距离变化其实微乎其微。所以它对温度的影响其实是非常小的。

【师】那么问题来了，既然跟距离关系不大，我们剩下的假设还有哪些？我们继续来验证一下？（推理性问题）

【生】（自由答）公转、倾斜。

【师】老师没有新的资料提供给你们了，怎么办？（"如何"问题、创造性问题）

【生】（自由答）做实验。

【师】你们之前研究过地球吗？在研究地球时用到的一种很重要的实验手段是什么？（"是何"问题、记忆性问题）

【生】（部分答）模拟实验。

【师】我们没办法把地球和太阳拿过来研究，我们就做个模拟实验。

【师】手电筒可以模拟什么？（"是何"问题、创造性问题）

【生】（齐答）太阳。

【师】地球用什么来模拟？（创造性问题）

【生】（齐答）地球仪。

【师】你们的桌上正好有地球仪可以用。

【师】板子用来做什么？（"是何"问题、推理性问题）

【生】（自由回答）……

【师】板子是用来模拟轨道的，上面标了A、B、C、D四个点。从A到D代表地球绕太阳转一周。我们选择四个点来研究，地球绕太阳转一圈时这四个位置的光照情况怎么样？我们可以模拟一下。每个小组会拿到一块定制的底板。

【师】（展示底板）请问，你们觉得中间这里该放什么呢？（推理性问题）

【生】（齐答）太阳。

【师】（指底板上的A、B、C、D）这四个位置，我们要放什么？（推理性问题）

【生】（齐答）地球仪。

【师】地球仪要依次放在公转轨道上的四个位置A、B、C、D上观察。另外，手电筒可用这个支架固定。

【师】还有一个问题；我们要观察光照的变化，如果看整个地球的光，是很难去分辨的，现在老师还给大家准备了一块这样的挡板，你们觉得可以怎样使用呢？（"如何"问题、创造性问题）

【生】（举手者答）挡板放在地球仪前面，当光线照过去时，光透过挡板上小孔照到地球仪上，我们观察地球仪上被光照到的那个地方。

【师】你说得很对。我们今天要观察的区域，就锁定咱们的首都北京。当地球沿轨道公转到这四个位置时，看看北京地区的光照情况是一模一样的，还是有所不同。我们先来看一个演示视频。

**（学生观看微课）**

【师】看完视频，同学们还有什么疑问吗？（鼓励学生提出问题）

【生】这四个位置地球的倾斜角怎么保持一样？（学生提出问题）

【师】好问题，地球的地轴倾角在公转轨道上是不变的，大家在摆放的时候注意保持支架的朝向不变即可（手举地球仪说明）。请组长上来领取材料，再来一位同学协助，底板一定要轻拿轻放，其他同学可以整理一下桌面的东西，把实验区空出来。

**（学生领材料、做实验准备）**

【师】现在关灯，可以进行观察了。请把你们观察到的光斑形状、大小和亮度在你们的记录单上记下来，实验结束后我们来看一看大家的实验结果。

**（学生活动：小组实验）**

【师】时间到，请大家将手电筒长按关闭，回到座位上。我们来看一看大家的实验记录。先看这一小组的。

【师】说一说你们观察到的光斑有什么特点？（"是何"问题、记忆性问题）

【生】我们观察到地球在A点这里时，北京这里的光斑像个椭圆；到了B点，光斑变得很圆很圆；到C点时出现较大的光斑，上面有点阴暗，下面较亮；到了D点时，光斑就变成长条状的了。

【师】（追问）在D点时光比较分散，对不对？

【生】对。

【师】谢谢你们小组的分享。还有谁展示一下你们的结果？

【生】（指定同学回答）在A点时，光完全照不到北京，一点光斑都没有；在B点时，光照到了北京，光斑形状是圆形的；在C点时，北京全部被照到了，光斑是椭圆形的；在D点时，光也是把北京全部照到了。

【师】刚刚两个组的展示，我们看到地球位于B点时，光斑都是圆形的。另外，老师看到好几个记录表的"D"里记录的是长条形。

【师】那，在A点和C点时，光斑是什么形状？（"是何"问题、记忆性问题）

【生】（自由答）椭圆形。

【师】光斑形状不同说明什么？会不会影响温度？（"是何"问题、推理性问题）

【生】（齐答）会。

【师】（追问）为什么会影响温度？

【生】（举手者答）有的时候，光斑比较长，区域比较大，所以更热；有的时候光斑区域比较小，温度就会降低。

【师】他的观点是光集中时温度低，光散开时温度高。有没有不同的想法？（批判性问题）

【生】（举手者答）我认为散开的光，热是比较少的；集中的光，热是比较多的。

【师】（追问）光集中的地方是热还是冷？（"是何"问题、推理性问题）

【生】（指名回答）热。

【师】（追问）那，光散开的地方呢？

【生】（指名回答）冷。

【师】我们刚刚做了这个实验，可以证明在地球有地轴倾角的情况下，它在公转轨道上的 A、B、C、D 四个位置时的光照情况出现了不同。请问，这样就能说明温度变化与倾角有关系了吗？（批判性问题）

【生】（自由回答）好像不能吧。

【师】是的，我们还需要一个对比，要看看地球的地轴在没有倾角的情况下，被照射到的情况是什么样的。现在请同学们看这里：上面四张图是有地轴倾角情况下的光照情况，下面四张图是没有地轴倾角的情况。

（学生观察）

【师】上面四幅图的亮度能看出区别吗？（"是何"问题、推理性问题）

【生】（举手者答）我觉得第一幅图亮度比较适中；第二幅图感觉比较暗，这里会比较冷；第三幅图感觉光照比较集中，比较热；第四幅图感觉也是温度适中的。

【师】这是你的观点，请坐。其他同学有没有不同的观点？（批判性问题）

【生】（举手者答）我觉得第一幅图和第三幅图有点暗，可能是温度适中；第二幅图很亮，应该是很热的；第四幅图很暗，应该是最冷的。

【师】你的观察和分析非常棒！我们再想一想，为什么地轴有倾角时照射情况就不一样呢？（"为何"问题、推理性问题）

【生】（举手者答）地轴倾斜的话，太阳光照过来，有时是直着照，有时是斜着照。

【师】很对，太阳照射的角度会不同，也就是说，太阳有直射和斜射。现在老师来做一个现场演示，看看光线直射和斜射对温度是否有影响。左边是直射的温度 31.8℃，斜射的温度是 30.2℃。同学们能看清楚吗？（常规管理性问题）

【生】（齐答）能。

【师】光以什么样的角度照射时会更热？（"是何"问题、推理性问题）

【生】（齐答）直射。

【师】直射的时候，它产生的光斑是什么形状的？（"是何"问题、推理性问题）

【生】（齐答）圆的。

【师】地球在B点时，光斑形状是圆的，说明这里是阳光直射。如果光是斜着照射，那就会形成一个被拉长的椭圆形光斑。现在你们可以推测地球在A、B、C、D四点时，北京分别是什么季节了，小组讨论一下。

【师】A是什么季节？（"是何"问题、推理性问题）

【生】（齐答）春。

【师】B是什么季节？

【生】（齐答）夏。

【师】C是什么季节？

【生】（齐答）秋。

【师】D是什么季节？

【生】（齐答）冬。

【师】我们再来看下面的这四幅图（指图），在没有地轴倾角的情况下，四个位置的光斑是怎样的？（推理性问题）

【生】（齐答）相同的。

【师】现在要再次举牌表明观点了。这次以小组为单位，先讨论一下，然后举起代表你们小组观点的号码牌，可以进行数字的组合。

**（学生活动：讨论后，举牌）**

【师】"3+4"，还有的小组加上了"问号"。好的，请放下。

【师】现在我们能得出结论了吗？四季变化与地球的什么有关？（"为何"问题、推理性问题）

【生】（举手者答）与地球的公转以及地轴倾斜有关。

【师】没错，请同学们写下这个重要的结论。

【生】（整理自己的实验记录、写下结论）

【师】刚才还有的组举起了"问号"牌，现在请提出你们的问题。（鼓励学生提出问题）

【生1】为什么地球的地轴是倾斜的？（学生提出问题）

【生2】为什么深圳的四季不像北京的四季那么明显？（学生提出问题）

【生3】为什么深圳的冬天不会下雪？（学生提出问题）

【师】这些问题都很有价值！老师也想到了一个问题：假如地轴倾斜的角度不是 23.5 度，而是更大（比如 45 度）或者更小（比如 10 度），四季变化又会是怎样的呢？这些问题，希望同学们一起想办法来找答案，下节课再来交流。（"若何"问题、创造性问题）

（下课）

## 例2：《磁极与方向》课堂实录

授课教师：深圳实验学校小学部　林倩如

实录整理：林倩如

### 一、导入环节

【师】（指屏幕上的图片）同学们认识这个是什么吗？（"是何"问题）

【生】（自由回答）指南针。

【师】指南针的作用是什么？（追问）

【生】（举手者答）帮助我们辨别东西南北。

【师】很好，谢谢你。在指南针的结构当中，指示方向的关键结构是什么？（"是何"问题）

【生】（举手者答）它中间的那个指针。

【师】指针为什么能够帮助我们辨认方向，这个指针它是什么材料做的？（"是何"问题）

【生】（举手者答）铁。

【师】你觉得铁质的指针有这样的功能，是吗？（追问）

【生】因为南边有磁场，指针就会指向南方。

【师】你知道"磁场"，很棒。老师告诉大家，指南针的指针是由磁石制成的。我们之前学习的磁铁也是由磁石制成的（屏幕出示磁铁的图片）。大家猜一猜，磁铁的磁极能不能像指南针的指针一样指示方向呢？

【生】（自由回答）能吧？

【生】（自由回答）不能。

【师】同学们有不同的猜测。今天我们就来通过实验探究一下，磁铁的磁极是否能指示方向。（出示课题《磁极与方向》）

**二、实验环节**

【师】接下来，老师会给同学们提供磁铁，还有像这样的几种材料（指屏幕上的图片），同学们先小组讨论一下，利用这些材料，我们要如何探究磁铁能否指引方向呢？（"如何"问题）

【生】（小组讨论）

【师】哪个小组来分享一下你们的想法？

【生】（举手者答）我们可以把磁铁放到那个旋转仪上，转一下，等它稳定时，看看两极指的方向。

【师】很好的想法。还有补充吗？

【生】（举手者答）要多做几次才行。

【生】（举手者答）要先弄清楚我们实验室的东南西北方向。

【师】爱动脑筋，很棒！为了保证实验的效果，老师要先请同学们仔细观看操作视频，学会操作方法。

【师】（播放操作视频）（1.探究条形磁铁磁极与方向之间的关系。首先，放好记录单，确定正前方和正后方是什么物体，并做好记录。在实验期间，请勿随意改变记录单的位置。接下来，检查磁铁旋转仪，确保能自由轻松地转动。将条形磁铁轻轻地放在旋转仪上，再将仪器放在记录单中间。接下来轻轻转动旋转仪，等待它停稳后，在红色磁极对应的记录单位置画"○"、在蓝色磁极对应的位置画"×"。每人做3次，小组一共做12次，然后根据记录的结果，写下你们的发现。2.探究U形磁铁或O形磁铁的磁极与方向之间的关系。方法与刚才的相似，只是把条形磁铁换成U形磁铁或O形磁铁。）

【师】看完视频，你有什么疑问吗？可以提出来。（鼓励学生提出问题）

【生】（举手者提问）记录单上"我的发现"要写什么？

【师】你可以写实验结果有什么规律或者是其他的发现都行。

【师】接下来，我们再把操作要点读一遍，加深印象。

【生】（齐读）"检查旋转仪，放好小磁铁。摆好方向盘，仪器放中间。转动旋转仪，等待它停下。磁铁停下后，记录磁铁指向。红色指向画○，蓝色指向画×。每人做3遍，记录12次。"

【师】还有其他问题吗？

【生】（举手者提问）每人做3遍，共做12次，为什么要这么多次呢？

（学生提出问题）

【师】问得好！我们要多次重复实验，才能够看出是否有规律。好，请组长起立，拿实验盒。现在开始实验。

【生】（进行实验操作）

三、研讨环节

【师】全体坐正。接下来，我们一起来分析记录单。先看自己的实验结果，观察有没有规律。

【生】（自由回答）有。

【师】如果有规律，请把你发现的规律写下来。有同学说"老师，我们的结果是没有规律的"，也没关系，你是怎么看出它没有规律的，为什么觉得它没有规律，也写下来。好，现在根据老师刚才的提示，填写"我的发现"。

【生】（填写记录单）

【师】接下来，请几个同学分享自己的发现。展示的同学请你上来，对着屏幕，自信大方地介绍你的发现是什么。其他同学认真倾听。首先请出第一位——

【生】（指定者答）我是用条形磁铁测量的，我发现它是有规律的，红色都指向前面，蓝色都指向后面。

【师】掌声送给她！

【生】棒！棒！你真棒！

【师】甲同学的表述非常完整，大家都要向她学习。下一位同学——

【生】（指定者答）这个是U形磁铁，有规律，蓝色全部在下，红色全部在上。

【师】（对一举手的同学说）你有疑问吗？请说。（鼓励学生提出问题）

【生】（举手者答）他写的这个记录应该是没有规律的。

【师】谢谢你表达出自己的观点。乙同学的记录是红色分布在上半部分，蓝色分布在下半部分，呈上下半圆这样分布，也可以说是有规律的。再看看甲同学的这个记录，"○"和"×"分别集中在前后。他们的结果是不一样的。每个人的实验结果都可能不一样。这就是老师让大家如实记录的原因。下一个同学。

【生】（指定者答）我是使用O形磁铁测量的，我的测量结果是"有规律"：磁铁红色的一头全部在前面的右边，蓝色的一头指向后面的左边。

【师】掌声送给她。

【生】棒！棒！你真棒！

【师】现在我们出现了多种结果。第一种结果〇和×集中在前后方向。结果也是这样的请举手。

【生】（大部分学生举手）

【师】谢谢，请放下。第二种，〇和×是在斜前方和斜后方，请举手。

【生】（大部分学生举手）

【师】谢谢，请放下。第三种结果，〇或×分布在上半圆，另一个磁极分布在下半圆，请举手。

【生】（少部分学生举手）

【师】最后一种，磁铁毫无规律乱转的请举手。

【生】（少部分学生举手）

【师】谢谢，请放下。大部分同学的结果是有规律的，但规律有点不一样。现在，一起来揭晓我们所处的前、后、左、右对应东、南、西、北的哪个方向吧！老师这里有真正的指南针，红色的指针指向北方，与转盘上面红色的北对齐。每组发一个指南针，请你对照指南针，将前后左右的方位写上去。特别是找到规律的同学，看看有什么发现。

【生】（进行操作并记录）

【师】将我们的前后左右和真实的方向对应起来后，你有什么新发现？（批判性问题）

【生】（举手者答）是上北下南左西右东。

【师】磁铁的红色磁极指向的是什么方向？（"是何"问题）

【生】（举手者答）北。

【师】现在我来揭晓：我们的正前方是北方，柜子后面是南方。通过刚才的统计，大部分同学记录的红色磁极指向前方，而我们面对黑板的这个方向，正好是北方；蓝色磁极对应的是南方，这不就是指南针所指的方向吗？根据这个结果你有没有什么新的问题、新的疑惑？（鼓励学生提出问题）

【生】（举手者提问）为什么我记录中的"〇"分布到其他地方去了？（学生提出问题）

【师】这个问题问得很好啊，希望同学们都能像这样，有疑问就大胆提出来。

【生】（举手者提问）磁铁为什么会指向北方和南方呢？（学生提出问题）

【师】很好，这又是第二个新问题了，也非常有价值。你说。

【生】（举手者答）我能解答第二个问题，因为地球有磁场。

【师】太好了，解答了第二个问题。继续提问。

【生】（举手者提问）前面是北，后面是南，为什么红色的头是在前面，而蓝色的头是在后面？（学生提出问题）

【师】你的意思是为什么总是红色磁极指向北方。很好，很不错的问题。

### 四、拓展环节

【师】同学们提出了很多问题，接下来，我们一一解决这些问题。首先我们解决丙同学的问题（第二个问题），丁同学给出了简单的解释。那实际上到底是怎么回事呢？为什么磁铁总会指向同一个方向（"为何"问题），我们一起来了解。

【师】（播放科普视频）

【师】我们的地球就相当于大磁铁，所以它会吸引小磁针转动。现在思考许同学提出的第三个问题，为什么红色磁针就一直指向北方，蓝色磁针就一直指向南方？（"为何"问题）老师现在做一个模拟实验。上节课我们学习了相同的磁极相互靠近会怎么样？（记忆性问题）

【生】（自由回答）排斥。

【师】不同的磁极相互接近时会怎样？

【生】（自由回答）吸引。

【师】没错。接下来我们开始模拟，假设这是地球的磁极，把指南针靠近它，不管怎么动，它的一端都会被大磁铁吸引，这是因为不同磁极之间会相互吸引，所以指南针的指针就会往一个方向转。

【生】（举手者提问）磁铁里面的指针又不是强磁，地球的磁极离它那么远，怎么能吸引呢？（学生提出问题）

【师】这个问题问得太好了，这就是我们地球的神奇之处。地球磁场是非常强大的，等我们上到更高的年级会进一步学习。

【师】刚才的视频和模拟实验解决了你们的两个疑问。老师也提出一个疑问，在地球上，指南针能够很好地辨别方向，如果我们到了其他的星球，

指南针还能够帮助我们辨别方向吗？（"若何"问题、创造性问题）

【生】（举手者答）月球离地球很远，可能吸不上。

【生】（举手者答）像木星这种大星球有吸引力就能用指南针。

【师】你是觉得大一点的星球有磁场，因此可以吸引小磁针？这个观点很独特哦。

【生】（举手者答）月球没有吸引力，所以不能用。

【师】看来这个问题引起同学们很多思考。我们可以用自己学到的知识，去大胆地进行一些推测，至于如何验证，我们还需要更多的资料。

【师】我们还有一个问题没有解决，刘同学（第一个问题）提出的：为什么我们使用的实验装置不能很好地指向南北，而是乱指的？（"为何"问题、批判性问题）

【生】（自由回答）对耶，为什么？

【师】是不是我们的装置有什么问题呢？你觉得需要怎样改进，才能做到像这个真正的指南针一样准确指示方向？（"如何"问题、创造性问题）

【生】（举手者答）把这个架子拆了，再把它固定起来。

【师】固定起来就不能自由转动了，怎样才能让它更灵活地自由转动，从而更加准确呢？（追问）

【生】（举手者答）挂起来，轻轻转动，不要晃得太厉害。

【生】（举手者答）用一个盒子，把磁铁固定在针上面，可以让它自由转动。

【师】同学们想的方法都不错！建议同学们回家后可以自己找材料试一试，看能不能利用磁铁做出一个能指示方向的仪器来？

（下课）

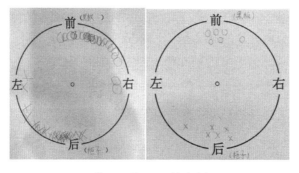

附：课堂记录单实例

## 例3：《导体与绝缘体》教学实录

授课教师：深圳市宝安区福永小学　郑仪

实录整理：郑仪

【师】同学们，这个单元我们学习了电路，老师昨天连接了一个简易电路，但是有一位同学好奇导线里面有什么，于是他就剪断了导线，小灯泡就不亮了，请你们思考一下，如果没有新导线，连上什么替代物体能重新点亮小灯泡？（创造性问题）

【生】我觉得可以连上导体，例如钢制品。

【师】好的。还有其他的想法吗？

【生】我也觉得需要连接导体，但千万不能用水。

【师】（追问）为什么？

【生】因为这样容易触电，发生危险。

【师】看来你的安全意识挺强的。还有其他不同想法的吗？

【生】我觉得可以连上一根铁丝。

【师】好的。今天老师准备了这些物体（指屏幕上的图片），请你们根据物体的特性以及生活经验，预测一下哪些物体连接到电路中可以点亮小灯泡（创造性问题），然后把预测结果记录在实验记录表中（时间：2分钟），现在开始。

（学生活动：小组讨论，做出预测并记录）

【师】时间到。哪个小组愿意上来分享你们的预测结果？

【生】我们小组预测铜条、铁条、回形针、硬币都可以点亮小灯泡，塑料片、纸片、橡皮、橡胶条、铅笔芯、木棒、玻璃片、木片和陶瓷棒都不能点亮小灯泡。

【师】谢谢你的分享。有没有哪个组有不同的预测结果？（批判性问题）

【生】我们跟他们不同的是预测铅笔芯能点亮小灯泡。

【师】除了这两组，还有不同的预测结果吗？

【生】我们小组预测铜条不能点亮小灯泡。

【师】（记录刚才三种预测）如果想知道这三个组到底谁的预测是正确的，我们通常要用什么方法？

【生】做实验。

【师】在开始实验前，老师想给大家看一个装置（展示图片），请问它叫什么？

【生】电路检测器。

【师】回答正确！那么我们来对比一下这个剪断的简易电路和电路检测器，你有什么发现？

【生】我发现它们两个很相似。

【师】是的。那么我们是不是可以借助电路检测器来模拟剪断的简易电路，检测连接哪些物体可以点亮小灯泡？

【生】是。

【师】我们来思考一下，如果将这个物体连接上去，电路检测器的小灯泡亮了，说明什么？如果不亮又说明什么？（"若何"问题）

【生】说明这个物体能让电流通过，它能导电；如果小灯泡不亮，则说明这个物体不能导电。

【师】很好！接下来请各小组讨论一下如何进行实验操作，以及实验过程中需要注意哪些问题。（创造性问题）

（学生活动：小组讨论）

【师】讨论时间到，有哪组来分享一下你们的实验方案？

【生】我们设计的实验方案是拿电路检测器的两个导线头连接物体两端，如果能点亮小灯泡，就说明这个物体是容易导电的，也就可以用来连接剪断电路点亮小灯泡。

【师】不错。其他小组有补充吗？

【生】我们小组补充一点，就是电路检测器使用前要先检测能否正常工作，因为如果电路检测器不能正常工作的话，接下来就不能准确检测物体的导电性。

【师】考虑得很周到！我们在上一课做实验检测故障电路时，就已经知道了，电路检测器在使用前要先检测它自身是否能正常工作。刚才这位同学提醒得非常好。除此之外，还有什么细节是需要提醒同学们特别注意的吗？（创造性问题）

【生】在检测时，两个检测头要隔开一段距离，不能让两个检测头直接碰到一起了，这样会导致实验结果不准确。

【师】太棒了，这点非常重要。还有没有同学继续补充？

【生】每一种物体至少检测三次，这样才能使实验结果更准确。

【师】你的思维很严谨！还有补的吗？

【生】我们在使用玻璃片等物体时，要注意安全，不能割到自己的手。

【师】你很细心，谢谢你的提醒！的确，同学们要注意实验安全。最后老师来补充一点，实验后，我们可以对这些物体分类摆放，把能点亮的放到一边，不能点亮的放到另一边；然后做好实验记录。给大家15分钟的时间，现在开始实验吧。

（学生分组进行实验操作；教师巡视指导）

【师】时间到，请放好实验材料。哪个小组先来分享一下你们的检测结果？

【生】我们组的检测结果是铜条、铁条、回形针、硬币、铅笔芯都可以点亮小灯泡，塑料片、纸片、橡皮、橡胶条、木棒、玻璃片、木片和陶瓷棒都不能点亮小灯泡。

【师】好的，老师记下你们的结果。其他小组有没有不同的检测结果？（批判性问题）

【生】我们组铅笔芯的实验结果跟他们不一样，铅笔芯不能点亮小灯泡。

【师】这两个小组对铅笔芯的导电性有争议。老师今天带了一个非常灵敏的检测器——导电球，接下来就请这两组同学分别带上你们组的铅笔芯上来用这个导电球来进行检测，看看你们组的铅笔芯到底能不能点亮导电球。

（学生活动：有误差的小组上来用导电球重新做铅笔芯的实验。）

【生】亮了亮了。

【师】所以这说明了铅笔芯能不能点亮小灯泡？

【生】能点亮。

【师】能点亮小灯泡，说明它容不容易导电？

【生】容易导电。

【师】科学上我们将容易导电的物体叫作……

【生】导体。

【师】不容易导电的物体叫作……

【生】绝缘体。

【师】看来大家预习得很充分啊！那么检测的物体里面哪些是导体？哪

些是绝缘体？

【生】铜条、铁条、回形针、硬币、铅笔芯是导体。

【师】（追问）绝缘体有哪些？

【生】绝缘体有塑料片、纸片、橡皮、橡胶条、木棒、玻璃片、木片和陶瓷棒。

【师】你们都同意他的分类吗？

【生】同意。

【师】我们在二年级的时候学习过物质的分类，物质可以简单分为金属和非金属。大家看一下这些导体，有没有发现导体大多数是哪一类？

【生】金属。

【师】绝缘体基本上都是什么？

【生】非金属。

【师】那，有没有例外呢？

【生】有，是铅笔芯。

【师】（追问）铅笔芯是什么？

【生】铅笔芯是石墨做的，石墨是可以导电的物体。

【师】（追问）石墨是金属还是非金属？

【生】是非金属。

【师】除了石墨这种非金属是导体，你们还知道哪些非金属也是导体呢？

【生】人体、大地、不纯净的水，也是导体。

【师】很对，书本上有写到这些是导体。所以我们前面对于导体和绝缘体的物质分类并不完全正确，不一定所有的导体都是金属，有些非金属也可能是导体。

【师】（对一举手的同学说）请问你有什么疑问吗？（鼓励学生提出问题）

【生】我刚才用两只手连到电路检测器，灯泡并没有亮，为什么说人体是导体呢？（学生提出问题）

【师】敢于质疑，好样的。我们可以利用导电球来检验一下，请你上来。

（学生走上讲台后，老师指导他用两只手握住导电球两边的导线，导电球亮起来了）

【师】（问刚才的同学）做了这个实验，你有什么想法？

【生】我相信人体是导体了。

【师】好的。不过，老师要提个醒：今天用的导电球、电路检测器，里面的电是安全的，可以用手接触；但家里的电器所用的电可是220伏的交流电，大家说说，能用手或身体的某个部位用接触吗？

【生】不能。

【师】是的，在家用电时一定要注意安全。接下来考考大家：请运用今天所学的知识来分析一下，这几张图片中的做法是否正确？并请说出理由。（批判性问题）

（老师播放第一张图片：一小朋友触电倒地，另一小朋友打算去拉他）

【生】不对。

【师】（追问）为什么？

【生】如果那个小朋友就这样去救人会很危险。

【师】（追问）为什么很危险？

【生】因为人是导体，他这样去救人的话，自己也会触电。

【师】那我们应该怎样去救他？（创造性问题、"如何"问题）

【生】用木棍把电线挑开。

【生】老师，我有疑问。

【师】（对刚才的同学示意）请你说。（鼓励学生提出问题）

【生】如果周围没有木棍怎么办呢？（学生提出问题、"若何"问题）

【师】（追问）是啊，当时不一定碰巧能找到木棍。同学们能想出办法吗？

【生】只要是绝缘体，就行。

【师】是的，我们要学会变通，另外，遇到这种危险时尽可能向周围的成年人求救。继续来看下一张图，他们这样做是对的吗？为什么？

【生】不对，因为人和水都是导体，插座和开关里面有电，直接用湿手或者是湿毛巾去接触插座和开关会导电。

【师】很好！接下来再看，雷雨天气我们应该如何避雨？（创造性问题）

【生】可以到屋檐下避雨，但是不能在树下。

【师】我听到有同学想提问题，你来说。（鼓励学生提出问题）

【生】我想问，树是非金属，好像是绝缘体，为什么不能去树下？（学

生提出问题）

【师】有道理，这个问题提得好，有谁能解决她的疑问呢？

【生】因为下雨时树上肯定有水，树就变成了导体，而且雷电又是很厉害的电，若站在树下避雨，就很危险。

【师】分析得有理有据！所以在一般情况下的绝缘体（比如树木），在特殊的条件下会转变成导体。那我们应该在哪里避雨？（创造性问题）

【生】在屋檐下避雨。

【师】同学们思考一下，室内和室外哪里避雨更好？为什么？（批判性问题）

【生】在室内，因为自然界中的水、人体和大地都是导体，容易导电。

【师】我们刚刚了解了许多导体和绝缘体的种类，那么它们在现实生活中又有哪些应用？开关哪里应用了导体？哪里应用了绝缘体？为什么这样设计？

【生】开关里面金属的部分用了导体，能输送电让电器工作，表面的塑料是绝缘体，能保护我们按开关的时候不会触电。

【师】我们来看下一张图，电脑的主机、显示屏、键盘、鼠标哪些地方哪里应用了导体？哪些地方应用了绝缘体？为什么？

【生】我认为显示器、主机、键盘的外壳是用绝缘体来制作的，因为这样能保护我们以防触电。里面的电线是用金属来制作的，金属是导体，能输送电让电脑工作。

【师】再来看看我们熟悉的简易电路中的电器元件，这些元件哪些部分用了导体，哪些部分用了绝缘体？为什么？

【生】开关跟手接触的部分和底座是绝缘体，因为这样能防止人体触电。连接导线的部分是导体，因为这样才能接通电路。

【师】还有哪位同学来继续介绍其他的电路元件？

【生】电池盒的底座是塑料做的，是绝缘体，因为这样能防止人体触电；接线柱是金属做的，是导体，连接导线后可以把电运输到其他的地方。

【师】好的。我们来为刚才的讨论做个总结——这节课我们不仅学习了导体和绝缘体以及它们在生活中的应用，更重要的是我们还掌握了一些安全用电的知识。

生活中我们利用导体来使电流通过，把电送到我们需要的地方，利用绝缘体来阻止电流通过防止触电。所以我们要保护好电器的绝缘体部分，不要随意触摸导体部分，以及不要让水溅到电器上，用电时注意安全。

（下课）。

## 例4：《岩石的故事》教学实录

授课教师：深圳市宝安区碧海小学　郭曼曼

实录整理：郭曼曼

### 一、问题聚焦

【师】（故事情境导入）整个单元，土壤和岩石将会陪伴着我们学习。今天先来学习岩石的故事。岩石失忆了，它想不起来它是谁？从哪里来？到哪里去？孤独的岩石决定独自去寻找身世。它询问地球，地球告诉它，它从上亿年前过来，地球上没有生命之前它就存在了，并且记载了地球的历史。同学们，我们一起来学习岩石的故事吧！

今天我们要帮助失忆的岩石弄清楚三件事情：

①它是谁？

②它在哪里？

③它的使命是什么？

### 二、探索实践

1. 它是谁？

【师】（课件出示三幅图，分别是砖块、瓦片、花岗岩）图中的物质哪些是岩石，为什么？

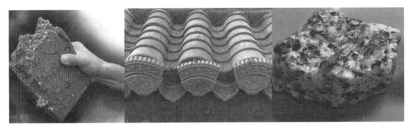

图1　　　　　　　　图2　　　　　　　　图3

（图1和图2的图片来自网络）

【生】图3是岩石。

【师】点赞，你的理由是什么？

【生】图3是天然形成的。

【生】图3表面凹凹凸凸的，它就是自然形成的。图1是人工用一些东西做出来的。

【师】所以你认为判断岩石的标准是什么？

【生】岩石应该是天然形成的。

【师】你们的判断标准非常准确，岩石是自然界中天然存在的物质。

2. 它在哪里？

【师】如果我们置身太空中，哪里可以看到岩石？（"若何"问题）

【生】星球上、月球上、地球上、土星上……

【师】是的，在太空中，可以找到大量的岩石星球，离地球近的有月球、金星和火星。

【师】回到我们熟悉的地球上，在哪里可以找到岩石呢？

【生】山上、沙漠、森林、海底、海边……

【师】（竖大拇指）地球是一颗固态的星球，在地球上找岩石非常容易，陆地上和海洋里都有岩石。有些岩石被土壤覆盖着，有的直接裸露出来。

3. 它的使命是什么？

【师】我们帮助岩石理清楚了"它是谁""它在哪里"这两个问题，那么岩石的使命是什么呢？为了弄清楚这个问题，请同学们拿出资料卡，先阅读，然后同桌之间讨论资料卡上提出的问题，可以在上面标记关键信息。

生：（阅读资料）

资料一

> 美国的魔鬼塔，是一座巨型的圆柱体岩石。据地质学家的研究，现在的魔鬼塔距今五六千万年，是地心的岩浆上涌到地表冷却下来成为坚硬的火成岩，历经千百万年的风吹雨打而形成的。魔鬼塔的化学成分可以告诉我们它们的形成年代。

边阅读边思考：

1. 在资料中我们得知魔鬼塔是什么时候形成的？用什么方法得知的？

2. 若是想知道地球的年龄，怎么办？

阅读资料一

【师】从资料中我们得知魔鬼塔是什么时候形成的？

【生】6000 万年前。

【师】有没有更准确的信息？

【生】6000 万年以前，地心的岩浆上涌到地表。

【师】资料中显示的时间是什么时候？

【生】五六千万年前。

【师】非常棒！地质学家是如何知道魔鬼塔形成的年代的？（"如何"问题）

【生】检测魔鬼塔的化学成分就知道它的形成年代。

【师】若是想知道地球的年龄，怎么办？（"若何"问题、创造性问题）

【生】用年代久远的岩石来测。

【师】刚才他说用年代久远的岩石来测，大家同意吗？（批判性问题）

【生】年代久远的岩石可能比地球晚出现，不能代表地球的年龄。

【师】那么我们要找怎样的岩石？

【生】在地球出现的时候，它就跟着一起出现的岩石。

【师】这点我非常赞同。人类就是通过检测古老岩石化学成分的方法知道地球年龄的。我们一起来观看这段视频。（视频介绍科学家通过检测锆石，得知岩石的年龄，目前地球的年龄是从一个落在地球上的陨石推断得知的。）

【师】我们从视频得知地球的年龄是多少？

【生】45.6 亿年。

【师】很准确。45.6 亿年前，地球还是一片混沌。地心深处的岩浆"咕嘟"冒泡，喷发的火山溅起了无数的火星和烟尘。折腾了几亿年后，地球终于有些"累"了，火山渐渐沉睡，流动的岩浆也开始慢慢冷却凝固。花岗岩和玄武岩趁机爬满地球，变成了坚硬的地壳。同学们是否知道，地球在形成之后的漫长时间里经历了哪些年代？

【生】侏罗纪时代、白垩纪、二叠纪、三叠纪、寒武纪……

【师】那时候还没有人类，没有文字记录，现在的人们是通过什么知道这些的呢？

【生】人类推测出来的。

【师】推测的依据是什么？（追问）

【生】检测岩石的化学成分。

【师】是的，人类通过岩石知道了地球经历了什么年代。不仅如此，人类通过岩石还获得了其他信息。你们从资料二中了解到什么？

---

资料二

　　菊石是热带海洋中生活的鹦鹉螺的远亲，它是有触手的软体动物，与现代乌贼的生活方式一样。盘旋成圈状的外壳化石很常见，并且是非常有用的"标准化石"，可以指示岩石的年龄大概在 4.2 亿年前到 6600 万年前。

　　菊石是已绝灭的海洋生物，然而科学家们却在巍峨耸立的喜马拉雅山上找到了它。

边阅读边思考：

从资料中可以获取什么信息？

---

阅读资料二

【生】菊石是生活在热带海洋中鹦鹉螺的远亲，它是有触手的软体动物。

【师】（追问）菊石应该生活在哪里？

【生】菊石是生活在海洋里的。

【师】继续。还能提取到什么信息？

【生】菊石是生活在海洋里的，却在喜马拉雅山上找到，说明喜马拉雅山以前是海洋。

【师】非常棒！喜马拉雅山大概在什么年代是海洋？通过什么方式知道的？

【生】大概在 4.2 亿年前到 6600 万年前，喜马拉雅山是海洋。这是通过检测化石的化学成分知道的。

【师】非常棒！同学们很有效地提取了信息。我们一起来观看一段古生物学家在珠穆朗玛峰找到菊石化石的视频。（播放视频）

【师】地层就像一张张书页，而化石就是书页中的文字和图画，记录着地球上的过客。检测化石的年龄，能帮助我们确定在哪个年代有哪些生物生存过。在化石的帮助下，地质学家画出了地球的时间轴，从而知道了地球的历史。

　　你们已经迫不及待想研究化石了吧，请根据实验记录单的要求，完成相对应的探究任务，并把你产生的新问题写在黄色便笺上。

探究实验

（学生观察鱼类化石和三叶虫化石，并在绘本上找到相关的说明，实验后进行研讨）

【师】对于鱼类化石，你找到了什么信息？

【生】鱼类是最古老的脊椎动物，从奥陶纪就存在了。

【生】生活在海洋里。

【生】是最早的脊椎动物。

【师】很棒！三叶虫化石，你又找到了什么信息？

【生】早在 5 亿年前，三叶虫就已经生活在漆黑的深海里。

【师】是的，可以从这句话提取什么信息？

【生】三叶虫生活在海里。

【师】对的。通过本节课的学习你们产生了什么新问题？（鼓励学生提出问题）

【生】鱼类化石和三叶虫化石从哪里来？（学生提出问题）

【生】化石是怎样形成的？（学生提出问题）

【生】海为什么会变成喜马拉雅山。（学生提出问题）

……

【师】表扬这些爱思考、会提问的同学！这些问题，大家可以自己先找找答案，过后我们再来交流。

（下课）

## 第四节　两轮课例的观察数据对比及启示

在第二轮 15 节课例的上课视频上传到"靠谱知识平台"约 1 个月之后，我们拿到了诊断报告，每位老师将两轮报告的各项数据进行了比对，欣喜地发现，无论是总体评定的等级，还是一些重点关注项目的观察数据，都有了大幅度的提升。

## 一、15节课的总评等级比较

从15节课的总评等级来看，第二轮课例A等有12节、B等2节、C等1节，较第一轮（A等1节、B等5节、C等9节）有了大幅提升；相应地，各个分项目的等级也有了明显的改变。（见表5-4-1及图5-4-1）

表5-4-1　两轮课例（各15节）各项目等级频数统计

| 轮次 | 综合评定 | | | 问题类型 | | | 学生回答类型 | | | 教师回应态度 | | | | 问题结构 | | | | 学生问题意识培养 | | | |
|---|---|---|---|---|---|---|---|---|---|---|---|---|---|---|---|---|---|---|---|---|---|
| | A | B | C | A | B | C | A | B | C | A | B | C | D | A | B | C | D | A | B | C | D |
| 第一轮 | 1 | 5 | 9 | 2 | 4 | 9 | 2 | 4 | 9 | 2 | 8 | 4 | 1 | 3 | 5 | 6 | 1 | 4 | 0 | 0 | 11 |
| 第二轮 | 12 | 2 | 1 | 7 | 7 | 1 | 5 | 7 | 3 | 7 | 7 | 1 | 0 | 4 | 7 | 4 | 0 | 12 | 0 | 0 | 3 |

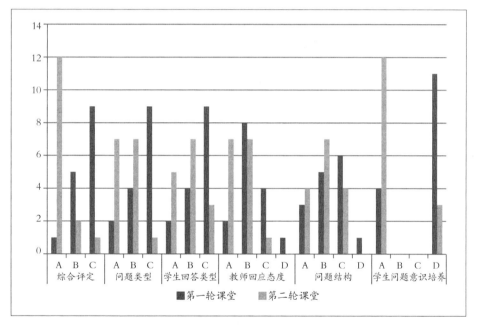

图5-4-1　两轮课例各项目等级频数分布对照图

从表5-4-1和图5-4-1可以看出，第二轮课例进步最明显的是"学生问题意识培养"这一项，此外在"问题类型""问题结构""教师回应态度"等方面也有了较大的进步。

## 二、相同课例的两轮数据比较

在这两轮课例中，有两位老师两次上的课题相同，具有较强的可比性，数据对比如下：

表5-4-2　两轮相同课例的数据对比（一）

| 课例名称 | 诊断轮次 | 综合评定等级 | 问题类型 | | | | 问题结构 | | | |
|---|---|---|---|---|---|---|---|---|---|---|
| | | | 记忆性问题 | 推理性问题 | 创造性问题 | 批判性问题 | "是何"问题 | "为何"问题 | "如何"问题 | "若何"问题 |
| 导体与绝缘体 | 1 | C | 15.79%（低） | 73.68%（高） | 10.53%（低） | 0（低） | 87.72%（高） | 8.77%（低） | 3.51%（低） | 0（低） |
| | 2 | A | 24.00%（低） | 40%（低） | 28.00%（高） | 8.00%（低） | 66.67%（低） | 11.11%（高） | 11.11%（低） | 11.11%（高） |
| 四季变化 | 1 | C | 17.50%（低） | 67.50%（高） | 7.50%（低） | 7.50%（低） | 78.38%（高） | 13.51%（高） | 2.70%（低） | 5.41%（高） |
| | 2 | A | 17.33%（低） | 57.34%（高） | 13.33%（低） | 12.00%（高） | 72.23%（低） | 14.81%（高） | 11.11%（低） | 1.85%（低） |

表5-4-3　两轮相同课例的数据对比（二）

| 课题名称 | 诊断轮次 | 教师回应态度 | | | | | 邀请学生评价 | 学生问题意识培养 | |
|---|---|---|---|---|---|---|---|---|---|
| | | 简单肯定 | 重复肯定 | 提升肯定 | 否定 | 追问 | | 教师鼓励学生提问频次 | 学生提问频次 |
| 导体与绝缘体 | 1 | 21.21%（低） | 57.58%（高） | 6.06%（低） | 1.01%（低） | 12.12%（低） | 2.02%（低） | 0次（低） | 2次（高） |
| | 2 | 23.68%（高） | 31.58%（低） | 18.42%（高） | 0（低） | 26.32%（低） | 0（低） | 1次（高） | 1次（低） |
| 四季变化 | 1 | 19.44%（低） | 16.67%（低） | 8.33%（低） | 5.56%（高） | 50%（高） | 0（低） | 0次（低） | 0次（低） |
| | 2 | 28.33%（高） | 28.33%（低） | 1.67%（低） | 0（低） | 40%（高） | 1.67%（低） | 1次（高） | 4次（高） |

虽然两位老师两轮上的是相同课题，但从表中的数据可以看出，第二轮的诊断数据及总评等级较第一轮有了明显的改变，突出表现在"教师鼓励学生提问的频次"及"学生提问频次"都增加了，且都高于全国常模数据；此外，从"问题类型""问题结构"等方面的数据来看，两位老师对高阶问题的设计有了明显进步（参见第三节）。

## 三、两轮15节课的平均数据对比

### （一）问题类型分析

表 5-4-4　两轮课例"问题类型"的观察数据

| 课例 | 记忆性问题 | 推理性问题 | 创造性问题 | 批判性问题 |
|---|---|---|---|---|
| 第一轮课例<br>（15节均值） | 24.47%<br>（低于） | 55.47%<br>（高于） | 12.53%<br>（低于） | 7.53%<br>（略低于） |
| 第二轮课例（15<br>节均值） | 19.82%<br>（低于） | 45.34%<br>（高于） | 18.83<br>（略高于） | 16.01%<br>（明显高于） |

第二轮的15节课在"问题类型"方面呈现出了明显的优化：记忆性问题和推理性问题的比例有所下降，而创造性问题和批判性问题的比例有所提升，并且都高于全国同类课例的全国常模数据（见表5-4-3）。创造性问题和批判性问题对应布鲁姆教育目标分类中的分析、综合、评价层级，属于高阶思维问题。这两类问题的比例高于全国常模数据，说明这15位教师能够通过变换问题的角度引发学生多维度、深层次的原创性和评价性思考，培养学生的创造性思维和批判性思维。

### （二）问题结构分析

表 5-4-5　两轮课例"问题结构"的观察数据

| 课例 | "是何"问题 | "为何"问题 | "如何"问题 | "若何"问题 |
|---|---|---|---|---|
| 第一轮课例<br>（15节均值） | 71.15%<br>（略高于） | 9.84%<br>（低于） | 14.78%<br>（略高于） | 4.24%<br>（低于） |
| 第二轮课例<br>（15节均值） | 67.76%<br>（低于） | 12.21%<br>（高于） | 14.14%<br>（略高于） | 5.89%<br>（高于） |

第二轮课例的"四何"问题观察数据也呈现出了一个比较明显的特征，就是"是何"问题的比例有所下降，而"为何"问题和"若何"问题的比例有所提升，都高于全国同类课的全国常模数据（见表5-4-5）。说明这15位教师能够设计以核心问题为支架的多元化的问题系统，初步改进了课堂中的问题结构，促进了学生原理性知识的获取以及知识的迁移应用，提高了学生的问题解决能力。

## （三）学生问题意识培养分析

表 5-4-6　两轮课例"学生问题意识的培养"观察数据

| 课例 | 老师鼓励学生提问频次 | 学生提出问题的频次 |
|---|---|---|
| 第一轮课例（15节均值） | 0.2（低于） | 0.33（低于） |
| 第二轮课例（15节均值） | 2.27（显著高于） | 3.73（显著高于） |

"学生问题意识的培养"是我们工作室在进行第二轮课例录制之前定下的重点提升项目。由表 5-4-6 的数据可以看出，第二轮课例中的"老师鼓励学生提问的频次"和"学生提出问题的频次"都显著高于第一轮，并显著高于全国常模数据。这表明，在经过了培训之后，老师们已经在主观上认识到了"学生问题意识的培养"的重要性，并且能够在自己的课堂教学中主动去实践。从上课视频中可以看出，老师们在上课时能营造鼓励学生主动发现问题和提出问题的课堂氛围，有效激发了学生的思考和质疑的积极性与主动性。

## （四）教师回应分析

表 5-4-7　两轮课例"教师回应"的观察数据

| 课例 | 简单肯定 | 重复肯定 | 提升肯定 | 否定 | 追问 | 邀请学生评价 |
|---|---|---|---|---|---|---|
| 第一轮课例（15节均值） | 24.25%（低） | 37.19%（高） | 4.33%（低） | 1.09%（低） | 29.83%（高） | 3.31%（高） |
| 第二轮课例（15节均值） | 18.26%（低） | 31.30%（低） | 9.52%（低） | 4.37%（低） | 34.56%（高） | 5.27%（高） |

从表 5-4-7 的数据可以发现，两轮课例有一个明显的亮点："追问"和"邀请学生评价"这两项的观察数据都高于全国常模数据，说明这些教师能够在课堂中运用追问技巧，引导学生深入理解与感悟科学问题；并在学生回答问题后，有意识地进一步引导学生之间进行相互评价，从而建立起师生、生生之间的深度互动。

但在"教师回应"中，有待优化的一项是"提升肯定"，虽然第二轮该项的平均数据有所增长，但仍低于全国常模数据。其实，在第一轮课例诊断时就已发现这个问题，但第二轮课例并未将此列为改进的重点，所以老师们在准备第二轮课例时，主观上的重视程度是不够的。因此，在后续的研究过程中，应重点关注"教师回应"中的"提升肯定"，有意识地捕捉学生回答的闪光点，并进行提炼和升华，给其他学生起到示范和引领作用。

## 第五节　"定量"评课之 AI 与人工的对比

在工作室团队进行"定量"评课研究过程中，有的课例既经过了工作室团队成员的现场人工观察，也提交给"靠谱 COP"团队进行基于 AI 课堂观察大数据的分析诊断。那么，两种观课途径所得出的数据有哪些相同或不同？在人工智能飞速发展的当下，一线老师是否还有必要知晓这些"定量"评课的方法？

### 一、两种观察途径的数据对比

在工作室组织的现场评课活动（见第四章第三节）中，曾对张艾妮老师执教《我们的地球模型》一课进行了现场的数据采集和分析诊断（下文简称"人工观察"）；后来，我们又将这节课的教学视频作为第一轮的 15 节课例之一，上传到"靠谱知识平台"，进行了 AI 诊断（下文简称"AI 观察"）。以下是两种观察方法的数据对比及分析。

#### （一）教学模式分析

##### 1.师生活动曲线（S-T 曲线）

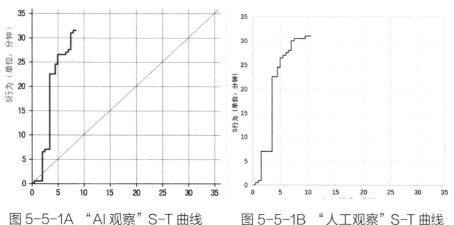

图 5-5-1A　"AI 观察"S-T 曲线　　　图 5-5-1B　"人工观察"S-T 曲线

（1）数据比对

相同点：两条曲线的整体走势大致相同，且曲线的主体都偏向 S 轴（纵轴）。

不同点：从具体时间节点看，两种观察方式对师生活动行为类别的判断稍有出入；此外，图 5-5-1A 中 AI 观课的时长只有 40 分钟（可能是设定好的时长，多出的时长没有计入）；但图 5-5-1B 中人工观课的时长约为 43 分钟，因此两图在曲线末端差异较大。

小结：两种观课途径得到的师生活动曲线相似度极高。

## 2. 教学模式（Rt-Ch 图）

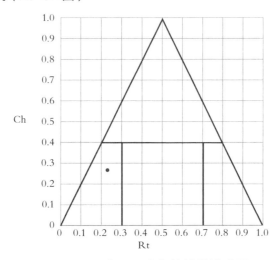

图 5-5-2A　"AI 观察"的教学模式图

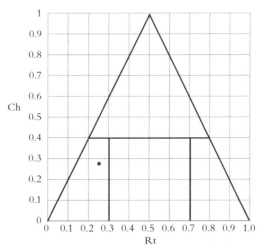

图 5-5-2B　"人工观察"的教学模式图

从图 5-5-2A 和图 5-5-2B 来看，Rt 值与 Ch 值的交点都落在"练习型"区域。可见，无论是"AI 观察"还是"人工观察"，对该课的教学模式的诊断是一致的，均为练习型。

## （二）有效性提问分析

### 1. 问题类型分析

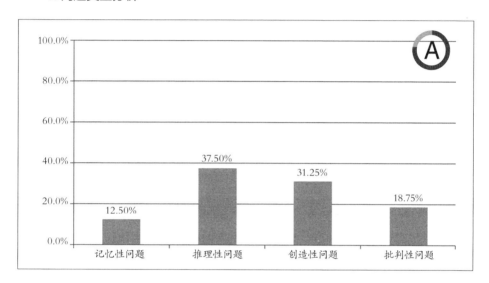

图 5-5-3A　"AI 观察"的问题类型统计图

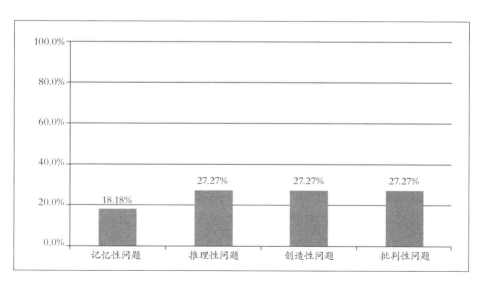

图 5-5-3B　"人工观察"的问题类型统计图

（1）数据比对

从图 5-5-3A 和图 5-5-3B 两个统计图来看，两种方式在这一观察维度的统计数据出现了一定的差异。追溯到每一项的具体数据，发现两种方式采集到的记忆性问题和批判性问题的个数是相同的，但推理性问题和创造性问题的个数不同，从而使得问题总数不一致、每一项数据的百分比就不同了。（详见表 5-5-1）。

表 5-5-1 "AI 观察"和"人工观察"的问题类型数据表

| 问题类型 | 记忆性问题 | 推理性问题 | 创造性问题 | 批判性问题 | 问题总数 |
|---|---|---|---|---|---|
| AI 分析 | 2个（12.5%） | 6个（37.5%） | 5个（31.25%） | 3个（18.75%） | 16 |
| 人工观察 | 2个（18.18%） | 3个（27.27%） | 3个（27.27%） | 3个（27.27%） | 11 |

（2）差异原因分析

从表 5-5-1 可知，在问题类型的 4 个原始观察数据中，有两个数据完全相同（相同率为 50%），这也算是不错的了。推理性问题和创造性问题的数量存在差异，原因是多方面的，其中之一可能是工作室团队在进行现场的数据采集时出现了漏记或者判断不准的情况。这提醒团队成员，还要进一步提升课堂观察的技能。

2. 学生回答类型分析

表 5-5-2 "AI 观察"和"人工观察"的学生回答类型数据表

| 问题类型 | 记忆性回答 | 推理性回答 | 创造性回答 | 评价性回答 | 问题总数 |
|---|---|---|---|---|---|
| AI 观察 | 2个（12.5%） | 6个（37.5%） | 5个（31.25%） | 3个（18.75%） | 16 |
| 人工观察 | 2个（18.18%） | 3个（27.27%） | 3个（27.27%） | 3个（27.27%） | 11 |

由表 5-5-2 可知，两种观察方式的此项数据比对情况与"问题类型"的情况极为相似。由于"学生回答类型"是与"问题类型"相对应的，数据的异同点及原因分析此处不再赘述。

### （三）教师回应分析

表 5-5-3　两种方式的"教师回应态度"的数据对比

| AI观察 | | | 人工观察 | |
|---|---|---|---|---|
| 肯定回应 | 简单肯定 | 8.33% | 肯定回应 | 71.4% |
| | 重复肯定 | 33.33% | 否定回应 | 0 |
| | 提升肯定 | 0 | 无回应 | 9.5% |
| 否定回应 | | 0 | 打断回答或教师代答 | 0 |
| 追问 | | 29.17% | 追问 | 19.0% |
| 邀请学生评价 | | 29.17% | | |

#### 1. 数据比对

从表 5-5-3 可看出，"人工观察"将教师回应态度分为肯定回应、否定回应、无回应、打断回答或教师代答、追问五个方面；而"AI观察"将教师回应态度分为简单肯定、重复肯定、提升肯定、否定、追问、邀请学生评价六个方面。两种观察方式"否定回应"数据相同，都是 0，而"追问"的比例相差较大。

#### 2. 差异原因分析

现场人工观察时，没有像 AI 观察那样将"肯定回应"细分为"简单肯定、重复肯定、提升肯定"，做出此调整的原因是为了简化操作，利于现场观课时的数据采集。另外，人工观察时有一项"无回应"，而 AI 观察没有这一项，相关的数据可能会并入"追问"或者"邀请学生评价"之中，导致"追问"数据出现了较大的差距。

### （四）问题结构分析

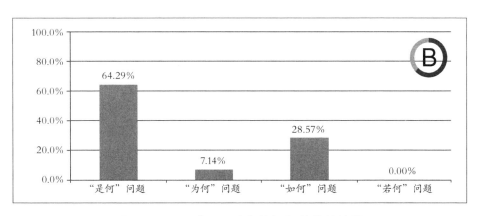

图 5-5-4A　"AI 观察"的问题结构统计图

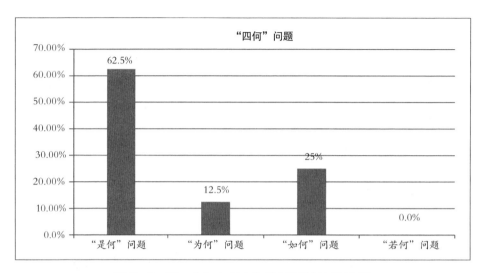

图 5-5-4B "人工观察"的问题结构统计图

### 1. 数据比对

与图 5-5-4A 相比，图 5-5-4B 中的"是何"问题、"如何"问题的比例偏低，"为何"问题的比例偏高，"若何"问题的比例一致。但总体来看，差异性不大。

### 2. 差异原因分析

对"四何"问题的判断主要依据问句中的特定引导词，但教师在课堂上提出问题时，有时会出现口语化的省略，使得问题引导词不明显，容易出现漏判或误判的情况。

综上所述，通过对同一节课的 AI 观察与工作室团队人工观察的数据比较，可以发现这两种方式在多个维度上的观察结果是相近的，尤其是客观性较强的观察维度（如 S-T 分析），两者的结果相似度很高。这说明我工作室团队在"定量"评课方面的学习和研究是有成效的；另一方面，某些维度的定量观察带有一定的主观成分，需要观察者有丰富的教育理论和实践策略的支撑，而工作室的团队成员在这一方面略显不足，需要继续努力学习，进一步提升课堂观察的技能和水平。

## 二、AI观察与人工观察的适用场景简析

从工作室走过的研究历程来看，先是进行培训学习，团队每位成员基本

掌握了几种常见的定量观察的方法，并在相关的教研活动中进行了"定性评课 + 人工定量观察"的特色评课展示；后来，我们又与相关单位合作，进行了"基于课堂观察大数据的 AI 诊断分析"。那么，如何看待 AI 观察与人工观察呢？

我们认为，随着科技的发展以及人工智能的广泛应用，利用 AI 技术进行课堂观察和诊断分析、帮助老师们改进教学行为，将成为一种趋势。据了解，除了我们工作室合作的"靠谱 COP"团队之外，很多教育研究机构也在做课堂观察大数据的相关研究；而且，现在已有不少科技公司在为学校提供先进的信息化教学设备时，也能提供相应的 AI 技术来进行定量的课堂观察及诊断分析，上课时教师只需扫码登录并开启相应的设备，下课后即可很快提取本节课的诊断报告。不过，人工智能的运用还需要相关的技术支持，现阶段尚未普及。

因此，作为教师，若能学习和掌握定量评课的相关理论和方法，能对自己上课的录像进行诊断和分析，必将能更快地促进自己的专业成长。在教研层面，从我们的实践经验看，组建一支评课团队在教研活动的现场进行"基于课堂观察数据的诊断分析 + 定性点评"，可以丰富听课评课活动的广度和深度，对授课教师、评课团队、现场听课的老师，都是有意义的。

# 附录　工作室学员撰写的研究论文


# 用 S-T 分析法看百节科学课 [①]

深圳市宝安区宝安小学　汤智勇　潘翠君

**摘要**：小学科学教学中的师生活动时间分配与互动情况，往往会影响课堂教学的质量。应用 S-T 分析法对百节小学科学优质课进行观察，测量教师行为占有率（Rt）和师生行为转换率（Ch），从定量的角度分析科学优质课的特征，为小学科学教师改进教学行为提供参考。

**关键词**：小学科学；课堂观察；S-T 分析法；教学行为改进

小学科学作为一门以探究实践为主的综合性学科，课堂上往往要给予学生足够的时间和空间进行分组实验，以提升学生的核心素养。学生在课堂上的主体地位能否得到体现、课堂上互动交流的程度如何，若只是用以往定性观课的方式进行评判，未免存在模糊性与主观差异。为了减少这种差异，我们可以采用S-T分析法对小学科学课堂中的教学行为进行定量的观察与分析。

## 一、S-T分析法简介

S-T 分析法是一种定量研究师生行为的频次分布与互动交流情况的方法。它将课堂中的所有行为划分为教师行为（T行为）及学生行为（S行为），以

---

① 本文发表于《小学科学》杂志2024年第20期，收入本书时稍有改动。

相同的时间间隔对课堂中的行为数据进行采集，并计算出教师行为占有率（Rt）的值和师生行为转换率（Ch）的值。

教师行为占有率（Rt）定义为在采集的所有课堂行为中 T 行为所占的比例，其计算方法为：

$$Rt=Nt/N$$

其中，Nt 为采集的课堂行为中 T 行为的个数，N 为采集的课堂行为总数。

师生行为转换率（Ch）定义为在采集的所有课堂行为中，T 行为与 S 行为交换的次数占采集的课堂行为总数的比例，其计算方法为：

$$Ch=（g-1）/N$$

其中，g 为 T 行为或 S 行为连续出现的次数，N 为采集的课堂行为总数。

根据以上公式计算出 Rt 值与 Ch 值之后，可绘制出相应的 Rt-Ch 图像，对课堂教学模式进行分析，并以此提出相应的教学建议。

## 二、研究思路与实践

### （一）课例观摩与遴选

笔者及研究团队成员通过观摩与比较，最终遴选了近年来各地小学科学的 100 节优质课例视频作为研究的样本。经过分析统计发现，这些课例覆盖了小学科学学科的不同学段及不同的内容领域，在研究层面具有一定的代表性，见下表 1。

表 1　小学科学百节优质课例频数分布

| 项目 | | 频数 | 百分比（%） |
|---|---|---|---|
| 学段 | 1～2年级 | 33 | 33.00 |
| | 3～4年级 | 34 | 34.00 |
| | 5～6年级 | 33 | 33.00 |
| 合计 | | 100 | 100.00 |
| 内容领域 | 物质科学类 | 36 | 36.00 |
| | 生命科学类 | 19 | 19.00 |
| | 地球与宇宙科学类 | 22 | 22.00 |
| | 技术与工程类 | 23 | 23.00 |
| 合计 | | 100 | 100.0 |

## （二）数据采集与检验

按照30秒的采样间隔，研究团队的教师分工合作，对百节优质课的视频逐一进行了S行为和T行为数据的人工采集，并将数据录入事先制作好的Excel表格中，通过公式计算，得出每节课的Rt值和Ch值。

在此基础上，笔者利用SPSSAU对100节课的Rt值与Ch值进行统计，具体数据如表2所示。在对教师行为占有率（Rt）的统计中发现，其平均值为0.479，中位数为0.475，两者基本相等，说明不存在异常数据；其标准差为0.098，若按照偏离平均值3倍标准差为标准，此时Rt值亦未出现异常。在对师生行为转换率（Ch）的统计中发现，其平均值为0.333，中位数为0.330，两者基本相等，说明不存在异常数据；其标准差为0.098，若按照偏离平均值3倍标准差为标准，此时Ch值亦未出现异常。

表2　对教师行为占有率（Rt）与师生行为转换率（Ch）的统计结果

| 项目 | 样本量 | 最小值 | 最大值 | 平均值 | 标准差 | 中位数 |
|------|--------|--------|--------|--------|--------|--------|
| Rt | 100 | 0.210 | 0.680 | 0.479 | 0.098 | 0.475 |
| Ch | 100 | 0.130 | 0.530 | 0.333 | 0.083 | 0.330 |

根据图1与图2，Rt、Ch的数据点基本落在参考线附近，说明Rt值与Ch值基本符合正态分布，可进行深入统计分析。

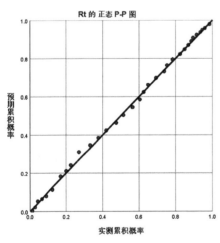

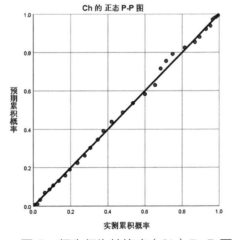

图1　教师行为占有率（Rt）P-P图　　图2　师生行为转换率（Ch）P-P图

### 三、研究数据的统计与分析

笔者根据已有数据进行推断统计，利用区间估计的方法可得出在小学科学教学中的教师行为占有率（Rt）与师生行为转换率（Ch）在一定置信水平下的优质区间，结合笔者对日常教学的观察可分析区间内外的差异。

#### （一）教师行为占有率（Rt）的优质区间

在本研究中，笔者将百节优质课的 Rt 值导入 SPSSAU 中，得到了关于 Rt 的区间估计分析结果，如表 3 所示。通过对该结果的分析可知，有 90% 的置信水平可认为 Rt 的数值应位于区间 [0.463，0.495]，有 95% 的置信水平可认为 Rt 的数值应位于 [0.460，0.498]，有 99% 的置信水平可认为 Rt 的数值应位于 [0.454，0.504]，平均值为 0.479。根据不同的置信水平，可认定对应区间为 Rt 的优质区间。

表 3　教师行为占有率（Rt）的区间估计分析结果

| 项目 | 样本量 | 平均值 | 标准差 | 标准误 | 90%CI | 95%CI | 99%CI |
|---|---|---|---|---|---|---|---|
| Rt | 100 | 0.479 | 0.098 | 0.010 | 0.463~0.495 | 0.460~0.498 | 0.454~0.504 |

若某节课对 Rt 的观测数据位于估计的优质区间内，则可初步认为该节课在师生活动比例分配上是较为均衡的，基本符合"以学生为主体，以教师为主导"的现代课程教学理念。

若对 Rt 的观测数据高于估计的优质区间，则说明该节课的教师行为相对偏多，学生难以有充足的时间进行探究实践活动，不利于学生高阶思维的形成。若对 Rt 的观测数据低于估计的优质区间，则说明该节课的学生行为相对偏多，大量时间留给了学生自主研究，教师难以把握整体的学习进度；或者，教师未能有效地发挥主导作用，不利于有效教学的开展。

#### （二）师生行为转换率（Ch）的优质区间

将百节优质课的 Ch 值导入 SPSSAU 中，得到了关于 Ch 的区间估计分析结果，如表 4 所示。通过对该结果的分析可知，有 90% 的置信水平可认为 Ch 的数值应位于区间 [0.319，0.347]，有 95% 的置信水平可认为 Rt 的数值应位于 [0.317，0.349]，有 99% 的置信水平可认为 Rt 的数值应位于 [0.312，

0.354]，平均值为 0.333。根据不同的置信水平，可认定对应区间为 Ch 的优质区间。

表4　师生行为转换率（Ch）的区间估计分析结果

| 项目 | 样本量 | 平均值 | 标准差 | 标准误 | 90%CI | 95%CI | 99%CI |
|------|--------|--------|--------|--------|-------|-------|-------|
| Ch | 100 | 0.333 | 0.083 | 0.008 | 0.319～0.347 | 0.317～0.349 | 0.312～0.354 |

若某节课对 Ch 的观测数据位于估计的优质区间内，则可初步认为该节课的师生互动比例较为合适，能有效增强师生间的情感联系，提升学生的学习效率，并能在师生、生生间的对话交流中进一步提升学生科学思维的品质。

若对 Ch 的观测数据高于估计的优质区间，则说明该节课在一定程度上存在师生交互过于频繁的情况，难以形成较为连贯的学生思维活动，会导致学生无法适应或产生一定的疲劳感，不利于其科学思维的培养。若对 Ch 的观测数据低于估计的优质区间，则说明该节课的师生互动较少，师生间的信息交流不多，对学生的思维发展不利，学习效率偏低。

## 四、绘图分析教学模式的分布

根据百节优质课中观测所得的 Rt 和 Ch 数据，可以绘制出 Rt-Ch 图进行综合分析，如图3所示。

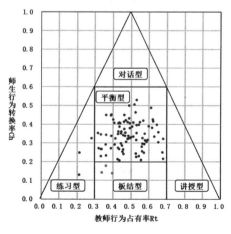

图3　百节优质课的 Rt-Ch 图像

根据杜卫民、刘立新[3]的观点，将教学模式划分为五类，分别是练习型（$Rt \leq 0.3$）、讲授型（$Rt \geq 0.7$）、对话型（$Ch \geq 0.6$）、平衡型（$0.3 < Rt < 0.7$，且 $0.2 < Ch < 0.6$）和板结型（$0.3 < Rt < 0.7$，且 $Ch \leq 0.2$）。结合对教学模式的判定条件，笔者对所观察的100节小学科学优质课的教学模式进行统计，各类教学模式所占比例如表5所示。

表5　小学科学百节优质课教学模式频数分布

| 项目 | | 频数 | 百分比（%） |
|---|---|---|---|
| 课堂模式 | 练习型 | 3 | 3.00 |
| | 讲授型 | 0 | 0.00 |
| | 对话型 | 0 | 0.00 |
| | 平衡型 | 94 | 94.00 |
| | 板结型 | 3 | 3.00 |
| 合计 | | 100 | 100.0 |

其中，讲授型和对话型的频数为0，说明通常情况下这两种类型不是小学科学课的理想教学模式。

平衡型共94节，占了大多数。由此可见，小学科学课的理想教学模式为平衡型（$0.3 < Rt < 0.7$，且 $0.2 < Ch < 0.6$），该模式的Rt值和Ch值均适中，与前文中Rt与Ch估计的优质区间基本吻合。这说明课堂教学中的师生活动时间与交互程度处于平衡状态时，有利于提升学生的科学思维品质。

板结型和练习型的课各有3节，占比较少。通过进一步分析发现，这6节课的教学内容具有一定的特殊性。如《制作保温杯》一课，学生在课堂上是以小组合作方式完成一个工程设计与制作任务，因此师生间的互动交流较少。但这样的教学内容与课的类型是相匹配的，也能够充分展现学生的主体地位。

## 五、结论与启示

在小学科学的优质课例中，教师行为占有率（Rt）和师生行为转换率（Ch）的数据存在一定的共性，均出现一定范围的优质区间且比较集中。科学教师尤其是新手教师在进行教学设计时，需要关注Rt与Ch对课堂教学质量的影响，并尽可能靠近优质区间。

　　小学科学课的理想教学模式多为平衡型。该类型的课堂中，师生活动时间分配恰当，师生间的交互程度适中，这样既能充分展现学生的主体地位，也能兼顾教师的主导作用。当然，在遇到某些特别的教学内容时亦会出现板结型、练习型等教学模式。

　　由于 S–T 分析方法仅从定量的角度对课堂中的教师行为和学生行为进行采样分析，难免存在一定的局限性，容易忽略课堂中的一些关键事件。因此，在听评课时，教师还应结合其他维度的定量分析（如"四何"问题分析、有效性提问分析等）以及定性分析，综合评价小学科学课的教学质量。

**参考文献**

[1] 中华人民共和国教育部.义务教育科学课程标准（2022年版）[S]. 北京：北京师范大学出版社，2022.

[2] 王陆, 张敏霞.基于课堂教学行为大数据的课堂观察方法与技术[M].北京：北京师范大学出版社，2019.

[3] 刘立新, 杜卫民等.对S–T分析法的改进及全国高中化学优质课分析[J].化学教学，2014（7）：19–22.

# 数据循证，促进学生问题意识的培养

## ——两次课例诊断的数据对比及反思①

深圳实验学校小学部　　林倩如

在科学课堂，学生的问题意识对科学核心素养[1]的发展有着非常重要的作用，例如：在科学探究中学会提出科学问题，掌握发散思维等基本思维方法，具有大胆质疑、追求创新的态度责任。此外，要达成"生问生答"型课堂[2]，学生还要掌握基本的科学知识，形成初步的科学观念。如何培养学生的问题意识，推动其科学核心素养全面发展？笔者参与了潘翠君名师工作室的课题——"基于课堂观察大数据的教学行为改进研究"，经历了"两轮课例诊断"，试图探寻小学科学课堂中学生问题意识培养的方法策略。

## 一、两次课例诊断的数据对比

两轮课例分析由"靠谱 COP"团队提供技术支持。笔者对第一轮课堂教学行为观察数据进行解析，明确教学中存在的问题，再针对性地对第二轮课例进行设计、修改和完善，进而完成第二轮课例的录制与课堂观察数据分析。两轮课例诊断的课题和数据见表 1。

表 1　两轮课例"学生问题意识的培养"观察数据对比表

| 轮次 | 课题 | 学生问题意识培养评分等级 | 教师鼓励学生提问次数/次 | 学生提出问题的次数/次 | | | |
|---|---|---|---|---|---|---|---|
| | | | | "是何"问题 | "为何"问题 | "如何"问题 | "若何"问题 |
| 第一轮课例 | 我们来做热气球 | A（超过83.33%） | 1（高于常模） | 3 | 0 | 0 | 0 |
| 第二轮课例 | 磁极与方向 | A（超过97.62%） | 10（显著高于常模） | 4 | 4 | 1 | 0 |

---

① 本文发表于《湖北教育》2024年第10期，收入本书时略有改动。

## （一）第一轮课例诊断数据引发的教学反思

第一轮课例诊断数据出来后，笔者发现"学生问题意识培养"这一项的评分等级均为 A，得分超过全国 83.33% 同类型课程。检测到教师鼓励学生提出问题 1 次，即"看完视频后，你还有其他疑问吗"；学生提出问题频次为 3 次，具体为"那火焰盖上的时候会不会烫到手""能不能先放那个袋子""它会不会飞"。

令笔者感到惊讶的是，仅有一次"教师鼓励学生提问"，就能超过全国同类型课的常模数据，这说明大多数教师缺乏鼓励学生提问的意识。本课例中的"鼓励"，也只是笔者在学生活动中不经意地询问，并非有意而为之。而且，据工作室主持人潘老师介绍，第一轮数据诊断的 15 节课例中，"对学生问题意识培养"这一项的评级普遍较低，数据大多低于常模。可见，科学教师普遍需要加强对学生问题意识的培养。

## （二）第二轮课例的改进与优化

根据对第一轮课例的反思，笔者针对性地优化第二轮课例的教学设计，特别是"鼓励学生提出问题"的设计。主要改进点如下：

### 1. 在实验前进行提问与答疑

为保证学生完全理解实验操作的要点，在观看完实验操作视频后，教师鼓励学生提出问题以及邀请"小老师"解答问题，这样就能让学生知晓视频中没有出现的操作细节，从而更好地帮助学生完成实验操作，提高实验的准确性。

### 2. 调整实验步骤，让学生经历探究"未知答案"过程

教材上的实验步骤是组装器材，开始实验，记录两个磁极分别对应的方向。（图 1）教材上的实验步骤是先告诉孩子实际的方向，并将器材放在标有方向的纸盘中间。但笔者认为，"方向"的先入为主，容易影响孩子的判断。（图 2）为避免这种情况的发生，笔者设计了一张记录单，让孩子们记录磁极的指向，最后再揭晓磁极指向与方向的关系，这样就能引发学生更多的自主思考。

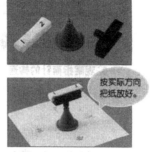

图 1　教材上《磁极与方向》的实验步骤

图 2　《磁极与方向》课例中的实验操作说明

### 3. 研讨环节激发学生自主提问

由于实验存在偶然误差，学生的结果会出现不相同，但大部分结果是相似的。通过将实验记录中的"前后左右"与真实方向的"北南西东"相对应，学生不难发现磁极与方向是有关系的。（参见图 3）在揭示实验结果与指南针的指向之间的联系之后，可询问学生对此结果的看法，从而引导学生发表自己的观点，或者说出自身的疑惑。

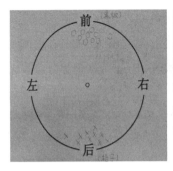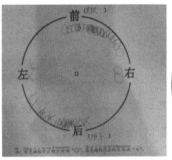

图 3　学生实验记录

## 二、学生问题意识培养的方法与策略

经过对这两轮"大数据诊断"课例数据的研究，笔者认为，对学生问题意识的培养可从以下三个方面着手：

### （一）教师应在主观上高度重视

打磨一节科学课，教师往往更重视教学环节的设计、操作方法的创新等，会忽略学生问题意识的培养。像在第一轮课例中，笔者只关注学生是否明白如何进行实验操作，提出："看完操作视频后，你还有其他疑问吗？"虽然学生提出了问题，但都只是与实验操作或实验材料有关，甚至有学生提问："若打火机长时间点不着，能找老师换一个吗？"

在准备第二轮课例时，工作室主持人潘老师提出了明确的要求，把改进的重点聚焦于问题的设计和学生问题意识的培养等方面，因此，笔者在主观上就有了足够的重视，备课时仔细地思考要在哪些环节、哪些时机去鼓励学生提问；上课时也积极地实施这一教学行为。充分的预设取得了良好效果，课上学生提出的问题能紧扣教学主题，且部分问题可以做到"生问生答"，形成良好的教学生态。

除了在课上鼓励学生提问，传授学生提问技巧[3]，课下可以收集学生提出的问题，让学生知道老师很重视自己提出的问题，起到激励作用。

### （二）把握鼓励学生提问的时机

把握恰当的时机让学生提出疑问，能够更好地促进学生思考，且能紧扣教学主题。概括来说，有以下几个时机：

1. 导入环节：当老师出示课题之后，可以询问学生想研究什么内容，例如："关于磁铁，大家想研究什么？"不过，在这一环节让学生提出问题，老师需要巧妙地引导学生聚焦于本节课的内容，不能"跑偏"，不然就会完不成当堂课的教学任务，对于新手教师来说，此时激发学生提问，风险较大。

2. 活动（实验）环节：活动或实验开始前，学生初步知晓了活动（实验）要求之后，可询问学生是否还有不理解的地方。例如教师提问："看完操作视频后，你还有什么疑问？"而且，对于学生提出的疑问，可以请其他学生来帮助解答，老师给予鼓励和必要的支持。笔者认为，在这个环节激疑，可以调动更多的学生参与研讨，培养学生思维的严谨性和发散性，也利于后续活动（实验）的顺利完成

3. 汇报与研讨环节：当学生分享本组的实验结果时，教师可以鼓励其他小组的学生提出疑问，或分享不同的结果、发现；当学生汇报完实验结果、得出结论之后，教师可提出："根据这个结果你有没有什么新的问题、新的疑惑？"从教学实践来看，这个时期学生提出的问题往往质量最高、与本节课的联系最为紧密，并且有些问题可以由学生互相解答，当堂解决问题。

4. 拓展环节：向学生提出进一步的研究方向，如："关于磁铁，大家还想研究什么？"让学生带着问题离开课堂，在课后继续思考和研讨。

除此之外，在课堂上，教师还应该抓住任何一个学生产生疑惑的时机，鼓励其提问、质疑。

## （三）积极回应学生的提问

要让学生具有浓厚的问题意识，需要鼓励学生跨出第一步——敢问。教师的回应态度对于初次提问的学生来说非常重要，这需要教师具有一定的临场应变能力和语言艺术，非一日之功。但可以肯定的是，教师积极的回应不仅鼓励了当前提问的同学，也激励了即将发问的学生。笔者在上《磁极与方向》这一课时，就深刻地体会到了这一点。摘取相关课堂实录如下：

【师】通过我们刚才的统计，大部分同学的红色磁极（用"○"表示）出现在前半部分，而我们面对黑板的这个方向，正好是北方。蓝色磁极（用"×"表示）对应的是南方，这不就是指南针所指的方向吗？根据这个结果

你有没有什么新的问题、新的疑惑?

【生】为什么我记录单上的"○"分布到其他地方去了?

【师】这个问题问得很好啊,这就是敢于提出问题。希望同学们都能做到有疑问就大胆提出来。

【生】磁铁为什么会指向北和南方向呢?

【师】很好,这又是一个新问题了,也非常有价值。还可以继续提问。

【生】前面是北,后面是南,为什么磁铁红色的一头是在前面,而蓝色的一头在后面?

【师】你的问题是,为什么总是红色磁极指向前面。很好,这个问题有新意。

……

营造出良好的问题意识氛围[4]后,学生将会打破思维局限,大胆发问,逐渐乐问、善问。

## 三、结语

运用课堂教学行为观察数据,教师可以更直观地了解课堂教学情况,亦可借助客观数据,对教学设计进行优化。通过实践发现,老师若能有意识地鼓励学生提出问题,提前设计激疑时机,并在学生提出问题之后给予积极回应,对学生问题意识的培养就落到了实处。

**参考文献**

[1] 中华人民共和国教育部. 义务教育科学课程标准(2022年版)[S]. 北京:北京师范大学出版社,2022.

[2] 陈和良. 小学数学教学培养学生问题意识的策略[J]. 小学教学研究. 2024(20): 73-75.

[3] 黄瑜. 浅谈在小学数学教学中培养学生的问题意识[J].安徽教育科研. 2024(19): 47-49.

[4] 牛卓雁. 小学科学教学中学生问题意识的培养[J]. 新课程教学(电子版),2023 (22):38-39.

# 大数据背景下小学科学思维型课堂的
# 问题化教学优化策略
## ——以《模拟安装照明电路》为例①

深圳市宝安区上合小学　　王倩

**摘要：** 课堂行为大数据分析可以精准指导教师做出正确决策，以《模拟安装照明电路》一课为例，借助特定的工具，将采集到的非结构化数据（即课堂录像）和半结构化数据（即教学设计）、课件转化为结构化数据，应用计算算法得出课堂教学行为大数据报告。通过剖析课堂行为大数据报告提供的数据，聚焦问题化教学中的三个主要维度：问题情境创设、提问有效性及问题结构多样性，探讨如何借助数据对三个维度进行设计优化。

**关键词：** 课堂行为大数据；科学思维；问题化教学设计

## 一、思维启智：问题化教学课堂困境

《义务教育科学课程标准（2022年版）》指出，要重视学生问题意识，提升学生科学思维品质，科学探究要围绕科学问题展开，强调科学创新思维体现在从不同角度分析、思考问题，提出新颖、有价值的观点和解决问题的方法。[1]问题化教学以问题为线索实施教学，通过设置与学生日常生活紧密相关的问题情境，让学生经历思辨、实践、推理过程，将教与学紧密结合。[2]这种教学模式既符合科学课程标准的要求，还能有效促进学生的高品质思维能力发展，提升学生的问题意识。问题化教学过程中，教师作为问题的引导者和问题的设计者，应基于学生的前概念知识，对问题情景进行精心设计，

---

① 本文发表于《湖北教育》2024年第11期，收入本书时略有改动。

以帮助学生将学习内容与生活实际相关联，激发学生学习兴趣，引导学生提出有价值的探究问题。

目前，尽管科学教师已经认识到问题化教学的重要价值，但在实践中对于"问题"的理解和应用却存在一定的偏差。实际教学中的问题设计，多由教师单方面主导，教师不断地向学生抛出一系列低阶问题，学生处于被动接受的状态，即所谓的"满堂问"。[2]因此，在很多情况下，问题教学虽然在形式上得以呈现，但实际上并未真正激发学生的主动性和创造性，反而趋于一种模式化的教学流程。常见的问题主要体现在：

### 1.问题情景创设偏离教学主题

情景问题设计不够明晰，教师留给学生思考的时间短，导致学生提出的问题多种多样，有时甚至偏离教学主题。现实的课堂上，大多数教师选择了忽略偏离预设问题，继续按原计划进行探究。

### 2.提问缺乏有效性

表面上，教师提出新问题，环环相扣，引导学生进行小组合作探究，课堂氛围热烈。但实际教师在教学中提出的问题多为教材中的知识性问题，不能与学生生活有机结合，导致学生缺乏思考积极性、活动参与热情和探究欲望。另外，当学生的观察结果与教学内容不符时，教师往往不能通过问题有效引导学生思考原因，而是简单带过，这不利于学生深度学习。

### 3.问题结构单一

教师将问题解决视为教学的主要目标，而非学生逻辑思维发展的手段。学生通常不愿意主动提出新的问题，而是按照预定的步骤完成教师布置的学习任务，最终得到教师预期的正确答案，这不利于发展学生的科学思维。

## 二、数据赋能：问题教学的优化策略

"靠谱 COP"项目（The Teacher's Online Communities of Practice）借助课堂教学行为大数据，包括行为可视化工具、反思支持工具、分析工具和检测工具支持研修教师的教学行为改进，帮助一线教师丰富、改善和重构教学，实现研修教师教学水平的提升与发展。[3]针对上述存在问题，本文借助"靠谱 COP"团队开发的课堂教学行为大数据分析方法，以《模拟安装照明电路》一课的部分教学片段为例，探讨如何利用教师行为大数据分析法诊断优化小学科学问题化教学设计。

## （一）基于"师生话语主题词"分析，优化问题情景创设

师生话语主题词分析反映的是课堂教师话语内容与学生话语内容的匹配度，关注的是师生话语内容关注点是否一致，体现了教学内容聚焦程度和教师把握教学主题的能力。本节课教师话语主题词为开关、控制、小组、电路、屋主、灯泡等（如图 1a），学生话语主题词为开关、导线、灯泡、控制、正极、亮起等（如图 1b）。通过大数据分析，师生话语主题词匹配度为57.56%，评分为 B，相对较低。

图 1a　教师话语词云图　　　　图 1b　学生话语词云图

结合课堂实录，笔者发现原有的教学设计在问题情境创设方面过于直接，学生难以循序渐进地进入教师创设的情境，导致师生问答中出现话语主题词偏差。因此在导入环节和展示环节的情境创设中，做出了如表 1 和表 2 的调整。

导入环节的情景设计：修改前的设计是直接点出"在房间中模拟安装照明电路"，学生不容易从单个简易电路直接过渡到复杂的多个电路。修改后的设计是游戏导入，学生在进行游戏的同时可以观察教室中的照明情况，接着教师通过设问引导学生思考简易电路和教室照明电路的相同点和不同点，学生自然而然地答出本节课要讨论的关键内容："一个开关控制多盏灯、多个开关控制多盏灯（即多个电路）。"这样的设计既有趣又能帮助学生实现知识的螺旋式进阶。

表1

| 导入环节 | 修改前 | 教师：直接出示图片，揭示任务："在这个房间安装模拟照明电路。" |
|---|---|---|
| | 修改后 | 教师：课堂伊始，创设情境。通过自拍游戏（教师控制教室的亮灯情况，部分学生头顶的灯亮起就摆出拍照姿势，部分学生头顶的灯熄灭就坐端正），引导学生观察并思考教室里的照明电路与学过的简易电路有哪些异同点。<br>学生：基本能答出两者的相同点：教室中的照明电路和简易电路都由电源、导线、灯泡、开关组成，都需要闭合开关形成回路后灯泡才能亮起。<br>教师追问：不同点都有哪些？<br>学生：教室的照明电路是一个开关控制多盏灯，还有多个开关控制多盏灯。<br>教师继续追问：一个开关控制多盏灯、多个开关控制多盏灯，是怎样实现的？电路图是怎样的？<br>学生：用自己的语言描述。 |

表2

| 小组展示环节 | 修改前 | 教师：请同学们在房间模型中演示两个开关各自控制一盏灯，观察两盏灯是否都能亮起来；说明电流在电路中是怎么流动的；同时说一说实验中遇到了什么困难，怎么解决，准备如何改进？<br>学生：只能简单操作，难以做到边操作边介绍；难以准确表述电流的流动情况；难以说出存在问题并提出解决方案。 |
|---|---|---|
| | 修改后 | 教师：请同学们引导"屋主"（人偶）进屋，介绍房间照明电路的使用场景和方法，同时小组成员根据评价表，说说应该如何改进？（适时增加他评）<br>学生：能够带领"屋主"使用模型中的照明电路，能创造性地表述在什么情况使用哪一盏灯。同时，学生能够根据操作情况，结合评价表说出是否存在布局不合理、线路不整齐等。最后，学生能根据存在的问题提出修改意见。 |

小组展示环节的情景设计：修改前，学生按照教师要求直接展示两盏照明灯是否按照要求正常工作，接着学生需要说明哪些部分可以进一步改进。修改后，设置了人偶"屋主"，学生需要引导"屋主"实地使用房间的照明系统。改进后的优点有：一方面，更加贴近真实生活情景，学生可以充分发挥想象力展示在什么样的情境下使用哪一盏灯；另一方面，此过程会清晰地暴露出一些设计制作的问题，如布局是否合理、线路是否稳固整齐，学生根据展示情况和评估表为后续评估改进做好铺垫，真正让学生自己发现问题、解决问题。

（二）基于"问题类型""学生回答类型"，优化有效性提问

课堂中的提问题类型包括：（1）记忆性问题，即教师梳理出的学生此前已有的与本节课的学习内容密切相关的知识和生活经验方面的问题；（2）推

理性问题，是指能引导学生依据一个或几个已有的知识和经验，经过思维加工，推导出带有学习者个性化特征的概念、判断的问题；（3）创造性问题，是围绕学生创造力的开发而设计的问题，要求学生致力于原创性和评价性思考，主要表现为要求学生能做出预测，解决生活中的问题；（4）批判性问题，需要学生变换问题角度做深层次思考或反思的问题。[4] 基于 COP 团队大数据分析，如果分析结果显示记忆性问题、推理性问题高于全国常模数据，创造性问题和批判性问题低于全国常模数据，且差距明显，说明教师提出的问题不能有效培养学生科学思维。如表 3 所示，本节课的问题类型评分等级为 A，得分超过全国 94.22% 的同类型课例。学生回答类型方面与教师提出的问题类型相对应，本节课的学生回答类型评分等级为 A，得分超过全国89.56% 的同类型课例。

表3

| 项目 | | 本节课数据 | 与全国常模数据相比 |
|---|---|---|---|
| 问题类型 | 记忆性问题 | 15.79% | 低于 |
| | 推理性问题 | 36.84% | 低于 |
| | 创造性问题 | 26.32% | 高于 |
| | 批判性问题 | 21.05% | 高于 |
| 学生回答类型 | 认知记忆性回答 | 15.79% | 低于 |
| | 推理性回答 | 36.84% | 低于 |
| | 创造性回答 | 26.32% | 高于 |
| | 评价性回答 | 21.05% | 高于 |

当问题类型得分较低时，可以尝试从以下几个方面进行改进：（1）保证问题与问题之间存在逻辑关系，通过由简到难层层递进的问题设计促进学生深度理解；（2）结合拓展资源，设计具有深度和挑战性的问题，引导学生透过事物表象发现背后的科学道理。

进行问题化教学设计时，笔者针对教材的教学流程进行了如图 2 所示的创造性改进。修改前的问题设计直接出示大任务："安装照明电路"，接着问学生："根据你的卧室，需要考虑哪些问题？"这个问题过于宽泛，学生的回答容易偏离本节课的教学主题。修改后的问题设计先告诉学生"需要安装两盏灯"，再提问："想一想你卧室的照明系统，你有什么问题想问屋主吗？"给学生一定的空间，引发学生的深度思考。通过思考，学生的关注点迅速聚焦在本课的大任务——"在房间内安装两盏灯，并能实现两个开关分别控制两盏灯"。很明显，修改后的提问方式更有层次和逻辑，学生为了解决一个问题提出了更多问题，通过这一环节的问答培养了学生的问题意识。加入这一环节后，本节课学生问题意识培养评分等级为 A，得分超过全国 97.62% 的同类型课例。

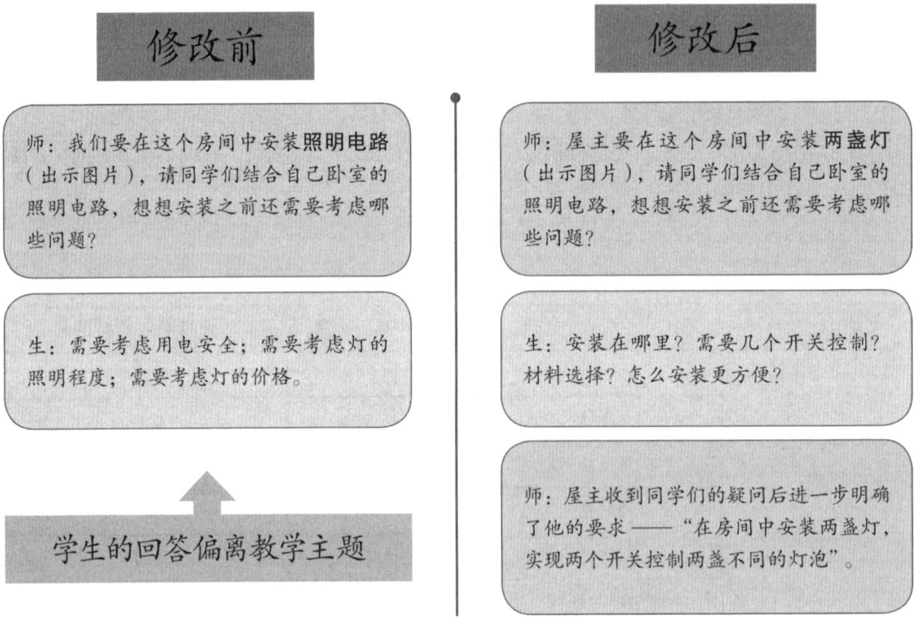

修改前

师：我们要在这个房间中安装**照明电路**（出示图片），请同学们结合自己卧室的照明电路，想想安装之前还需要考虑哪些问题？

生：需要考虑用电安全；需要考虑灯的照明程度；需要考虑灯的价格。

学生的回答偏离教学主题

修改后

师：屋主要在这个房间中安装**两盏灯**（出示图片），请同学们结合自己卧室的照明电路，想想安装之前还需要考虑哪些问题？

生：安装在哪里？需要几个开关控制？材料选择？怎么安装更方便？

师：屋主收到同学们的疑问后进一步明确了他的要求——"在房间中安装两盏灯，实现两个开关控制两盏不同的灯泡"。

图 2

### （三）基于"问题结构类型"（"四何"问题），助力培养学生科学思维

"四何"即是何、如何、为何、若何。其中"是何"类问题反映教师提问的开放性教学倾向，这类问题越多，开放性越差；"为何"类问题指向原理、法则、逻辑等问题，如推理性问题等，该类问题的解决意味着原理性知识的获取；"如何"类问题与方法、途径与状态相关，如技能与流程性问题等，该类问题的解决意味着策略性知识的获取。"为何"问题和"如何"问题占比越大，说明课堂上问题解决倾向越强；"若何"类问题反映教师提问的批判性及创造性教学倾向，"若何"问题越多，说明课堂设计的批判性及创造性倾向越强。[1][4]从问题结构来看，本节课的问题结构评分等级为 C，得

分超过全国 26.80% 的同类型课例，数据详情见表 4。说明最初的教学设计在问题结构方面有所欠缺，不利于培养学生的批判性思维和创造性思维。

表 4

| 项目 | | 本节课数据 | 与全国常模数据相比 |
|---|---|---|---|
| 问题结构 | "是何"问题 | 80% | 低于 |
| | "为何"问题 | 13.33% | 低于 |
| | "如何"问题 | 6.67% | 高于 |
| | "若何"问题 | 0% | 高于 |

为了改善本节课的问题结构类型，培养学生问题意识，教师进行教学设计时可以结合生活实际、课外资料适时设计一些挑战性的问题，引导学生从事物表象出发进行观察。具体改进时可以将描述性的"是什么"和"怎么样"问题转向"为什么""如果……又会……"的解释性问题。[2] 笔者在教学中增加了"若何"问题，在拓展环节提问学生："天气越来越热，如果屋主想再加装一台可以单独控制的电扇应该如何设计？"学生可以利用本节课学习的"多个回路"知识解决这一问题。由此，帮助学生实现知识迁移，培养创造性思维。

## 三、探无止境：大数据助力问题化教学新篇章

综上所述，本文通过案例研究展示了如何借助大数据优化小学科学思维型课堂的问题化教学设计。通过对《模拟安装照明电路》一课的教学实践分析，我们发现课堂行为大数据报告可以帮助教师整合问题、有效地提高问题化教学的质量，例如：通过"师生话语主题词"共现图，了解学生是否聚焦本课教学目标，结合课堂实录优化问题情景创设，确保教学情景连续性、递进性、一致性；利用"问题类型""学生回答类型"统计数据，检查课堂提问是否有效，结合教学目标优化提问的逻辑性，促进学生高阶思维；分析"问题结构类型"，帮助教师结合教学资料确保问题设计去肤浅化和形式化，增加教学深度和广度，引导学生在结构化问题的解决中构建知识体系，实现低阶思维到高阶思维的升级。

通过这些优化措施，我们可以看到利用课堂行为大数据分析方法优化问

题化教学的有效性，未来可以进一步探索利用更多的数据分析工具和技术，更好地支持教师的教学决策，从而为学生提供更加个性化的学习体验。

**参考文献**

[1] 中华人民共和国教育部. 义务教育科学课程标准（2022年版）[S]. 北京：北京师范大学出版社，2022.

[2] 张琳. 指向生命观念的高中生物学问题化教学设计研究[D]. 东北师范大学.2022.

[3] 王陆，张敏霞. 课堂观察方法与技术[M]. 北京：北京师范大学出版社，2012：156.

[4] 王陆，马如霞，彭玏. 基于经验学习圈的不同教师群体教学行为改进特征[J]. 华东师范大学学报（教育科学版），2021（2）：61-74.

# 推理论证型小学科学课堂的教学策略
## ——以《地球公转与四季变化》为例①

深圳市龙华区第三实验学校 陈文浩

**摘要**：自《义务教育科学课程标准（2022 年版）》发布以来，对学生科学思维的培育成为困扰小学科学教师的一大教学难点。推理论证作为一种认识事物本质与规律、解决复杂问题的思维能力，是科学思维的重要组成要素。要发展学生的推理论证思维能力，可以从"四何"问题链的设计、探究支架的搭建、学生参与的引导等方面着手。

**关键词**：小学科学；科学思维；推理论证；教学策略

推理论证是认识事物本质与规律、解决复杂问题的重要思维。《义务教育科学课程标准（2022 年版）》明确，推理论证体现在基于证据与逻辑，运用分析与综合、比较与分类、归纳与演绎等思维方法，建立证据与解释之间的关系并提出合理见解。

发展学生的推理论证思维能力是小学科学的教学难点之一。一些教师（尤其是新手教师）在上推理论证型课时，往往把握不好思维的增长点，常见有以下几种情形：其一，学生只能按照教师给定的实验方案开展探究。例如研究水对土壤的侵蚀，学生按部就班地探究降水量大小、有无植被覆盖等因素，而学生可能提出的土壤类型、土壤松软度等影响因素，往往被忽视。其二，教师没有提供充足的探究支架。例如点亮小灯泡的实验中，学生仅通过连线表示灯泡点亮的情况，思维发展停留在现象经验层面，难以形成对闭合回路概念的初步认识。其三，研讨时只关注理想化的结果。例如探究蚯蚓

---

① 本文发表于《小学科学》2025年第6期，收入本书时略有改动。

喜好的生活环境，为了更快得到教科书中的结论，对于反常选择干燥或明亮环境的蚯蚓，直接忽略或者以偶然因素带过，没有引导学生进一步思考。

笔者认为，在推理论证型的小学科学课堂上，学生应充分经历提出问题、作出假设、搜集证据、处理信息、得出结论、研讨反思等过程。在此以教科版《科学》六年级上册第二单元第6课《地球公转与四季变化》为例，从设计"四何"问题链、搭建探究支架、引导学生参与等方面，探索推理论证型小学科学课堂的教学策略。

## 一、围绕核心问题，设计"四何"问题链

伯尼斯·麦卡锡博士开发的4MAT模式中，将学习问题分为"是何""为何""如何""若何"四种类型，分别指向事实、原理、策略和应用迁移，旨在设计问题化教学，推动学生高阶思维发展。《地球公转与四季变化》一课的核心问题为：为什么地球上有四季变化？这是一个"为何"问题，同时也是一个推理性问题。为解决此复杂问题，需要综合运用推理论证、模型建构等思维方法。而教师在设计本课教学时往往只通过"是何"和"为何"问题来串联活动，导致学生对四季变化成因的理解是模糊的。为充分实现本课的思维价值，将本课科学思维目标确定为：能建构地球围绕太阳公转的模型，使用模型并基于收集到的证据进行推理论证，说明四季变化的成因。图1是从学习目标出发，围绕核心问题建立的"四何"问题链。

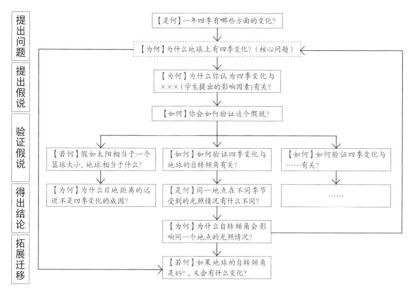

图1 《地球公转与四季变化》"四何"问题链

　　在"提出问题"环节，通过创设情境引出核心问题，激发学生学习动机。在"提出假说"环节，通过"为何"问题引导学生运用已有证据支撑自己的看法。在"验证假说"环节，除了"为何"问题，还可通过"如何""若何"问题帮助学生在推理论证过程中运用更多的方法收集和补充证据，进而在"得出结论"环节解决核心问题。最后，在"拓展迁移"环节，通过"若何"问题引导学生变换模型，进一步发展科学思维。在本课中，学生提出的四季变化的影响因素可能多种多样，图1中的问题链不是固定模式，教师应当遵循推理论证的逻辑，根据学生的思路设计和生成符合实际学情的"四何"问题链，引导学生思维进阶。

## 二、合理地提供探究支架，完善"证据链"

　　教科版《科学》教材《地球公转与四季变化》一课在"聚焦"环节提出问题："地球公转与四季变化有关系吗？"第一个探索活动是学生发现地球公转的基本特点，包括公转一周的时间、地轴倾斜的方向、公转轨道的形状等；第二个探索活动是学生利用圆盘上运动的小球，模拟地球的公转和自转；第三个探索活动是学生阅读地球公转轨道距离与时间、同一时间南北半球的季节等资料，分析和讨论四季变化的成因。按照此活动逻辑，学生可以认识到四季变化与地球的公转有关，与太阳和地球之间的距离无关。然而，课堂结束依然有很多学生感到困惑。因为在课前的认知上，学生普遍认为日地距离的改变是四季变化的成因；而地球在公转时，日地距离确实有远有近。既然日地距离这一因素在这节课中排除了，那么又是什么因素导致随着地球公转到轨道不同位置时，同一个地方温度产生明显变化呢？可见核心问题并没有真正解决。为更好地帮助学生解决核心问题，应当合理重构教材内容，调整和补充探究支架，让学生建立起较为完整的"证据链"，助力推理论证。

（一）图文资料

提出核心问题后，先不着急让学生做出假设，因为此时学生大多只认识地球自转的基本特点，已有证据较少。为了激发学生思维，让学生在更多信息的支撑下进行初步推理和建立假说，可以为学生提供关于地球自转、公转、自转轴倾角、近日点、远日点等图文资料。相较教材，将近日点、远日点的资料前置，并补充关于地球自转轴倾角的信息。此举是引导学生提出更多的假说，引发认知冲突。在验证假说环节，继续为学生提供新的资料，如：

> 【资料卡】
>
> 每年1月初，地球位于近日点附近。每年7月初，地球位于远日点附近。
>
> 2024年6月20日，寒流席卷澳大利亚多个州，悉尼的气温骤降至5℃以下。
>
> 2024年6月21日，深圳市气象台发布全市陆地高温黄色预警信号。
>
> ……

学生通过分析资料卡内两个事件，推理出南北半球季节存在差异的事实，并结合近日点、远日点的信息，"推翻"日地距离与四季变化有关的假说。相比第一次提供的资料，这份资料融合了生活情境，旨在提升学生处理信息的能力，进一步活跃学生的思维。

## （二）实物模型

探究四季变化的成因，还需要理解地球自转轴倾角产生的影响，但仅凭公转示意图，单纯地说明太阳直射点的变化，学生理解起来是相当困难的。因此，可以使用模拟实验的手段帮助学生找到更加直观的证据。例如，使用地球仪、手电筒等常用器具，搭建一个模拟地球绕太阳公转的轨道模型，探究地球上同一地点（如北半球的北京）在春分、夏至、秋分、冬至四个关键时间点的受光照情况。通过观察比较在四个位置时某地光斑情况，可以发现该地点的光斑不尽相同。如果所选观察地点在北半球，则地球处于夏至时间点位置时该地点的光斑最明亮，处于冬至时间点位置时该地点的光斑最暗淡。此外，将地球的自转轴倾角调整为 0°，在四个位置时光斑又基本相同。学生利用以上实验结果做出推理，光的"直射"和"斜射"造成光斑不同，也就是温度不同，一年里同一个地点的季节变化可能与太阳的照射角度有关。通过建立和使用模型，学生有理有据地说明四季变化现象与地球公转之间的关系，认识到由于地球存在自转轴倾角且不变，因而地球公转到不同位置时，太阳直射的区域会发生改变，从而形成了四季变化。

## （三）软件技术

随着科技的发展，目前很多新技术能够服务于推理论证型课堂[1][2]。例如，技术相对比较成熟的虚拟实验平台，学生可以在多媒体一体机、平板电脑等工具上使用地球自转和公转的模型。动态的三维模型能帮助模型思维较弱的学生更加直观地认识地球公转的特点、地球自转轴倾角的特征、地球自转轴倾角对太阳直射区域的影响等。同时，可以借助软件改变模型参数（比如地球自转轴倾斜角度），让学生在模型变化中提出和思考更多的"若何"问题，发展创造性思维。

## 三、引导学生主动参与推理论证

推理论证型课堂应当是以学生为本的课堂，是能培养学生问题意识和质疑精神的课堂。有的课堂，尤其是针对推理性问题的课堂，看似最后解决了问题，但学生对概念的认识仍是模糊的，更不用提对概念的迁移应用。这是因为教师完全按照预设实施课堂活动，以自身想要得到的"结论"为导向和期待，急急忙忙牵着学生走，导致学生的思维没有被激发，可以说学生经历的是一次伪探究。驾驭推理论证型课堂的一大关键是将话语权交给学生，让学生成为课堂的主角。

### （一）尊重学生的猜想

当问题提出后，学生可能有各种各样的猜想，课堂上常有超出教师预设的想法。对待学生不同的猜想和假设，教师应秉持尊重的态度，给予学生机会表达想法。即使学生的猜想有明显的不合理性，教师也不要立即否定，而是尽可能站在中立的角度，引导其他同学思考和讨论。一个问题，学生提出的可能性越丰富，意味着思维的激发点、增长点就越多。像《地球公转与四季变化》一课，可以把学生提出的假说都呈现在黑板上，究竟哪个假说能够正确解释四季变化的成因，就要看谁的证据最有说服力。纵观科学史，很多问题在解决之前都存在多种假说的"斗争"，还有很多问题至今也没有确切的答案。因此，在课堂上，只要是有依据的猜想或假设，都应摆上探索和研讨的舞台，这些猜想或假设都可以成为推动学生思维发展的"支架"。

### （二）鼓励学生质疑

科学课上通常有几名思维比较活跃、善于表达的学生，他们提出的观点往往容易挤压其他学生的思维空间。一个原因是他们是公认的"学霸"，很少出错；也有一个重要原因是教师听到接近或者符合预设的回答时，立即做出了肯定的反馈，其他同学的思路往往就被拉到同一条道上了。在推理论证型课堂上，教师的引导语和反馈语在大部分时间都应该保持中立性质（例如："有没有不同的观点""有没有同学不同意这个说法或者想补充的"），以引导和鼓励学生发表不同的意见。《地球公转与四季变化》一课，在教师引导下生生对话可以成为"验证假说"环节的突出亮点，"自转说""公转说""距离说""角度说"等不同假说的支持者，运用各种思维方法处理证据，建立证据与假说之间的联系，又在相互质疑和交流的过程中，补充、修正或者推翻自身的观点。这个过程中，比起让学生最终认识四季变化的成因更有价值的地方在于，针对推理性问题的生生对话、观点碰撞有效促进了学生的思维发展。

### （三）引导思维拓展

有的教师特别担心课堂上出现一些"意外"，比如基于问题情境延伸出的新问题、学生想到的新方法、实验中出现的异常数据等，生怕影响了自己预设的课堂思路。其实，这些课堂生成往往是高价值的教学内容，如果处理得当，它们就能成为促进学生思维的助剂，助力教师引导学生进行思维拓展。在《地球公转与四季变化》的课堂尾声阶段，如果通过讲授或是播放视频的方式进行总结，强调几个重要的科学概念，将核心问题的答案再详细叙述一遍，那么学生的思维活动基本上就戛然而止了，心里只有"下课"的念头。得出结论后，如何延续课堂探究高潮？笔者认为，可以继续鼓励学生提出新的问题，例如，有的学生想知道"地球的自转轴为什么是倾斜的"，有的学生很好奇"深圳的冬天为什么不下雪"等，这些问题又可以引发新一轮的讨论，让学生的思维活动延伸至课外。

## 四、结语

驾驭好推理论证型的小学科学课堂，教师应通过"四何"问题链引导学生思维进阶，利用多元的探究支架帮助学生完善"证据链"，提升全体学生参与推理论证的主动性，让思维活动的主体范围扩大化、内容深度化。只有引导学生像科学家一样经历解决问题的过程，才能有效地培养学生的科学思维，促进核心素养的发展。

**参考文献**

[1] 王江东，曹越.例析科学思维型课堂与智慧技术的融合[J].湖北教育（科学课），2023（11）：34-36.

[2] 韩香慧.科学课利用星空实验室激发学生探索欲[J].小学科学（教师版），2020（02）：54.

# 单元整体教学背景下问题化教学的实践研究

## ——以《热》单元为例

深圳市宝安区碧海小学    郭曼曼

**摘要：**本研究旨在探索单元整体教学框架下，通过问题化教学设计构建深度学习模式。提出并实践了"问题系统化"与"问题可视化"策略，形成问题支架和图示，连接单元与单课、单课内部，构建系统化、可视化的问题网络。通过精心设计的教学问题，组织和实施课堂教学，引导学生投入问题思考，激发认知高级思维层次积极地发展，课堂呈现出精彩的状态。[1]

**关键词：**单元整体教学；问题支架；问题系统化；问题可视化

在倡导培养学生核心素养的背景下，学校课程结构的碎片化与学习模式的浅层化问题显现。而在现实的教学实践中，教师常常使用提问的方式与学生互动，这些提问常常缺乏系统性，课堂上充斥着一个接一个的问题，"满堂灌"变成"满堂问"，未能有效促进深度学习和知识整合。

本研究聚焦问题化教学，从单元整体教学视角，尝试解决上述问题，提出问题化教学设计的两步策略：第一，构建问题系统。旨在连接单元、单课以及课内内容，形成一个有机的整体，从而打破课堂碎片化固态；第二，实现问题可视化。即将单节课所需要解决的问题及其相互关系以图的形式呈现，使得课程的逻辑性和层次性可视化，有助于教师改进教学设计，帮助学生更好地理解和掌握知识。

本研究以教科版《科学》五年级下册《热》单元为例，谈谈如何在大单元的背景下，构建问题化教学。

## 一、单元视域下, 问题系统化

### 1. 构建问题系统化模式

在单元整体教学的视域下, 构建问题系统化模式解决课程结构碎片化的问题。该模式以一系列质量优良的有效问题来贯穿教学过程, 在问题化教学实践中, 结合各种理论, 构建出一个具有整体性、从属性、多元化和层次性的问题系统, 培养学习者解决问题的认知能力与高级思维的发展, 实现其对课程内容持久理解。

### 2. 教学设计原则

教学设计遵循单元主线, 从大概念出发, 到单元整体构建, 再到单课的设计与实施, 最终修正单元大概念, 形成闭环。相应地, 问题系统也体现出整体性。借鉴胡小勇[1]的研究, 将问题分为宏观问题、中观问题和微观问题三个层级, 分别对应单元视域、单课教学内容、单个问题。这体现了问题间的从属性。问题系统引入麦卡锡 (B.McCarthy) 的 4MAT 模式, 根据不同学习风格设计问题类型, 问题类型包括 "是何" "为何" "如何" "若何", 以适应多元学习需求。设计问题时, 应尽量丰富问题的基本形式, 使得不同学习风格的学生都得以参与。

另外, 依据安德森 (L.W.Anderson) 等人 2001 年修订的布鲁姆教育目标分类学, 认知程度从低到高分为记忆、理解、应用、分析、评价和创造六级。根据这种分类, 我们把问题相应地分为从低到高的六大类, 依次是记忆性问题、理解性问题、应用性问题、分析性问题、评价性问题和创造性问题。[2] 在科学课中经常有观察现象、描述事实的活动, 所以根据实际需求引入事实性问题, 而且赋予与记忆性问题同一级别。在问题系统中有意识添加指向高阶思维的问题, 促进学生思维进阶, 使得学生的思考从具象的层面迁移到抽象的层面, 实现深度理解。这样就使得问题系统具备了层次性的特点。

### 3. 问题化教学设计支架

基于以上的研究理论和研究思路, 笔者设计了 "问题化教学设计支架"。在备课阶段, 首先规划单元的整体教学设计, 再填写问题化教学设计支架, 通过这个问题支架进一步优化教学设计, 从而解决课程结构碎片化与学习模式浅层化的问题。表 1 展示了《热》单元的问题设计的一部分内容。

## 表1 《热》单元问题化教学设计支架

| 宏观问题<br>(统摄性问题) | 保温杯是我们日常生活中的常用物品,尤其是在户外工作的人的必备物品。老师想请你们通过这个单元的学习给自己设计和制作一个保温杯。 | | |
| --- | --- | --- | --- |
| | 问题的基本形式 | □是何　□为何　☑如何　□若何 | |
| | 问题层次 | □记忆、事实　□理解　□应用　□分析　□评价　☑创造 | |

| 中观问题(单课的问题系统) | | 问题的基本形式 | 问题层次 |
| --- | --- | --- | --- |
| 课时 | 问题 | | |
| 1 | 我们装入保温杯中的热水时间长了会变凉,什么原因导致热水的温度降低呢? | 为何 | 分析 |
| 1 | 装入保温杯中的热水会变凉,什么导致温度降低呢?为我们制作保温杯带来什么启发? | 为何<br>若何 | 分析<br>创造 |
| 2 | 如果我们在不锈钢杯子里装入冰水,会出现什么现象呢?为什么会出现这种现象? | 是何<br>为何 | 事实<br>分析 |
| 2 | 装了冰水的不锈钢杯外壁出现小水珠(凝结)的现象,为我们制作保温杯带来什么启发? | 是何 | 创造 |
| 3 | 在需要改进的保温杯里装入冰水,再用热水浸泡,会出现什么现象?为什么会有这种变化? | 如何<br>为何 | 应用<br>分析 |
| 3 | 分析装热水玻璃杯外面裹不裹毛巾的区别,为我们制作一个保温杯来什么启发? | 若何 | 应用 |
| 4 | 装入保温杯的热水的热量是怎样传递的? | 如何 | 创造 |
| 4 | 裹毛巾能使杯子里的热水慢点凉下来,为什么? | 为何 | 分析 |
| 5 | 在上一节课中,我们知道热在材料中传递是有方向性的,是由温度高的地方传递到温度低的地方。热在不同材料中传递的速度一样吗?我们应该找什么材料制作保温杯呢? | 如何 | 创造 |
| 5 | 制作保温装置我们要选择什么材料(热的良导体还是热的不良导体)?通过综合考虑选用了金属,会选用导热快的金属材料还是导热慢的金属材料? | 是何 | 分析 |
| 6 | 热在液体中是怎样传递的?给我们设计保温杯带来怎样的启发? | 如何 | 创造 |
| 6 | 一杯水的热量会通过对流的形式传递到空气中,你设计保温装置时,打算怎样阻止这种因对流引起的热量散失呢? | 如何 | 创造 |
| 7 | 从前面的课程中我们发现毛巾和盖子可以阻碍热传导和热对流,能设计实验验证吗?泡沫塑料的保温效果又是怎样呢? | 如何<br>是何 | 应用<br>分析 |
| 7 | 哪些方法有保温效果?这些方法中哪个保温效果最好?对我们制作保温杯有什么启发。 | 是何 | 分析 |

　　利用"问题化教学设计支架",教师能够精准地判断课与课之间的逻辑是否合理,并有效地调整教学内容,比如将本单元第五课和第六课的教学顺序进行互换,将第四课和第六课整合,聚焦热传导,而第五课的内容是热对

流。另外，"问题化教学设计支架"能促进老师精心设计每一个问题，如每节课的最后一个研讨问题与单元的宏观问题相联系，激发学生将所学知识应用到生活中，如设计制作保温杯，从而使整个单元形成了一条连贯的学习路径。观察图1"学习路径"，从第一课开始，学生们通过观察停止加热后水温下降的现象，认识到热量的散失是导致热水变凉的原因，这一认识为后续制作保温杯提供了理论基础——防止热量流失。在第二课的学习中，学生们进一步了解到水蒸气在杯外冷凝时会释放热量，这一现象同样可能会发生在保温杯上，故保温杯要抵御外界热量的影响。在第三课小组间的对比实验中，孩子们发现在杯子外面包上毛巾，温度下降慢一些，这一经验也可以迁移到制作保温杯上。后面各课就是在用各种方法阻止热量的流动（吸热和放热），以及各种方法背后的科学原理。借助问题支架的指导，教师在任务驱动下深入探索知识的内在联系，构建了一条完整且系统的学习路径，有效促进了学生的深度学习。

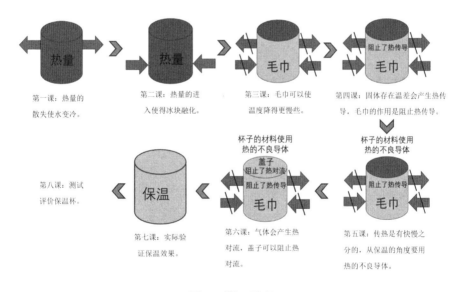

图1 学习路径

注：图中的长箭头表示热量流动的方向；黑色斜杠表示阻止热量的进出；短箭头表示过渡到下一课。

## 二、单元视域下，问题可视化

在教学中，将问题可视化，即通过图示的方式将问题呈现出来，有助于提高师生之间、生生之间的思维交流与智慧分享的效率。图示比语言描述更能让学生明白事物之间、概念之间、知识之间、问题之间、行动之间的相互关系、逻辑顺序等。[2] 不同类型的问题系统应采用相对应的可视化的图示以达到最佳效果。对于一般的"问题集"，星状图或者放射图能够有效地展示各个问题之间的独立性与多样性；"问题链"通常采用的是顺序链形图、循环链形图，以清晰地描绘问题间的前后逻辑关系或循环依赖；"问题网"则更适合用网状关系图来展示问题间的复杂关联与相互作用；"问题树"通常采用的是树形图，清晰地展示了问题的层次结构与分解路径；而针对"问题域"的整体性理解，则往往借助圈形图或维恩图来描述不同概念或主题之间的重叠与区别。

星状图（如图 2）作为问题图示的工具，适合在单元起始课使用，用于采集学生的前概念，并作为教学的起点。在本单元的起始课中，提出保温杯是我们日常生活的需求之后，就提出本单元的宏观问题，若是要设计和制作保温杯，我们需要掌握哪些信息？学生的回答聚焦于保温杯水温变化的原因、保温机制、适用材料及其成本等方面，这直接触发了后续课程的深入探讨。围绕"保温杯里的水温度为什么会变化"这个问题，引发了第一、第二课的探究。旨在理解热量的流入和流出影响了保温杯里水温的变化。紧接着"如何保温"的问题则激发了第三至第六课的讨论，重点探讨热传导和热对流的基本原理及其在保温过程中的应用。在第七课的对比实验中，学生得以实践验证不同材料的保温性能以寻找最有效的保温解决方案。第八课的评价环节中，有指向保温杯用料的评价。

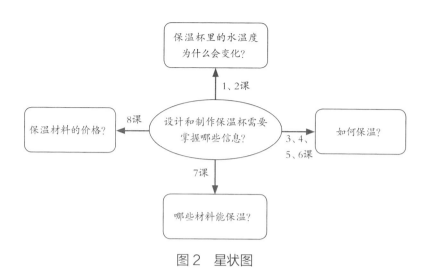

图 2　星状图

问题树（如图 3）的问题图示适合用于将一个问题分解为若干个子问题，引导学生逐步深入地探索问题的本质，促进深度思考。以《热在金属中的传递》一课为例，从一个核心驱动型问题："热在容器中是如何传递的？"开始，问题被进一步分解为三个子问题："热在容器的条状部分是如何传递的？""热在圆形部分是如何传递的？""热在保温杯里是如何传递的？"，这三个问题分别从线状性、平面和立体的角度，逐步揭示了热传递的机理。这种方法不仅有效地完成了教材设计的学习任务，也把本课的内容跟单元的任务紧密地衔接起来，形成连贯的学习路径。

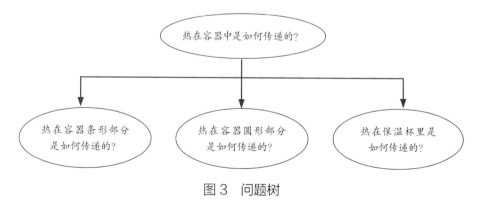

图 3　问题树

韦恩图（如图 4）作为问题图示工具，在科学教育中特别适用于处理需要多角度验证和综合分析的结论。例如，在《热在水中的传递》一课，面对"热在金属中的传递和在水中的传递一样吗？"这个核心问题，学生通过两个实验系列深入探究。首先，学生进行了一个实验，加热试管里的水的上部和下部，观察到加热下部时，漂浮在试管上部的变温粉末变色，以及试管里的水自下而上沸腾冒泡；而加热上部时，尽管加热了一段时间，下部的水没有出现冒泡沸腾的现象，并且下部的水温度变化非常缓慢。接着，学生又进行了另一个实验，将热水用红墨水染红，然后分别以"热水在上、冷水在下"和"热水在下、冷水在上"的方式对比实验。结果显示，当热水在下时，在上面的冷水迅速变红；而当热水在上时，冷热水混合的效果并不显著。通过对这两个实验的观察和分析，揭示了热水是向上运动、冷水是向下运动的共同特征。

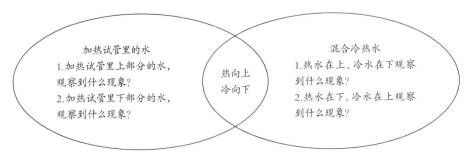

图 4    韦恩图

问题系统化侧重解决的是整体性的问题，而问题可视化侧重解决的是教学内容逻辑性的问题。两种策略下构建起来的问题支架和问题图示，打通了单元内课与课之间的问题壁垒，把课与课之间和单课内部的逻辑关系展示出来，深化了学习层次，提升了学生的科学思维。

**参考文献**

[1] 胡小勇. 问题化教学设计[D]. 华东师范大学, 2005.13
[2] 王天蓉, 徐谊. 问题化学习[M]. 北京: 教育科学出版社, 2023.

# 课堂观察视角下的小学科学师生互动行为研究
## ——以《推动社会发展的印刷术》一课为例

宝安中学（集团）实验学校　姜琳

　　**摘要：**课堂师生互动行为直接影响学生的学习兴趣、思维能力以及教学目标达成的效果，在教学中占据重要地位。师生互动方式体现了教师的教学理念，良性的师生互动是教学艺术的缩影，值得我们深入研究。本文基于课堂观察视角，结合相关课堂观察量表，以《推动社会发展的印刷术》一课的教学为例，聚焦课堂师生互动对话过程，探讨课堂师生互动特征，并为提升小学科学课堂教师教学行为总结一些要点。

　　**关键词：**课堂观察；小学科学；师生互动

## 一、课例介绍

　　《推动社会发展的印刷术》是教科版《科学》六年级上册《工具与技术》单元的第7课，是继前面学习了杠杆、斜面、轮轴等工具后过渡到技术领域，可以说本课在单元中有着承上启下的地位。在技术领域，教材编者首选的是学习印刷术，笔者窃以为印刷术以不容忽视的历史地位以及对文化传播的深远影响奠定了其举足轻重的位置。确定教学设计后，本课的教学过程流程图如下：

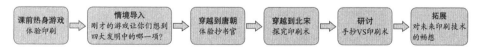

　　那么，是什么推动着整个教学过程顺利进行呢？除去教学设计这一关键要素外，笔者认为良性的师生互动行为可以让课堂教学各环节衔接更自然、流畅，呈现环环相扣的效果。课堂教学中的师生互动是影响教学效果的重要

因素，同时也是学生个体实现社会化的基本途径。通过观察师生互动，可厘清学生内在的知识建构如何发生，从而采取相应的措施改变和促进学生的学习，最终影响教学效果。本研究从课堂观察的视角出发，对观课采集到的师生互动行为数据进行统计、分析，以期达到优化、改进教师教学行为和促进学生科学素养形成之目的。

## 二、课堂观察实施与结果分析

### （一）关于师生课堂行为时长的观察统计（S-T 分析）

S-T 分析方法是指通过对教学中的教师行为（T 行为）和学生行为（S 行为）两个维度进行编码，从教师行为和学生行为持续时间及转换频次角度描述课堂的基本特征。这里需要进一步解释说明的是，T 行为是教师的信息传递行为，包含解说、示范、利用多媒体进行展示、提问与点名、评价与反馈等；而除 T 行为以外的其他所有行为，包括学生发言、思考、计算、记笔记、做实验、写作业、沉默或混乱等都记录为 S 行为。

采集 S 行为和 T 行为数据课堂观察具体做法是，每隔 30 秒采样一次，连续获取课堂上的师生行为数据进行记录（如图 1），再绘制 S-T 曲线（图 2）；同时，可以利用工具计算出 T 行为占有率（Rt）和师生行为转换率（Ch），根据 Rt-Ch 数据确定课型。

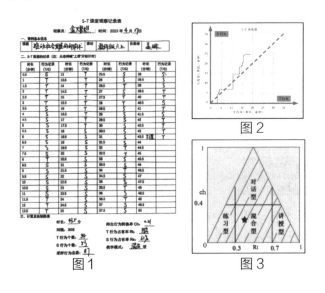

图1

图2

图3

本研究的样本课例属于混合型（图3）。从观察结果可看出：

1.本课师生的活动时间总体较为均衡，S行为略微偏多，说明本课既体现学生的主体地位，又突出了教师的主导作用，师生互动表现较为恰当。

2.结合实时记录以及由实时记录数据生成的S–T曲线可以看出，教师3～11分钟进行了较长时间的连续讲授，这个时段如果增加与学生的互动，可以进一步优化教学效果。

## （二）关于"四何"问题观察统计

课堂教学活动离不开课堂提问，提问是课堂教学的主要组成部分，是教师推进教学的重要手段，也是教学过程中师生进行思想交流的重要方式。依据麦卡锡在其开创性的4MAT教学模型中提出的观点，课堂上老师提出的问题可分为是何（What）问题、为何（Why）问题、如何（How）问题、若何（what…if…）问题，简称"四何"问题。本课一共采集到15个有效的"四何"问题，如表1所示。

### 表1　"四何"问题统计分析

| 问题类型 | 问题个数 | 所占比例 | 与常模相比 |
| --- | --- | --- | --- |
| "是何"问题 | 7 | 46.67% | 低于 |
| "为何"问题 | 2 | 13.13% | 高于 |
| "如何"问题 | 5 | 33.33% | 高于 |
| "若何"问题 | 1 | 6.67% | 低于 |

注：常模指全国常模数据。

依据表1的统计结果可知：

1.本节课呈现的"是何"问题的比例低于常模；"为何"问题、"如何"问题的比例高于常模。六年级学生的科学观念和科学思维已经达到一定的水平，降低"是何"问题，同时适量提高"为何"问题、"如何"问题，可以拓展学生的思考空间，提升他们科学思维的能力。"为何"问题以及"如何"问题均高于常模，说明课堂教学重视学生对原理性、策略性知识的获取，这样的课堂有利于发展学生的探究实践和科学思维等核心素养。

2."若何"问题的比例低于常模。本节课采集到的唯一的"若何"问题是："想象你就是抄书官，你会怎么抄写呢？"这个数据提醒教师设计问题时，要以学生为本，预设的问题能够让学生在不同的情境中进行知识迁移，通过问题给学生搭建脚手架，帮助学生从低阶思维的科学知识迈向高阶思维的评价和创新，从而培养学生思维品质。

**（三）关于教师挑选回答问题的方式及回应学生态度的课堂观察统计**

《义务教育科学课程标准（2022 年版）》指出，科学教学活动应能引发学生的思考，鼓励学生创新。在科学课堂上，恰当的教师挑选回答问题的方式以及教师回应态度，不但能激发学生的思考，还能引导学生深度学习。本课课堂观察采集到的这两个维度数据如表 2 所示：

**表 2　教师挑选回答问题的方式及教师回应态度统计分析**

| 观察维度 | | 频数 | 百分比 | 与全国常模数据的比较 |
|---|---|---|---|---|
| 教师挑选回答问题的方式 | 提问前先点名 | 2 | 5.1% | 高于 |
| | 让学生齐答或自由答 | 8 | 20.5% | 低于 |
| | 叫举手者答 | 24 | 61.5% | 低于 |
| | 叫未举手者答 | 5 | 12.8% | 高于 |
| | 鼓励学生提出问题 | 0 | 0% | 低于 |
| 教师回应态度 | 肯定回应 | 34 | 53.1% | 低于 |
| | 否定回应 | 0 | 0% | 低于 |
| | 无回应 | 0 | 0% | 低于 |
| | 打断学生回答或教师代答 | 1 | 1.6% | 高于 |
| | 追问 | 29 | 45.3% | 高于 |

1．"教师挑选回答问题的方式"分析

本课中的"提问前先点名"和"叫未举手者答"的数据都高于全国常模数据，说明教师在课堂上照顾到了更多的同学，做到了面向全体学生，有其合理性和积极意义。但是提问前先点名的做法可能会将焦虑带给被点到的个别同学，不利于这些被点名者深入思考，同时会降低没被点到学生的参与热情和创造力。

"鼓励学生提出问题"的行为未采集到，这一数据提醒教师要注重对学生的问题意识培养，让他们多思考、多质疑，主动提出问题，培养学生的批判性思维。

　　2."教师回应态度"分析

　　这堂课中的"追问"次数远高于全国常模数据，这是很突出的一个亮点。课上适时追问，及时点拨，引导学生深入思考，有利于发展学生的高阶思维。不过，在此项数据中，采集到了1次"打断学生回答或教师代答"的行为，这点需要引起重视，当遇到学生不会回答或者答案不满意时，老师可以采用"引导否定""提升肯定""请同学代答"等方式来给予学生思考的空间和时间，启发学生进一步思考，自己找到问题的答案。

## 三、本课课堂师生互动行为特点与启示

### （一）巧妙设问，引发探究

　　无论是课前热身活动的"你能用现有的材料使得这些字在白纸上显示出来吗"，还是聚焦环节的"刚才的课前小游戏让你们想到了中国古代四大发明中的哪一项"，抑或是课堂结束时的"你对未来的印刷术有什么畅想"，每一个问题看似随意问出，实则是教师精心独到的预设。通过这些巧妙的设问，将课堂教学推向一个个科学探究场景中，让学生带着真实存在的问题去真探深究。

### （二）层层追问，循序渐进

　　"追问"是一种刨根问底的提问方式，通过层层发问，能够帮助学生深入理解科学本质。有效的追问能激活学生的科学思维，活跃课堂氛围并实现更精彩的课堂生成。在本课的教学中，教师对于关键性问题进行层层追问，引导学生进行深入思考。譬如："现在要抄10份《静夜思》，你愿意吗？"当学生答出"愿意"后，教师把握时机继续追问："现在手抄本被大量需要，需要10000份，你愿意抄吗？"通过这样深入追问，"探究印刷术"不得不浮出水面了。类似的例子还有："在印刷术发明之前，文字作品又是靠什么传承下来的呢？"当学生回答"手工抄写"时，教师抓住契机继续追问："假设你就是抄书官，你会怎么抄写呢？"通过这样的追问，让科学课堂稳步推进，实现循序渐进。

### （三）评价到位，激发兴趣

好的课堂不仅有教师评价，也要让学生参与评价过程中，成为评价的主体。本课以探究活动为载体，以问题串联评价过程，重视教—学—评一体化，充分发挥评价的诊断功能、激励作用和促进作用。例如："大家都觉得活字印刷比较优秀，难道它就没有缺点吗？"这样的问题充分激发学生的发散性思维，表达独到的见解。其次，教师善于运用激励性语言，如"你真会发现""你真会提问，具有科学家的潜质"……另外，当学生提出不同的观点时，引导学生思考、总结。在比较手工抄写和活字印刷的小组表决环节，11 个小组都认为用手工抄写方法完成一份《静夜思》比较合适，但仍有一个小组认为选择活字印刷比较好。老师及时抓住教学契机："我想采访把抄写一份的任务投票给印刷术的小组，在大家不约而同地投给手工抄写时，你们为什么还坚持做出这种选择？"通过这样的随机发问，挖掘学生精妙的想法和思路。如此，可以充分激发学生学习的兴趣，促进高阶思维的发展。

## 四、研究总结

笔者从课堂观察数据的视角出发，以《推动社会发展的印刷术》一课为载体，通过对课堂中教师与学生活动时间及频次、教师提问的方式、教师挑选回答问题的方式、教师回应学生回答的方式等几个师生互动维度的数据采集，进行结果分析，并与全国常模数据进行比较。本研究主要聚焦师生互动行为，通过观察量表采集数据，用数据说话，实现对师生互动的语言及行为条分缕析的目的。拟通过这样的研究对后期的教学行为扬长避短，同时为一线科学教师的教学设计和课堂教学提供有意义的思考与借鉴。

**参考文献**

[1] 王陆，张敏霞. 基于课堂教学行为大数据的课堂观察方法与技术[M]. 北京：北京师范大学出版社，2019.

[2] 中华人民共和国教育部. 义务教育科学课程标准（2022年版）[S]. 北京：北京师范大学出版社，2022.

# 基于数据分析　优化问题设计

## ——以《导体和绝缘体》教学为例

深圳市宝安区福永小学　　郑仪

**摘要：** 提问是教学过程中的关键环节，合理的问题设计不仅能激发学生的学习兴趣，还能有效提高学生的思维能力和问题解决能力，为学生的终身学习奠定坚实的基础。

在实际教学中，新手教师因为缺乏经验，很难自己发现并有针对性地改进课堂教学中存在的问题。近年来，人工智能技术的飞速发展为教育带来了强大的数据分析工具，能帮助新手教师通过深度解析课堂行为数据精准评估教学效果，并提供基于客观数据的改进建议，从而引导新手教师快速成长。

作为新手教师，我尝试运用首都师范大学王陆教授领导的"靠谱COP"团队研发的基于课堂观察大数据的课堂诊断方法，以《导体和绝缘体》教学为例，讨论如何通过分析同一节课改进前后的课堂行为数据优化问题设计。

**关键词：** 大数据；课堂诊断；课堂行为；问题设计

## 一、优化问题设计的策略

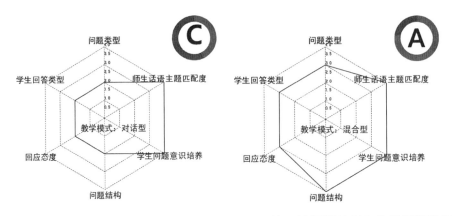

图1　第一轮课堂教学行为数据概览图　图2　第二轮课堂教学行为数据概览图

通过对第一轮课堂教学行为数据的深入分析（见图1），我发现本节课在问题类型和问题结构的构建方面存在不足之处，随后对此进行针对性的优化，第二轮课堂教学行为数据分析中的问题类型和问题结构等维度的评价等级均有提升，其中问题结构的改进成效最为显著（见图2）。通过优化问题设计，教学模式也由对话型转为更为灵活多样化的混合型，教学总评等级由C提升到A。就优化问题设计，我采取了两个策略。

### （一）调整问题类型

根据"靠谱COP"团队提供的诊断报告中，问题类型分为四类：记忆性问题、推理性问题、创造性问题、批判性问题。记忆性问题是与本节课的新知识学习密切相关的学生已有的知识和生活经验方面的问题；推理性问题是能引起学生依据一个或几个已有的知识或生活经验，经过思维加工，推导出带有学习者个性化特征的概念、判断或推理的问题；创造性问题是围绕学生创造力的开发而设计的问题，要求学生致力于原创性和评价性思考，主要表现为要求学生能做出预测，解决生活中的问题；批判性问题是需要学生变换问题角度做深层次思考或反思的问题。其中，创造性问题和批判性问题对应于布鲁姆教育目标分类体系中的分析、综合和评价层级，被归类为高阶思维问题。

### 1. 两轮课堂"问题类型"数据对比分析

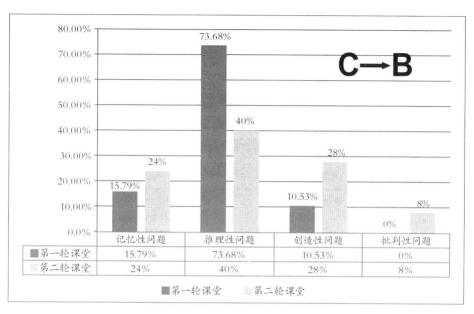

图3 第一轮课堂与第二轮课堂"问题类型"统计对比图

图3显示：第一轮课堂中"推理性问题"占比偏高，达73.68%；"创造性问题"的比例偏低；没有批判性问题。这表明这轮课堂比较强调认知的识记与理解，虽然这种问答组织化程度高，有利于扫除教学障碍，但不能促进学生多角度、深层次的原创性和评价性思考，不利于培养学生的创造性思维和批判性思维。

在完成第一轮课堂分析的基础上，我通过增加创造性问题和批判性问题的数量来调整问题类型，优化本节课的问题设计，问题类型的评分等级由 C 提升到 B。

### 2. 具体的调整方法

在第二轮课堂中，我认真思考哪些教学环节可以增加创造性问题和批判性问题，并做了以下调整。

第一，在任务驱动的导入环节和实验预测环节，基于已有的创造性问题，增加批判性问题"为什么"。如此，除了鼓励学生原创性地思考，大胆进行预测之外，老师还追问原因，引入批判性问题，深入剖析预测背后的逻辑和依据，引导学生深入思考并认识到每一个预测都应建立在合理的推理之上，从而培养学生的创造性思维和批判性思维。

第二，在实验方案设计环节增加创造性问题和批判性问题。老师提出问题："在实验操作上，我们需要注意什么？为什么？"旨在引导学生多角度、深层次地思考实验要点和注意事项，从而培养他们的创造性思维和批判性思维。

表 1　两轮课堂实录对比

| 教学环节 | 第一轮课堂实录 | 第二轮课堂实录 |
|---|---|---|
| 导入 | 老师：这单元我们学习了电路，老师昨天也连接了一个简易的电路，但是有调皮的同学因为好奇导线里面到底有什么，就剪断了导线，然后小灯泡就不亮了。那你们觉得连上什么物体能够重新点亮我们的小灯泡呢？（创造性问题）<br>学生1：我觉得需要连上导体，例如一些钢制的物体。<br>学生2：我想可以用一根新的导线连上。 | 老师：这单元我们学习了电路，老师昨天也连接了一个简易的电路，但是有一位同学好奇导线里面有什么，于是他就剪断了导线，小灯泡就不亮了，请你们思考一下可以连上什么东西重新点亮小灯泡呢？（创造性问题）<br>学生1：我觉得可以连上一些导体，比如金属制品。<br>学生2：我也觉得需要导体，但千万不要用水。<br>老师：为什么？（批判性问题）<br>学生2：因为这样很容易不小心触电，会发生危险。<br>学生3：我觉得可以连上一根新的导线。 |
| 实验预测 | 老师：老师今天准备了这些物体，请大家预测一下哪些物体能够点亮小灯泡。<br>老师：有没有不同的预测结果？（创造性问题）<br>学生活动：提出不同的预测结果。 | 老师：老师今天准备了这些物体，请大家根据你们所了解的物体的特性以及生活经验，预测一下哪些物体可以点亮小灯泡。<br>老师：有没有不同的预测结果？为什么？（创造性问题、批判性问题）<br>学生活动：提出不同的预测结果。 |
| 实验方案设计 | 老师：有没有哪组来分享你们的实验方案？<br>学生活动：汇报实验方案。<br>老师补充：在这个检测的过程中，我们要注意不要让两个检测头直接接触，而且每一种物体至少检测三次，检测完后要做好实验记录。 | 老师：有没有哪组来分享你们的实验方案？<br>学生活动：汇报实验方案。<br>老师：那么在实验操作上，我们有没有需要注意的？为什么？（创造性问题、批判性问题）<br>学生3：在检测过程中，我们要注意让两个检测头隔开一段距离去检测，不要让两个检测头直接接触，导致我们的实验结果不准确。<br>学生4：每一种物体至少检测三次，这样实验结果才能更准确。<br>学生5：我要补充的是我们在使用玻璃片这种锋利物体的时候，要小心不能割到自己的手。<br>老师：最后我们检测完要干吗（展示实验记录单）？<br>学生齐答：检测完以后要做好实验记录。 |

第三，在迁移应用环节，通过几幅图片联系有关电、导体、绝缘体的生活情境，设计批判性问题："图片中的做法是对的吗？为什么？"并且增加了一些创造性问题追问学生。在开放的情境和问题驱动下，学生充分展开发散思维，提出自己不同的想法，敢于质疑并提出问题；这样就有效地激发学生从多角度、深层次地进行思考，从而自由、创造性地解决不同的问题，探索更多的可能性，培养了学生解决问题的能力和迁移应用的能力。下面节选的实录片段展示了学生思维碰撞的过程。

### 片段1

【师】联系我们学习的导体和绝缘体的知识，（指屏幕）这样做是对的吗？为什么？（批判性问题）

【生】不对。如果那个小朋友就这样去救人会很危险。

【师】（追问）为什么很危险？（推理性问题）

【生】因为人是导体，他这样去救人，自己也会触电。

【师】那我们应该怎样去救他？（创造性问题、"如何"问题）

【生】用木棍把电线挑开。

【生】老师，我有疑问。

【师】（对有疑问的同学示意）请你说。（鼓励学生提出问题）

【生】如果周围没有木棍怎么办呢？（学生提出问题、"若何"问题）

【师】（追问）是啊，当时不一定碰巧能找到木棍。同学们能想出办法吗？

【生】只要是绝缘体就行。

【师】是的，我们要学会变通。

### 片段2

【师】雷雨天气我们应该如何避雨？（创造性问题）

【生】可以到屋檐下避雨，但是不能在树下。

【师】我听到有同学想提问题，你来说。（鼓励学生提出问题）

【生】我想问，树是非金属，好像是绝缘体，为什么不能去树下避雨？（学生提出问题）

【师】有道理，这个问题提得好，有谁能解决她的疑问呢？

【生】因为下雨时树上肯定有水，树就变成了导体，而且雷电又是很厉害的电，站在树下避雨很危险。

【师】分析得有理有据！所以在一般情况下的绝缘体（比如树木），在特殊的条件下会转变成导体。那我们应该在哪里避雨？（创造性问题）

【生】在屋檐下避雨。

【师】同学们思考一下，室内和室外哪里避雨更好？为什么？（批判性问题）

【生】在室内，因为自然界中的水、人体和大地都是导体，容易导电。

### 3.调整后的效果

第二轮课堂教学实践证明，创造性问题和批判性问题的增加使得课堂上师生间、生生间交互氛围浓烈，在思想火花的碰撞中，学生思维的广度和深度被充分打开，培养了创造性思维和批判性思维等高阶思维。

### （二）优化问题结构

在"靠谱COP"团队提供的诊断报告中，问题结构被分为四种类型："是何"问题、"为何"问题、"如何"问题、"若何"问题（"四何"问题）。"是何"问题指向事实性问题，如定义性问题等，该类问题的解决意味着学习者事实性知识的获取；"为何"问题指向原理、法则、逻辑等问题，如推理性问题等，该类问题的解决意味着原理性知识的获取；"如何"问题指向表示方法、途径与状态，如技能与流程性问题等，该类问题的解决意味着策略性知识的获取；"若何"问题指条件发生变化可能产生新结果的问题，如假设性问题等，该类问题的解决意味着创造性知识的获取。

1. 两轮课堂“问题结构”数据对比分析

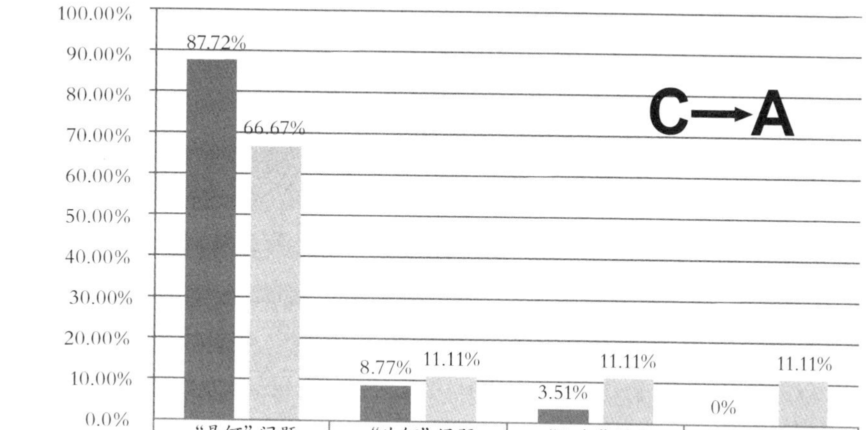


| | “是何”问题 | “为何”问题 | “如何”问题 | “若何”问题 |
|---|---|---|---|---|
| 第一轮课堂 | 87.72% | 8.77% | 3.51% | 0% |
| 第二轮课堂 | 66.67% | 11.11% | 11.11% | 11.11% |

图 4　第一轮课堂与第二轮课堂“问题结构”统计对比图

图 4 数据清晰地揭示了第一轮课堂的问题结构存在显著偏差：“是何”问题占据了问题总数的 87.72%，高于全国常模数据，而“为何”问题和“如何”问题分别仅占 8.77% 和 3.51%，且完全缺失了“若何”问题，这些类别的比例均低于全国常模数据。这种不平衡的问题结构容易使课堂变成互动单一的直接传授知识或师生问答模式，缺乏必要的挑战性和多样性，不能满足学生多元的学习需求与兴趣，限制学生高阶思维的发展和知识迁移能力、问题解决能力的培养。

相比之下，多元化的问题结构有助于构建系统的知识框架，引导学生进行深入的思考，从而促进深度学习。因此我通过构建环环相扣、层层递进的问题链来改进问题结构，优化本节课的问题设计，问题结构的评分等级由 C 提升到 A。

2. 具体的改进方法

在第二轮课的教学设计中，我融入指向性明确的引导词，如“是什么”“为什么”“怎样”“如何”及“如果……怎样”，并有意识地增加“‘为何’问题”“‘如何’问题”的比例，合理降低“‘是何’问题”的比例，同时新增了"'若何'问题"，通过提问、不断追问的方式，构建"'是何'问题—'如何'问题—'为何'问题"以及"'是何'问题—'为何'问题—'如何'问题—'若何'问题"的环环相扣、层层递进的问题链，这些改进主要体现在最后迁移应用的环节，流程图如图5所示。

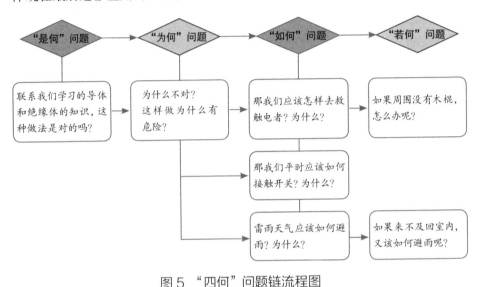

图5　"四何"问题链流程图

### 3.改进效果

通过"'是何'问题—'为何'问题—'如何'问题—'若何'问题"的问题链，层层递进，由浅入深地引导学生思考一个个问题来促进学生深入理解本课的科学概念，分析解释生活中的现象，变换角度思考问题，实现了知识的迁移应用，提高了问题解决能力。

## 二、结论与启示

运用课堂行为数据分析方法能帮助新手教师更好地诊断和反思教学情况、改进教学行为，并能优化问题设计，使问题更加多元化、系统化且具有针对性与启发性，从而有效地促进学生的科学思维的发展和科学素养的提升。

# "四何"问题设计：小学科学课堂深度学习的创新驱动
## ——《船的历史》一课教学案例研究

深圳市南山区大新小学 程彦

**摘要**：本研究以促进小学科学课堂深度学习为目标，深入研究了"四何"问题的教学设计。文中介绍了深度学习的重要性和 4MAT 教学模式，详细阐释了"四何"问题的概念及其对应的不同认知层次与教学目标。文章通过《船的历史》一课的教学实践，展示了如何基于 4MAT 模式构建"核心问题"驱动的教学过程，来引导学生进行深度学习。并通过课堂观察和数据分析，评估了教学实施的效果，提出优化建议。文章旨在通过教学设计和实践，实现小学科学课堂从表面学习到深度学习的转变，培养学生的批判性与创造性等高阶思维、问题解决能力和创新能力等。

**关键词**：深度学习；"四何"问题；4MAT 教学模式；小学科学教育；教学设计与实践

## 一、引言

深度学习（deep learning）已经成为当前教育领域中的热点。基于深度学习发展核心素养和 21 世纪技能是新世纪以来全球范围内课堂教学变革的方向[1]。深度学习强调学生不仅要掌握知识，更要理解知识背后的原理和联系，还能在新的情境中灵活运用所学。然而，实现深度学习并非易事。目前，课堂仍存在种种问题：课堂学习停留在知识的表层，专注于知识的获取[2]，呈现表面教学、表层教学和表演教学的"三表教学"现象[3]。

在小学科学课堂教学中，深度学习如何才能有效达成呢？本研究聚焦于小学科学课堂中"四何"问题的教学设计，基于 4MAT 教学模式，运用布鲁姆认知目标分类理论，依托当前小学科学课堂深度学习的现状，通过实证研究探究促进小学科学课堂深度学习的策略与方法，力图促进深度学习理论在具体课堂中的实践，实现小学科学课堂上真正意义的深度学习。

## 二、4MAT教学模式

4MAT 教学模式是一种以提高学习者参与度和理解水平为目标的教学框架。旨在通过理解学习者的不同学习风格来提高教学效果。

如图 1 所示，4MAT 模式将学习过程分为引起注意、教授陈述性知识、形成程序性知识、应用知识四个阶段，每个阶段都对应不同的学习风格和大脑处理信息的方式。这四个阶段为深度学习提供了一个"为何""是何""如何""若何"的结构化学习框架。在不同阶段，学生经历联系、注意、想象、告知、练习、延伸、提炼、展现八步教学过程，逐步深度理解不同认知层次上的关键概念和知识。

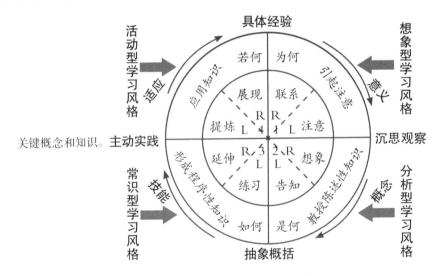

图1　4MAT 教学模式示意图[4]

由于小学科学课堂教学过程基于 4MAT 教学模型，本研究构建了"基于核心问题驱动的 4MAT 教学模式"（见图2）。该模型以核心问题（即"四何"问题，包括"是何"问题、"为何"问题、"如何"问题、"若何"问题四大类型）为驱动力，通过引导学生围绕核心问题进行探索和讨论，将小学科学的大概念和核心素养落实到教学中，以确保学生能够深入理解和掌握科学概念，激发学生的好奇心和探究欲，促进小学科学课堂中深度学习的发生。其中"四段"是指核心问题的提出，核心概念的理解、应用、迁移这四个阶段。"八步"是指联系生活（连接）—提出问题（获取）—猜测假设（探索）—科学探究（概念化）—分析解释（分析）—得出结论（整合）—应用拓展（实施）—客观评价（反思）八个顺次连接的过程。

图2　核心问题驱动的 4MAT 教学模式示意图[5]

在整个"四段八步"的教学过程中，利用核心问题将章节中的知识点有机地串联起来，形成完整的知识体系。通过核心问题的提出和解决，可以激发学生学习的内动力，发展学生的核心素养，同时也顺应以学生为中心的课堂设计理念[5]，实现从表面学习到深度学习的转变，培养学生的批判性思维、问题解决能力和创新能力。

## 三、"四何"问题的概念

布鲁姆等将认知目标分类为知识、领会、应用、分析、综合和评价。[6]安德森等将其修订为记忆、理解、应用、分析、评价和创造六个层次，其中记忆、理解和应用被称为低阶思维，分析、评价和创造被称为高阶思维。[7]

"四何"问题是教师教学过程中提问方式的分类。它有"是何""为何""如何""若何"四种类型。通过提问"四何"问题，帮助学生构建对事物或现象的全面理解。

"是何"问题指向事实性问题，注重知识的记忆与理解，它属于低阶思维范畴。"为何"问题指向成因分析与评价，强调因果逻辑。"如何"问题指向方法、路径、状态等，强调知识的运用、分析与综合。"若何"问题指向条件变化产生的新结果，寻求开放性、创造性的回答，强调推理与综合，查考学生思维的广度与深度。以上的"为何""如何""若何"这三类问题属于高阶思维范畴。

教学中，学习者在四种类型的问题引领下，对知识进行理解、批判性思考、整合应用和创造性生成的深度学习。在这个学习过程中，学生经历了由主体感知、体验—思考、反思—归纳、形成概念—付诸行动的循环学习，构成了一个学习循环圈。在这个学习循环圈中，学生建构了对事物或现象由浅入深、由低层次到高层次的思维认知，培养学生的高阶思维（见图3）。

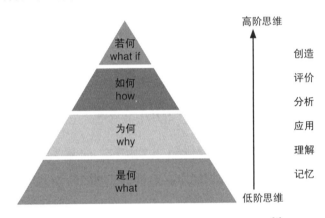

图3　"四何"问题与思维层次变化图 [8]

## 四、基于4MAT模式的"四何"问题的教学案例实施

现以《科学》（教科版）五年级下册《船的历史》一课为例进行剖析，以期进行反思并提供启示。

### （一）分析教材学情，确定教学内容及目标

《船的历史》一课的教学重难点是认识船的发展历史，了解不同时期、不同类型船的特点，通过"独木舟负载物体""船型与阻力关系"的实验认识到船的外形、结构和稳定性、阻力之间的关系。

　　很多学生有坐船或划船的经历，对"船"有一定的认知，知道一些常见船的名称、用途、特点及功能。但缺乏深入了解船的历史，对船在发展过程中发生了哪些改变，船在水中沉浮的原理，船在行驶中如何保持稳定、减少阻力等方面的认识是比较欠缺与模糊的。同时，从思维认知水平看，学生的思维仍处于形象思维阶段，对一些现象和原理进行逻辑分析、抽象概括和语言组织与表达能力还是比较薄弱的。

　　为了让学生更加深入了解船的发展史、特点，以及船的稳定性、船型与阻力之间的关系，执教者分析了教材与学情，深入理解探究的主题，仔细研究了教学内容。在对本课核心概念和知识点充分了解的基础上，确定了本课的教学环节、教学内容和教学目标（见表1）。

表1　教学环节、内容及其目标

| 四个阶段 | 教学环节与内容 | 教学目标 |
| --- | --- | --- |
| 核心问题的提出 | 环节一<br>前概念调查 | 通过交流关于船的知识，了解学生对船的材料、形状、构造、动力系统、功能等方面的已有认知。 |
| 核心概念的理解 | 环节二<br>探索船的发展史 | 通过探索船的发展历程，认识不同时期、不同类型船的特点和演化趋势，感悟科技的革新对人类社会发展的改变和深远影响。 |
| | 环节三<br>探究船的稳定性 | 通过研究独木舟的稳定性，认识船的外形、结构与船的稳定性之间的关系。 |
| | 环节四<br>探究船阻力大小 | 通过研究独木舟的载重量与稳定性，认识船的外形、结构与阻力间的关系。 |
| 核心概念应用的迁移 | 环节五<br>新挑战 | 通过完成新的挑战任务，将所学的知识进行迁移与应用。 |

## （二）选择问题系统，设计"四何"问题链

　　为了顺利达成教学目标，践行教学内容的深度学习，根据本课的特点以"四何"问题为框架建构了"四何"问题链，确保学生能深入学科本质，积极参与教学环节，主动思考，开展自主、探究、合作的深度学习。

　　整体而言，"四何"问题链通过"是何""为何""如何""若何"问题共同构成了一个系统的问题链，将"是何""为何""如何""若何"问题贯穿于教学中，引导学生主动思考，参与教学活动，通过自主、合作和探究的学习方式，帮助学生深入理解学科内容，建构概念性、原理性、程序性、策略性、迁移性知识，将学生的思维由低阶思维引入高阶思维，促进深度学习。这种教学方法有助于培养学生的批判性思维和创新能力，为他们的未来学习和生活奠定坚实的基础。（参见图4）

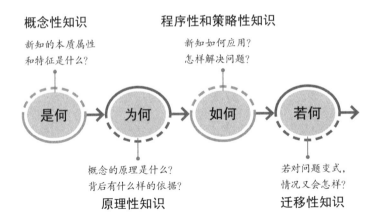

图 4 "四何"问题链框架图

《船的历史》一课中，为了确保问题链与深度学习目标的一致性，将本课的核心问题和教学过程进行了重构和设计，形成了如图 5 所示的以实现深度学习的"四何"问题链。

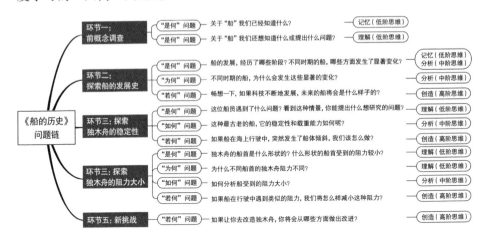

图 5 《船的历史》"四何"问题链图

《船的历史》的"四何"问题链建构了本课的教学目标与核心问题设计支架，考虑了学生的认知水平，提供适当引导和支持，鼓励学生多角度和多层次思考。同时，问题设计具有一定的开放性，促进广泛讨论，覆盖布鲁姆认知目标的不同层次。通过实践、评估和迭代，不断优化问题链，以真正促进学生的深度学习体验，为开展基于 4MAT 模型的教学实践、促进学生的深度学习打下基础。

### （三）开展课堂教学，实施"四何"问题

"四何"问题链设计好后，我在五年级的六个班级中实施了《船的历史》的课堂教学，具体教学过程流程图如下（见图6）：

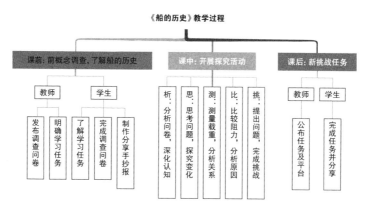

图6 《船的历史》教学过程流程图

《船的历史》的教学过程如下：

#### 1. 创设大单元教学情境

以我国现代首位外洋轮船长陈干青船长为原型的数字人与学生进行跨时空对话，创设带领学生进入"海上魔法学院"进行海上闯关的教学情境。

#### 2. 环节一：关于船的知识前概念调查

课前，教师发放关于"船"的调查问卷，学生完成调查问卷。同时，学生观看船的绘本和上网查阅船的发展历史，制作与分享"船的历史"手抄报。

课中，教师展示课前调查表，提出"是何"问题：关于"船"已经知道什么？关于"船"还想知道什么或提出什么问题？学生根据课前的调查结果，分析调查结果，进行班级讨论，分享自己的观点，阐述"已经知道的"内容和"还想研究的"的问题。

#### 3. 环节二：探索船的发展史

课堂上，教师先展示学生制作的《船的发展史》手抄报，学生再次梳理船的发展历史。教师提出"是何"问题：船的发展经历了哪些阶段？学生进行思考与班级讨论，梳理出船的发展史，对船的发展史建立更进一步的认识。

接着，教师提出"是何"问题：不同时期的船，哪些方面发生了显著变化？并让学生选择任意两种类型的船，从外观、结构、载重量、稳定性、功能等方面进行对比研究，并完成记录表。在对比观察中，学生以事实为依据，发表自己的观点。与同学的思维碰撞中，建立起不同时期的船，在外观、结构、载重量、稳定性、功能等方面发生了显著变化的核心概念。

然后，教师再提出"为何"问题：不同时期的船，为什么会发生这些显著的变化？让学生进行更深层次的思考，探究船发生变化的根本原因，使学生在思考和讨论中形成对船的变化的更深入的理解。

最后，教师提出"若何"问题：畅想一下，如果科技不断地发展，未来的船将会是什么样子的？（可以从船的材料、形状、构造、动力系统、功能等方面进行畅想）此问题的提出，引导学生将前面的认识与现有的知识体系结合，进行创造性的思考，形成更全面、更深入的理解。

4. 环节三：探究独木舟的稳定性

首先，展示陈干青船长收到一位船员的求救视频，提出"是何"问题：这位船员遇到了什么问题？看到这种情景，你能提出什么想研究的问题？学生讨论、思考、交流自己的想法。

接着，教师追问，提出"如何"问题：独木舟这种最古老的船，它的稳定性和载重能力如何呢？如何检测独木舟的载重量和稳定性。学生讨论、交流检测船稳定性的方法，找出最优的方法，并用探究实验进行检测，完成记录表，全班交流分享实验结果。

然后，创设"船在行驶中遇到恶劣天气时，发生翻船"的事故情境，提出"若何"问题：如果船在海上行驶中，突然发生了船体倾斜，我们该怎么做？学生进行分析、讨论、交流、思维碰撞，充分表达自己的想法。

最后，总结：独木舟取材方便，制作简单，使用方便灵活，但是不稳定、容易侧翻，装载量很少。

5. 环节四：探究独木舟的阻力大小

首先，创设教学情境：陈干青船长要穿过一片水上丛林，用独木舟运送货物，他该如何选独木舟，才能使其在水中受到的阻力更小。

接着，提出"是何"问题：独木舟船首是什么形状的？什么形状的船首阻力比较小？再提出"为何"问题：为什么不同船首的独木舟阻力不同？学生在观察两种独木舟模型中，比较它们的不同之处，猜测它们阻力的大小。

然后，展示实验材料，提出"如何"问题：如何分析船受到的阻力大小？学生分析实验方法背后的原理，在此分析基础上，学生进行探究实验，完成实验记录表，并向全班汇报分享实验结论。

最后，展示船行驶的情境视频，提出"若何"问题：如果船在行驶中遇到类似的阻力，我们该怎么样改进这条船呢？学生分析船受到的阻力，找到克服阻力、改进船的方法。

6.环节五：新挑战

教师提出"如何"问题：如果让你去改造独木舟，你将会从哪些方面做出改进？学生讨论与交流自己的想法，尝试绘制改进图。

（四）分析教学数据，评估实施效果

执教结束后，将课堂实录的视频，借助S-T分析法、记号体系分析法等，对教师行为和学生行为，用大数据进行了系统而全面的数据分析，获得了多个维度的课堂教学行为大数据集合，对师生行为、问题类型和结构等进行了分析。

1.师生行为分析

课堂中，学生行为、教师行为会随时间发生变化。通过对教学过程中教师行为（T行为）和学生行为（S行为）进行两个维度的编码，每隔30秒进行采样，界定是T行为还是S行为，并记录（如图7），经过数据处理后反映课堂的教学模式。教学模式由点（Rt，Ch）所在的位置确定。

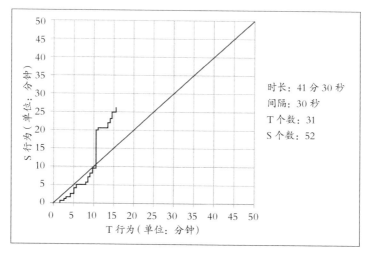

图7　师生活动曲线图

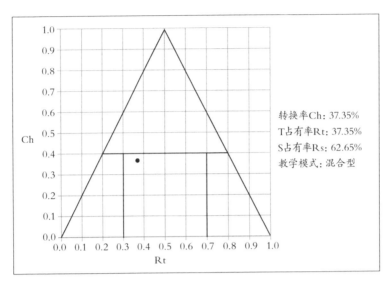

转换率Ch: 37.35%
T占有率Rt: 37.35%
S占有率Rs: 62.65%
教学模式: 混合型

图8　教学模式

由图8看出，该节课为混合型的教学模式，师生行为转换率37.35%，高于全国常模数据；教师行为占有率37.35%，低于全国常模数据；学生行为占有率62.65%，高于全国常模数据。

这种混合型的课堂模式与4MAT模式的教育理念高度契合，为学生提供了从表面学习到深度学习的转变路径，展现出了创新的教学实践和以学生为中心的教学方法，特别是师生之间具有较高的互动性，学生能主动进行学习和思考、讨论和表达、合作和探究，而非被动接受信息。通过进一步的优化，可以实现更高质量的教学效果，促进学生批判性与创造性思维、问题解决能力和自主学习能力等方面的全面发展。

2.问题分析

从表2"问题结构与问题类型数据统计表"可以看出，本节课问题结构多样，"是何"问题占57.44%，低于全国常模数据。这种记忆与认知类的低级思维问题较少，表明本课学生较少依赖记忆，教师鼓励学生超越基础事实，更多地参与深入的思考和问题解决中，探索更深、更高层次的知识。"如何"问题和"若何"问题分别占21.28%和12.77%，高于全国常模数据，显示出本课在培养学生的操作能力和策略性思维以及创新思考方面表现出色，这说明该课的教学设计成功激发了学生的逻辑推理和创新思维，更注重培养学生的高层次思维能力。"为何"问题仅占3.85%，低于全国常模数据，为了进一步提升教学质量，在保持问题设计多样性的同时，增加批判性问题，以强化学生对原理性知识的理解，并促进学生在不同认知层面的均衡发展。

深度学习不仅仅是知识的积累，更是认知能力、批判性思维和创新能力的全面提升。通过"四何"核心问题的构建、"四段八步"的教学设计，为学生提供了从表面学习到深度学习的转变路径。

表2　问题结构与问题类型数据统计表

| 问题结构 | "是何"问题 | "为何"问题 | "如何"问题 | "若何"问题 |
|---|---|---|---|---|
| 占比 | 57.44% | 8.51% | 21.28% | 12.77% |
| 与全国常模数据比较 | 低于 | 低于 | 高于 | 高于 |
| 问题类型 | 记忆性问题 | 推理性问题 | 批判性问题 | 创造性问题 |
| 占比 | 23.08% | 53.84% | 19.23% | 3.85% |
| 与全国常模数据比较 | 低于 | 高于 | 低于 | 高于 |

### 3. 学生问题意识培养分析

学生问题意识的培养是教育过程中的关键环节，它不仅反映了学生提问的能力和质量，也是衡量教师在培养学生提问能力方面成效的重要指标。本节课的学生问题意识培养评分等级为A，超过全国92.86%的同类型课程，表明本课在学生问题意识培养方面表现突出，尤其在激发学生提问和教师引导提问方面具有显著优势。

从表3可知，本课中教师鼓励学生提出问题的频次为3次，高于全国常模数据；这表明教师在课堂上积极营造提问氛围，有效地激发了学生的好奇心和探究欲。学生提出问题频次为3次，高于全国常模数据。这说明学生在课堂上愿意表达自己的疑惑和想法，体现了较高的问题意识，同时，也反映了学生对课堂内容的深入思考和积极参与。教师的提问鼓励频次与学生提问频次的一致性，反映出教师在课堂上的引导作用得到了有效发挥，为学生提供了一个安全、开放的提问环境。

虽然数据不能直接观察到问题的质量，但是，高频率的提问可能伴随着问题质量的提升，因为在不断地提问和回答过程中，学生能够逐渐学会如何提出更深入、更有价值的问题。

表3　学生问题结构

| 项目 | 数据 | 与全国常模数据比较 |
|---|---|---|
| 教师鼓励学生提出问题频率 | 3 | 高于 |
| 学生提出问题频率 | 3 | 高于 |

总之，本课在学生问题意识培养方面取得了显著成效，教师和学生在提问方面互动频繁，共同营造了一个积极的学习氛围。这种氛围有助于学生发展批判性思维和解决问题的能力，同时也促进了教师教学方法的不断优化和创新。

本节课在综合课堂观察各维度的评分等级中表现卓越，综合评分等级为A，超过了全国93.81%的同类型课程，说明本节课总体上是一个高效和有成效的教学过程；在多个教学观察维度上展现了出色的表现，通过精心设计的问题结构和积极的问题意识培养，不仅有效地提升了学生的学习体验和认知深度，而且还促进了学生的深层次学习，提高了课堂的互动性和参与度。

（五）反思教学效果，改进优化教学

在小学科学课堂中，深度学习不仅是知识的积累，更是对认知能力、批判性思维和创新能力的全面提升。执教《船的历史》这节课，通过"四何"问题设计的实践，我深刻体会到了引导学生从表层学习走向深度学习的原理和方法。

1. 教学设计：搭建桥梁

教学设计阶段，我以"核心问题"驱动的4TMA教学模式为蓝本，精心构建了"四何"问题框架，通过"四段八步"的教学环节，激发学生的好奇心和探究欲，引导学生从不同角度探索船的发展史、稳定性和阻力问题。从"是何"的基础认知到"为何"的深层逻辑，再到"如何"的实践应用，最后到"若何"的创新思考，每个问题都像是一块块砖石，搭建起通往深度学习的阶梯。

2. 教学实施：航行在知识的海洋

在教学实施过程中，我创设了"海上魔法学院"的教学情境，让学生与陈干青船长进行跨时空对话。这种情境的创设，不仅吸引了学生的注意力，激发了学生的学习兴趣，也为他们提供了一个充满想象的学习平台，为深度学习打下了良好的基础。课堂上，成功的问题链设计覆盖了从低阶到高阶的认知目标，有效促进了学生的主动思考和探究。学生在课堂上的参与度高，提问和讨论活跃，体现了以学生为中心的教学理念。

### 3. 教学效果评估：反思与洞察

通过课堂观察和数据分析，发现本课问题结构多样，推理性和创造性问题占比高，表明学生在高层次思维能力培养方面取得了进步。师生行为转换率高，显示出课堂的互动性和参与度较高，有利于维持课堂活力。但数据显示，"为何"问题的比例偏低，这提示我在未来的教学中需要更多地引导学生进行深层次的思考和质疑。

### 4. 存在问题：挑战与机遇并存

反思中，我意识到学生虽然提问频率高，但问题的质量参差不齐。这表明学生在提问的深度和广度上还有很大的提升空间。此外，部分学生对于深层次知识的理解和应用还不够深入，这需要我在教学中进一步强化。

### 5. 改进措施：扬帆起航

针对发现的问题，可采取以下措施进行改进：

增加批判性问题：重视教学设计，增加"为何"问题的数量和深度，引导学生进行更深层次的思考和反思，探索知识的深层逻辑。

提升问题质量：通过示范、指导、讨论和反馈，帮助学生学会提出更有深度和广度的问题，提高问题的质量。

深化概念理解：优化探究活动，帮助学生深入理解核心概念，提高知识的应用能力。

优化教学策略：根据学生的学习反馈和行为数据，不断调整教学方法，以更好地适应学生的需求。

## 五、总结

本文深入探讨了在小学科学课堂中如何通过"四何"问题设计促进深度学习的教学策略。文章以 4MAT 教学模式为基础，提出了以核心问题为驱动的教学设计框架，旨在引导学生实现从表层学习到深度学习的转变，并通过《船的历史》一课的教学实践进行具体应用和分析。

文章首先阐述了深度学习的重要性及 4MAT 教学模式的核心理念，即通过不同阶段的教学活动激发学生的参与度和理解水平，进而促进学生的批判性思维、问题解决能力和创新能力。接着，文章详细介绍了"四何"问题的概念，包括"是何""为何""如何"和"若何"四种类型的问题，这些问题覆盖了从低阶到高阶不同层次的认知目标。

在教学实践部分，文章展示了如何将"四何"问题融入教学设计，构建问题链，引导学生进行深入探究。教学过程包括创设教学情境、进行知识前概念调查、探索新知识（船的发展史、船的稳定性和受到阻力大小）等环节。每个环节都设计了有针对性的"四何"问题，激发学生的思考和讨论。

通过对课堂实录的数据分析，文章评估了教学实施的效果。结果表明，采用混合型教学模式和以学生为中心的教学方法，能有效提升学生的参与度和改善学习体验。同时，问题设计多样且具备一定深度，也促进了学生的高层次思维能力的培养。文章也指出了在批判性思维和创造性思维培养方面存在的改进空间。

最后，文章提出了一系列优化建议，包括提升学生问题意识的培养效果、提升学生回答的质量和类型等，以进一步提升教学质量和学生的深度学习体验。

综上所述，文章阐述了"四何"问题教学设计的理论基础、实践应用和优化策略，为小学科学课堂深度学习的实施提供了有价值的参考和启示，即：通过对教学模式的创新和教学过程的设计优化，可以有效促进学生的主动学习、深层次认知和综合素质的提升，实现真正意义上的深度学习。

**参考文献**

[1] 张良，王克志. 美国深度学习研究的共识，分歧及待解决的问题——基于美国深度学习报告的比较研究[J]. 外国教育研究，2021，48（4）：118-128.

[2] 李松林，杨爽. 国外深度学习研究评析[J]. 比较教育研究，2020，42（9）：83-89.

[3] 郭元祥. "深度教学"：指向学科育人的教学改革实验[J]. 中小学管理，2021（5）：18-21.

[4] 殷妙妙，杨倩楠，王学敏，等.基于4MAT教学模式的高中生物学教学设计——以"细胞中的糖类和脂质"为例[J]. 中学教学参考，2022（29）：76-82.

[5] 滕明俊.基于4MAT模式以"核心问题"为驱动的深度学习设计——以"盖斯定律"为例[J].中学化学，2021（10）：4-7.

[6] Bloom, B. S., Engelhart, M. D., Furst, E. J., Hill, W. H., Krathwohl, D. R. (1956).

Taxonomy of educational objectives, handbook I: The cognitive domain. New York: David McKay Co Inc.

[7] Anderson, L. W., Krathwohl, D. R., Airasian, P. W., Cruikshank, K. A., Mayer, R. E., Pintrich, P. R., Raths, J., & Wittrock, M. C. (2001). A Taxonomy for Learning, Teaching, and Assessing: A Revision of Bloom's Taxonomy of Educational Objectives. New York: Longman.

[8] 石瑜.基于思维培养的初中英语课堂"四何"问题设计实践[J].中小学英语教学与研究，2022（8）：7-10.

# 基于课堂观察数据的小学科学课例评价研究
## ——以《日食》为例

深圳市宝安区罗租小学　邓斯琦

**摘要：**本研究采用了课堂观察的几种定量分析法，通过对小学科学《日食》教研课录像进行观察与分析，诊断科学课堂教学问题，并提出三条改进措施：使用多样的问题类型；采用有效的理答策略；鼓励学生主动提问。

**关键词：**课堂观察；定量分析法

## 一、问题的提出

新课改对小学科学学科的教学、学习以及评价活动提出了新要求。小学科学教师以教学评一体化来展开教学，不仅能让课堂教学环节得到进一步细化和优化，更对落实核心素养、实现学科育人有积极影响。

崔允漷等认为："课堂观察，是通过观察对课堂的运行状况进行记录、分析和研究，并在此基础上谋求学生课堂学习的改善、促进教师发展的专业活动。因此，进行课堂观察研究，能提升学生的核心素养和促进教师的专业发展。"[1]

课堂观察是指研究者或观察者带着明确的目的，凭借自身感官及有关辅助工具（观察表、计时器、录像设备等），直接或间接地从课堂情境中收集资料，从而对其进行记录、分析、研究，并对课堂教学进行评判和建议，以实现促进学生学习和教师发展的课堂研究方式。课堂观察可以让教师通过观察他人的课堂进而反思自己的教学理念和教学行为，感悟和提升自己的教育教学能力。[2]

如何对小学科学课进行课堂观察并作分析评价？本文将以一节小学科学

课为例，运用 S–T 分析法等定量分析法对课堂教学行为进行分析，旨在探寻一种相对客观的方法，为小学科学课堂教学的评价以及教师进行教学反思提供帮助。

## 二、研究工具的介绍

S–T 分析法是对课堂教学进行定量分析的典型方法之一，主要是通过对实际教学过程或者教学录像进行采样，记录课堂中学生行为（S 行为）、教师行为（T 行为），形成 S–T 数据表，绘制成 S–T 曲线图，最后计算教师占有率（Rt）和师生行为转换率（Ch），绘制 Rt–Ch 图，以确定课堂教学模式，了解师生行为分布情况，从而找到改进教学的方法。[3]

提问是教师课堂中广泛采用的一种重要手段，课堂提问的有效性直接影响着教学的质量，影响着学生思维的训练，但目前大多数课堂提问的有效性却不高。[4] 因此，笔者将运用定量分析方法重点关注以下四个维度：教师有效性提问、教师回应、"四何"问题、学生问题意识培养。

## 三、研究对象

本次课堂观察选择的是笔者执教的《日食》一课，该课选自《科学》（教科版）六年级下册《宇宙》单元。选择的原因如下：第一，该课例为区级教研课，曾获较多好评，但听课者多倾向于主观地做出评价。课堂观察需立足于更全面客观的角度，需要更理性的数据作支撑。第二，作为教龄三年的新手科学教师，笔者充分地认识到通过对教师课堂行为进行系统观察与数据采集，可以诊断课堂教学中存在的问题，提出有针对性的改进措施，进而提高课堂教学的有效性，促进教师自身专业发展。

## 四、数据处理与分析

### （一）教学模式分析

#### 1.S-T 曲线图

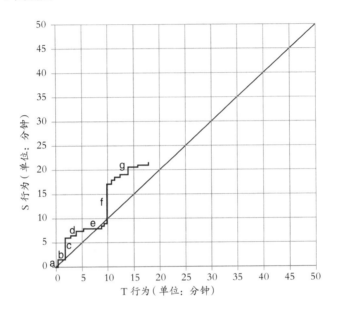

图1 《日食》课例的 S-T 曲线图

笔者将本课例的 S-T 曲线大致分为 a，b，c，d，e，f，g 七个阶段（见图 1）。a，c，f 是三段较长的竖线。a 段对应的是学生的前概念调查："日食是怎样形成的"，学生自由交流想法；c 段对应的是模拟日食形成实验，各小组利用灯泡、地球仪、带杆的乒乓球模拟日食现象，并记录发生日食所需要的条件；f 段对应模拟产生不同类型日食实验，各小组利用实验装置模拟产生日全食、日环食、日偏食，从而发现日地距离的远近、月球偏高或偏低会产生不同类型日食，并将其记录在实验记录单上。d，g 阶段出现师生行为频繁更换，分别对应 c，f 两次实验后师生课堂互动交流的研讨过程。e 阶段是较长的横线，该阶段教师讲授和多媒体展示所需的时间比较长，具体教学活动包括：教师先向学生展示了三种不同类型的日食动图并对特征作简要介绍，在询问学生形成原因后出示实验材料，播放提前录制的实验指导视频，指引学生利用执教者改进后的实验器材模拟产生不同的日食，自主探究其成因。

从 S-T 曲线的斜率来看，整节课的学生行为占比较多，表明该课堂注重学生的主体性。

综上分析，本课学生行为占有率较高，师生交互频繁，S-T 曲线图能较为准确地反映《日食》一课的教学过程。

### 2.Rt-Ch 图及教学模式分析

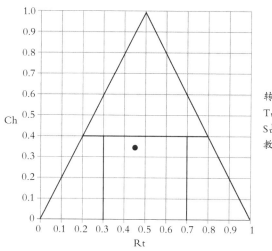

转换率Ch: 34.18%
T占有率Rt: 45.57%
S占有率Rs: 54.43%
教学模式: 混合型

图 2 《日食》课例 Rt—Ch 图

教师占有率（Rt）是指教师行为在整个教学行为中所占的比例；师生行为转换率（Ch）是指教师行为、学生行为之间的转换次数 g 与行为采样总数 N 的比率。

根据 S-T 编码表，统计出《日食》课例教师行为数值为 36，学生行为数值为 43，采样总数为 79，g=27。进而计算出 Rt 为 45.57%，Rs 为 54.43%，Ch 为 34.18%。图 2 为《日食》课例 Rt-Ch 图。

根据 S-T 分析法中教学模式的划分标准，《日食》课例属于混合型的教学模式。该课教师行为占有率为 45.57%，低于全国常模数据；学生行为占有率为 54.43%，高于全国常模数据；师生行为转换率为 34.18%，高于全国常模数据。这可能与执教者的教学设计理念有关，执教者在课堂上由观察现象到提出猜想，由探索成因到最后解释现象，教师适时提供合适的脚手架，学生自主探究日食的形成原因，充分发挥学生的主观能动性，促进学生科学思维（推理能力、分析、解释）等素养的发展。

### （二）有效性提问与回应分析

#### 1. 问题类型分析

问题类型可分为记忆性问题、推理性问题、创造性问题和批判性问题四大类。记忆性问题指的是教师梳理出的与本节课的新知识学习密切相关的学生已有知识、生活经验方面的问题。推理性问题指能引导学生依据一个或几个已有的知识或经验，经过思维加工，推导出带有学习者个性化特征的概念、判断或推理的问题。创造性问题指围绕学生创造力的开发而设计的问题，要求学生致力于原创性和评价性思考，主要表现为要求学生能做出预测，解决生活中的问题。批判性问题指需要学生变换问题角度做深层次思考或反思的问题。

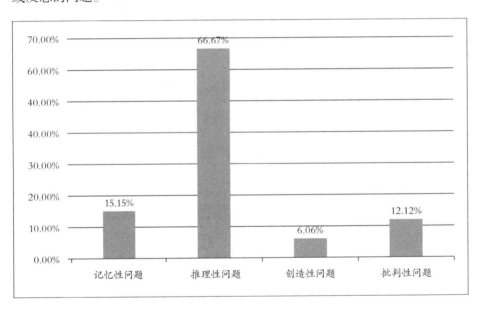

图3 《日食》课例问题类型统计图

在本课例所提出的问题中，记忆性问题占15.15%，说明教师不再以传统的一问一答形式进行讲授，更加注重学生的主动性。推理性问题高达66.67%，这是由于本课围绕"日食是怎样形成的"和"不同类型的日食是怎样形成的"两个核心问题展开，让学生不断推测现象背后的成因，促进学生逻辑推理能力的发展。批判性问题的占比较高，为12.12%，执教者能够结合教学实际发展学生的批判性思维。例如：面对上台演示小组实验时三个学生的手都碰撞在一起的现象，教师提问："大家对于他们的实验操作有没有改进建议？"促进学生批判性地思考如何改进实验方法，从而使小组合作更好地模拟日食的产生。

但需引起注意的是，创造性问题占比仅为 6.06%，这表明教师在课堂上可能较少关注学生创造性思维的激发与培养。建议执教者可以让六年级学生独立思考"如何设计实验验证自己的猜想"；同时可以设置新情境，检测学生能否应用新知识解决实际问题。

### 2. 教师回应分析

通过图 4 "教师回应学生回答态度条形统计图"可以看出，在本课例中，教师"简单肯定"（49.03%）和"重复肯定"（9.8%）的回应方式占比超过了一半，表明该教师仍处于低水平回应学生的阶段，而这将直接影响学生回答问题的积极性。"追问"占比 29.41%，这有利于促进学生进入高层次的探索过程；而"邀请学生评价"占比为 9.80%，"提升肯定"仅占 1.96%，表明教师有效应答学生的能力仍有待提高。

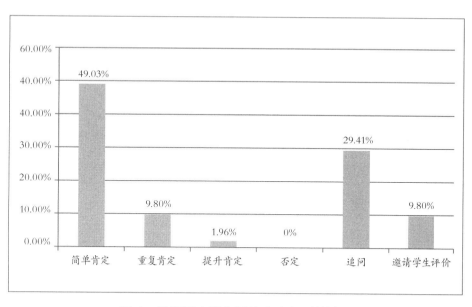

图 4　教师回应学生回答态度条形统计图

（三）问题结构分析

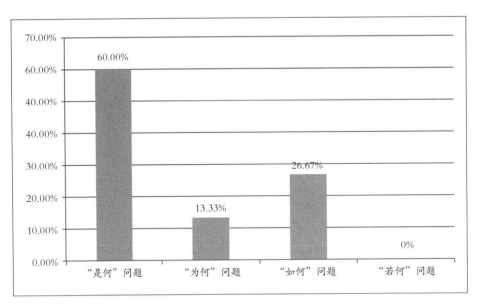

图 5　问题结构统计图

从图 5 可以看出，在本节课例中，"是何"问题占比最多（60.00%），
"如何"问题占比 26.67%，"为何"问题占比 13.33%，但未观察到"若何"
问题。表明本节课教师更为注重学生事实性知识、原理性知识和策略性知识
的获取，忽略了学生创造性知识的获取。该教师在进行教学时，未综合考虑
问题类型的丰富性和问题数量的合理性，建议可以基于"四何"问题的教学
设计支架建构自己的课堂，丰富问题的类型。

（四）学生问题意识培养分析

在《日食》课例中，教师鼓励学生提出问题和学生提问问题的频次均为
0，表明该教师忽视了在课堂上培养学生提出问题的能力。学生提出问题能
力是科学探究能力的七要素之一，教育工作者应在课堂上营造宽松、民主、
开放、愉快合作的氛围，鼓励学生多提问题，教师对于学生的提问要采取积
极、热情、严谨的态度，尊重并思考学生的提问，当学生提出好的问题时，
应给予充分的表扬，增强其提出问题的意识和兴趣。[5]

## 五、教学评价与建议

笔者利用定量课堂观察法对《日食》课例进行观察与分析，诊断结果如下：

1. 从教学模式来看，课堂上学生行为占有率较高，师生活动频繁，属于混合型的教学模式，执教者在课堂上能充分发挥学生的主观能动性。

2. 从有效性提问与回应来看，在问题类型方面，该教师在课上通过少量记忆性问题唤起学生的已有认知，接着将更多的时间用于推理性问题和批判性问题，有效促进学生的逻辑推理能力发展，但忽略了设置创造性问题以培养学生的创造性思维。在教师回应学生回答态度方面，教师简单肯定和重复肯定的占比超过了一半，未通过"提升肯定""引导否定"等方式有效回应学生，表明该教师仍处于低水平回应学生的阶段。

3. 从问题结构来看，本节课当中，教师更为注重学生事实性知识、原理性知识和策略性知识的获取，但忽略了学生创造性知识的获取。

4. 从学生问题意识培养来看，教师鼓励学生提出问题和学生提问问题频次过低，表明该教师可能缺乏在课堂上培养学生提出问题能力的意识。

针对以上课堂观察结果，笔者提出三条针对性的解决措施：

第一，使用多样的问题类型。教师应在师生互动中使用多样化的问题类型，有意识地增加"为何""如何""若何"类问题的比例。有意识地增加"创造性问题"的比例，每种提问的类型都有其必要性，教师要针对不同的教学情境和学习者，合理地使用多样化的问题类型。

第二，采用有效的理答策略。教师的理答直接关系到学生回答问题时的积极性，因此教师应多采用追问、转问、提升肯定等有效策略回应学生的回答，避免使用低效应答方式，以促进学生对于问题的深度思考。

第三，鼓励学生主动提问。营造良好的课堂氛围，鼓励学生提出问题，教师及时对积极提问的孩子做出正向反馈，一是肯定其提出问题的态度，二是认真思考学生的提问后作答。

**参考文献**

[1] 崔允漷, 沈毅, 周文叶, 等. 课堂观察20问答[J]. 当代教育科学, 2007（24）: 6-16.

[2] 朱俊. 基于课堂观察提升问题教学的有效性[J]. 教学月刊（中学版）, 2014（2）:

42-44.

[3] 王陆, 刘菁. 信息化教育科研方法: 发挥技术工具的威力[M]. 北京: 教育科学出版社, 2008.

[4] 江胜华, 武立群, 李伟清, 等. 教师课堂提问有效性的模糊评价[J]. 西南师范大学学报(自然科学版), 2017, 42(1): 179-184.

[5] 黄如炎. 培养提出问题能力的教学实践与实验[J]. 数学教育学报, 2002(1): 99-102.

# 后　记

　　时光荏苒，岁月如梭。回首过往，从课题研究的萌芽到如今付梓成书，一路的艰辛与收获，令人感慨万千。作为一名扎根教学一线的小学科学教师，我有幸带领名师工作室团队，历经三年多的辛勤耕耘，完成了市级课题"基于课堂观察大数据的小学科学教学行为改进研究"的研究工作；又耗时五个多月，完成了课题资料的整理和基于课题研究的《用课堂观察数据评析科学课》一书的写作工作。面对这一来之不易的成果，我的心中充满了自豪，也有太多的感激！

　　感谢首都师范大学王陆教授和她带领的"靠谱 COP"团队。先后 6 次的培训讲座，为我们打开思路、指引方向；33 份课例诊断报告，更是为我们改进课堂教学提供了行动指南。正是有了他们的专业指导，我们工作室的这一项课题研究工作才得以顺利进行。

　　感谢此项市级课题的评审专家提出的宝贵意见，以及市区两级小学科学教研员尤其是童海云老师对我们研究工作的指导和帮助！

　　感谢我的工作单位——深圳市宝安区宝安小学对我们工作室各项活动的大力支持！

　　感谢工作室团队的每一位成员，无论是课题研究过程中的一次次活动，还是书稿整理时的一项项任务，大家都克服困难、全力以赴，彰显了团队合力。

　　感谢深圳出版社的侯天伦编辑和编校团队。他们严谨的工作，让本书得以顺利出版。

　　这本书，凝聚了我们的心血与汗水，承载着我们对小学科学教育的思考与期望。希望通过这本书，让更多的人了解定量的课堂观察方法在教学改进中的重要作用，让更多的教师能够借助课堂观察数据，反思自己的教学行为，优化教学策略，从而提升小学科学教学的整体质量。

我们深知，教育研究之路永无止境。这本书只是我们在小学科学教学研究领域迈出的一小步，未来一定还有更多的挑战。我们期待着与更多同仁携手共进，在"用课堂观察数据评析科学课"的道路上继续探索前行，为培养孩子们的科学素养贡献力量。

潘翠君

2025 年 1 月